MISERICORDIAS DOMINI IN ETERNVM CANTABO

B.V. TERESA DE
JESVS,

ANNO SVE
ÆTATIS
61
A SALVTIS
1576
MENSE
IVNII

Alois Prinz

TERESA VON ÁVILA
Die Biographie

Mit Abbildungen

Insel Verlag

Bildnachweis:
Für das Frontispiz: Archiv für Kunst und Geschichte, Berlin.
Die Fotografien stammen von Gotthard Kießling (2, 4, 11, 12, 14, 15) und
aus dem Archiv des Autors.

2. Auflage 2015

Erste Auflage 2014
© Insel Verlag Berlin 2014
Alle Rechte vorbehalten, insbesondere das
der Übersetzung, des öffentlichen Vortrags sowie der Übertragung
durch Rundfunk und Fernsehen, auch einzelner Teile.
Kein Teil des Werkes darf in irgendeiner Form
(durch Fotografie, Mikrofilm oder andere Verfahren)
ohne schriftliche Genehmigung des Verlages reproduziert
oder unter Verwendung elektronischer Systeme verarbeitet,
vervielfältigt oder verbreitet werden.
Satz: Satz-Offizin Hümmer GmbH, Waldbüttelbrunn
Druck: CPI – Ebner & Spiegel, Ulm
Printed in Germany
ISBN 978-3-458-17618-3

TERESA VON ÁVILA

Nada te turbe
nada te espante;
todo se pasa,
Dios no se muda.
La paciencia
todo lo alcanza.
Quien a Dios tiene
nada le falta.
Sólo Dios basta.

Nichts soll dich verwirren,
nichts dich erschrecken.
Alles vergeht,
Gott ändert sich nicht.
Die Geduld erlangt alles.
Wer Gott hat, dem fehlt nichts.
Gott nur genügt.

Teresa von Ávila

Inhalt

EINLEITUNG

Spanien im Winter 1582. Das Wetter in der kastilischen Hochebene ist schlecht. Es regnet ununterbrochen und manchmal schneit es. Die Flüsse treten über die Ufer und die Wege sind verschlammt. Wer es vermeiden kann, reist an diesen Tagen nicht. Trotzdem brechen am 2. Januar in der Stadt Ávila zwei ungefederte Planwagen zu einer langen Reise ins nordspanische Burgos auf.[1] Fuhrleute lenken die vorgespannten Maultiere. Neben und hinter den Wagen gehen einige Mönche in ihren langen Kutten und in Sandalen. In den vierrädrigen Karren befinden sich acht Nonnen, Angehörige des Ordens der Karmelitinnen. Unter ihnen ist Teresa, die sich Teresa von Jesús nennt. Sie ist fast schon eine Berühmtheit. Vor vielen Jahren hat sie in Ávila ein Kloster gegründet, in dem sie eine neue Form des geistlichen Zusammenlebens eingeführt hat. Den Unbeschuhten Karmelitinnen, wie sich Teresa und ihre Mitschwestern nennen, schlug damals viel Hass entgegen, sie wurden sogar mit Steinen beworfen.

Teresa hat sich nicht beirren lassen und hat in den folgenden Jahren an vielen Orten neue Klöster gegründet. Nun soll also eines in Burgos entstehen. Vielleicht das letzte, denn Teresa ist nicht mehr die Jüngste, fast siebenundsechzig Jahre alt, und mit ihrer Gesundheit steht es nicht zum Besten. Zudem ist ihr Arm verkrüppelt, den sie sich bei einem Sturz an Weihnachten vor fünf Jahren gebrochen hatte. Von einer Neugründung in Soria im letzten Sommer hat sie sich einigermaßen erholt. Damals waren es nicht Kälte und Regen, die ihr zugesetzt haben, sondern sengende Hitze und verstaubte, unbefahrbare Wege. Der junge Führer, den sie für die Rückfahrt angeworben hatte, verirrte sich oft, und der Wagen musste umkehren, wo es nicht mehr weiterging, oder steile Abhänge hinabgetragen werden.

Zu der Reise nach Burgos hatte Teresa anfangs wenig Lust. Sie fühlt sich alt und krank. Und die Aussicht, bei Schnee und Regen in einem ständig schaukelnden, zugigen Wagen über holprige Straßen zu fahren, war wenig reizvoll. Doch immer wenn sie mutlos ist und Krankheiten sie plagen, schöpft sie neue Kraft aus ihrem besonderen Gottesverhältnis, mit dem sie schon den Argwohn der Heiligen Inquisition auf sich gezogen hat. Denn für die Verwalter des rechten Glaubens ist es höchst verdächtig, dass Teresa einen persönlichen Umgang mit Gott pflegt und behauptet, sie könne mit ihm reden wie mit einem Freund. In diesem stillen Gebet ist der Mensch mit Gott allein und braucht weder vorgegebene Texte noch Weihrauch noch Priestergewänder – und vielleicht letztlich nicht einmal die Kirche. Im Zwiegespräch mit ihrem Gott vernimmt Teresa Worte, die sie mit unerschütterlicher Zuversicht erfüllen, einer Zuversicht, die alle Krankheiten und Widrigkeiten klein erscheinen lassen. So auch jetzt. »Gib nichts auf diese Kälte, denn ich bin die wahre Wärme«, so hat diese innere Stimme zu ihr gesprochen.[2] Und augenblicklich waren Teresas Verzagtheit und ihre Schwerfälligkeit wie weggewischt und sie war zur Reise nach Burgos entschlossen.

Die Umstände scheinen sehr günstig. Der Erzbischof von Burgos erwartet bereits ihr Kommen, die Ratsherren der Stadt haben Teresas Plänen zugestimmt. Außerdem wird Teresa von Pater Jerónimo Gracián begleitet. An dem jungen Ordensmann schätzt sie nicht nur sein Wissen und sein Geschick im Umgang mit Menschen, sie scheut sich auch nicht, ihm in langen Briefen zu schreiben, wie gern sie ihn hat und wie glücklich sie in seiner Nähe ist.

Die Fahrt nach Burgos ist noch anstrengender und gefährlicher als erwartet. Die männlichen Begleiter Teresas müssen aufpassen, wohin sie treten, denn sie könnten plötzlich in einem Wasserloch versinken. Immer wieder bleibt der Wagen im Schlamm stecken. Dann müssen alle Schwestern aussteigen und mithelfen, den Wagen wieder aus einem Schlagloch herauszuheben. Dadurch verzögert sich die Weiterfahrt und die Reisegruppe kann nicht, wie vorgesehen, die nächste Herberge erreichen und muss anderweitig unterkommen. Das ist für die Schwestern besonders schlimm. Denn herumreisende Frauen sind zu dieser Zeit ein Skandal. Teresa hat es schon oft erlebt, dass sie unterwegs von den Leuten als Rumtreiberin und liederliche Frauensperson beschimpft wurde. Besonders für Männer ist solch eine Frau ein Ärgernis. Der Theologe Francisco de Osuna plädierte dafür, sie zu Hause einzusperren. »Und wenn das nicht helfen sollte«, so empfahl er, »dann brich ihr das Bein [...].«[3]

Trotz aller Widrigkeiten geht es in Teresas Wagen recht lustig zu. Die Schwestern lachen und machen Verse zu allem, was ihnen auf der Reise passiert. Kurz vor Burgos scheint diese Reise zu Ende zu sein. Der Fluss Arlanzón, den sie überqueren müssen, führt so viel Wasser, dass die behelfsmäßig aus Einzelteilen zusammengefügte Pontonbrücke überschwemmt und nicht mehr zu sehen ist. Teresa besteht trotzdem darauf, im ersten Wagen über die schwankende Brücke zu fahren. Falls die Sache schiefgeht, sollen die anderen, so verlangt sie es, in die letzte Herberge zurückkehren. Mitten auf dem Fluss gerät der Wagen mit Teresa ins Rutschen und droht ins reißende Wasser zu stürzen. Teresa hat schon einmal eine ähnliche Situation erlebt. Auf der Reise nach Sevilla war es, als sie mit ihren Gefährtinnen auf einer Fähre einen Fluss überqueren wollte, die Fähre sich plötzlich losriss und ihr Wagen führerlos flussabwärts trieb. Damals ist alles noch einmal gut gegangen. Auch dieses Mal kommt es nicht zum Schlimmsten. Gerade noch kann ihr Wagen auf der Brücke gehalten werden und das andere Ufer erreichen.

Über drei Wochen nach ihrem Aufbruch von Ávila kommt die Reisegruppe im strömenden Regen in Burgos an, frierend und völlig durchnässt. Teresa und ihre Mitschwestern finden Aufnahme bei Catalina de Tolosa, einer Frau aus einer angesehenen Familie. Im Haus der Doña Catalina wird sofort im großen Kamin ein Feuer gemacht, damit die Gäste ihre Kleider trocknen können. Teresa ist dankbar, so verwöhnt zu werden, aber es geht ihr schlecht. Nicht nur hat sie Fieber und Halsschmerzen, so dass sie kaum etwas essen kann, am nächsten Morgen kann sie den Kopf nicht mehr heben und muss die ersten Verhandlungen im Liegen führen.

Teresa ist eine geschickte Geschäftsfrau. Darauf ist sie stolz. Was sie aber auf den Tod nicht ausstehen kann, sind Verhandlungspartner, die unberechenbar sind oder ihre Zusagen nicht einhalten wie der Bischof von Burgos. Plötzlich will er von seinen Versprechungen nichts mehr wissen und legt Teresa Steine in den Weg, wo er nur kann. Anscheinend genießt er seine Macht und will sich nicht einfach den Plänen einer Nonne, selbst wenn diese Teresa von Ávila heißt, unterwerfen. Auch deswegen ist es für Teresa und ihre Schwestern so wichtig, ein eigenes Kloster zu haben. Das Kloster ist ein Schutzraum, wo ihnen niemand dreinreden kann und in dem sie so leben können, wie sie es für richtig halten. Vor allem ist es ein Schutzraum vor Männern, denen in der spanischen Gesellschaft die Frauen oft hilflos ausgeliefert sind. Im Kloster seien, so schreibt Teresa, die Frauen davon befreit, »einem Mann unterworfen zu sein, der ihnen oftmals ihr Leben ruiniert und gebe Gott, nicht auch ihre Seele«[4].

Den Schikanen des Bischofs haben es Teresa und ihre Begleiterinnen zu verdanken, dass sie vorerst in den engen Dachkammern eines Hospitals untergebracht werden. Doña Catalina versorgt sie mit dem Nötigsten, wofür sie den Tratsch der Einwohner über sich ergehen lassen muss. Man verflucht sie und wünscht sie in die Hölle, weil sie sich um die dahergelaufenen Nonnen kümmert. Für Teresa allerdings ist Catalina eine mutige und hilfsbereite Frau.

Nach langen, zähen Verhandlungen kann Teresa ein altes Haus erwerben, in das sie mit ihren Schwestern Mitte März einzieht. Das Haus mit einem kleinen Garten liegt am Ufer des Flusses Arlazón. Es ist ein anmutiger Ort, der allerdings seine Nachteile hat, wie Teresa im Frühjahr erfahren muss. Im Mai regnet es nämlich wieder tagelang. Der Regen und der Sturm sind so stark, dass Bäume entwurzelt werden und es auf dem Friedhof die Toten aus den Gräbern schwemmt. Die Stadtteile nahe dem Fluss, wo auch das Haus der Karmelitinnen liegt, stehen unter Wasser. Teresa und ihre Freundinnen fliehen in die oberen Stockwerke, wo sie hungernd ausharren, weil ihre Lebensmittel vom Wasser vernichtet sind. Einen Tag lang müssen sie fürchten, dass ihr Haus den Fluten nicht standhält. Im Erdgeschoss muss eine Mauer durchbrochen werden, damit das Wasser abfließen kann. Dann endlich lässt der Regen nach, und ein paar Tage später zieht sich der Fluss wieder in sein Bett zurück.[5]

Noch zwei Monate bleibt Teresa in Burgos, um alles so weit zu regeln, dass man ohne sie zurechtkommt. Am 26. Juli 1582 bricht sie zur Heimreise auf. Fünf ihrer Mitschwestern bleiben im neugegründeten Kloster. Zwei begleiten sie nach Hause. Teresa will nach Ávila, auch um sich von den Strapazen ein wenig zu erholen. Doch ihre Geburtsstadt wird sie nicht wiedersehen. In Medina del Campo erhält sie vom stellvertretenden Provinzial ihres Ordens den Befehl, nach Alba de Tores zu reisen, wo die Herzogin von Alba ein Kind erwartet und sich Teresas Beistand wünscht. Obwohl Teresa immer noch krank ist und Ruhe dringend nötig hätte, nimmt sie die beschwerliche Reise auf sich. In Alba hat sie starke Schmerzen und Blutungen. Sie weiß nicht, dass sie schon seit längerem an Krebs erkrankt ist.[6] Die Aderlasse, die man ihr verordnet, machen alles nur noch schlimmer. Und in der Nacht des 4. Oktober 1582 stirbt sie.

Vierzig Jahre nach ihrem Tod wurde Teresa von Ávila heiliggesprochen. Zeit ihres Lebens hat es sich Teresa verbeten, in ihrer Gegenwart das Wort »heilig« auszusprechen. Und sie forderte ihre Mitschwestern auf, gegen dieses Wort einen »inneren Krieg« zu führen. Denn solch ein Wort, so meinte sie, könne nur Schaden anrichten, weil Menschen, denen so geschmeichelt wird, denken könnten, dass sie es »schon geschafft« hätten. »Es gibt keine Sicherheit«, so meinte sie, »solange wir leben.«[7] Und darum sollten Menschen aufhören, danach zu streben, schon hier auf Erden vollkommen zu werden wie Engel. Sie sollten akzeptieren, dass sie einen Körper haben, der krank und gebrechlich wird. Vor allem sollten sie einsehen, dass sie schwach sind, oft versagen, sich selbst nicht kennen, sich und andere belügen oder ihren Eitelkeiten unterliegen. Teresa selbst durchlebte lange Jahre, in denen sie mutlos war, sich unnütz vorkam und sich am liebsten irgendwo versteckt hätte.[8]

Was ihr allein in solchen Dürrezeiten geholfen hat, war das, was sie »inneres Beten« nennt, das Gespräch mit einem Gott, den sie ganz nahe und als Freund erlebte. Teresa hat in mehreren Schriften versucht zu beschreiben, was dieses »innere Beten« bedeutet und was dabei in ihr vor sich geht. Das war ein gefährliches Unterfangen, besonders für eine Frau, die noch dazu theologisch ungebildet war. Einige Männer der Kirche, die sie um Rat fragte, hielten sie für vom Teufel besessen.

Und nicht selten hat sie es erlebt, dass Menschen über ihre Schilderungen lachten und diese für überdrehte »Weibergeschichten«[9] hielten.

Dabei war Teresa selbst überaus kritisch gegenüber ihren Visionen. Nie verließ sie die Sorge, vielleicht doch nur Täuschungen aufzusitzen. Von einem Kriterium für die Echtheit ihrer Erlebnisse war sie allerdings fest überzeugt. Wertlos waren innere Erleuchtungen für sie dann, wenn sie nicht zu Taten führten. Der Rückzug in die inneren Räume ihrer Seele und das tatkräftige Handeln in Liebe für andere, das gehörte für sie zusammen.

Nach Teresas Tod wurden viele ihrer Reformen wieder rückgängig gemacht oder aufgeweicht. Dennoch verbreitete sich die von ihr eingeleitete Bewegung über Spanien hinaus und führte zu neuen Klostergründungen. Heute gibt es in zahlreichen Ländern dieser Erde Ordensgemeinschaften von Frauen und Männern, die sich auf die Nonne aus Ávila berufen. Aber ist Teresas Anliegen überhaupt noch zeitgemäß? War ihre Welt nicht eine ganz andere? Hat sie nicht in einer Zeit gelebt, die von Religion und Kirche durchdrungen war, während wir heute, wenigstens in Europa, in säkularisierten Gesellschaften leben? Und selbst wenn Teresas Ideen heute noch von Belang sind – braucht es heute noch Klöster, um diese Ideen verwirklichen zu können?

Vierhunderteinunddreißig Jahre nach Teresas Reise nach Burgos hat sich wenigstens am Wetter nicht viel geändert. Im Frühjahr 2013 regnet es seit Wochen und im Radio höre ich die Meldungen über die gefährlich steigenden Pegelstände von Flüssen. Gott sei Dank brauche ich nicht mehr in einem Planwagen auf aufgeweichten Wegen zu reisen. Ich sitze in einem Auto, auf der Fahrt zu einem Kloster der Karmelitinnen im Münchner Norden. In das Navi habe ich eine Adresse in Dachau eingegeben. Die Navi-Stimme führt mich eine Mauer mit Stacheldraht entlang. Sie gehört zum ehemaligen Konzentrationslager Dachau, das heute eine Gedenkstätte ist. Am Ende der Mauer ist ein kleiner Parkplatz, von dort führt ein Fußweg zum Kloster »Heilig Blut« des Ordens der Unbeschuhten Karmelitinnen.

Die Gebäude des Klosters, die an Baracken erinnern, sind kreuzförmig angelegt, und die Fenster der Zellen sind auf das ehemalige Konzentrationslager gerichtet. Vom Innenhof des Klosters aus kann man durch eine schmale Pforte direkt auf das Lagergelände gehen. Hier der Ort, wo Menschen jede Würde genommen und sie auf bestialische Weise gequält und umgebracht wurden. Gleich daneben der Ort, wo Nonnen in der Erfahrung leben wollen, dass Gott in jedem Menschen wohnt und ihm eine unendliche Würde gibt. Die räumliche Nähe zum ehemaligen Lager, so heißt es in einer Denkschrift des Klosters, soll den Blick wachhalten für vergangenes und gegenwärtiges Unheil. Das Kloster als Gegenwelt zum Konzentrationslager oder sogar als Antwort darauf?

Auf mein Läuten hin öffnet mir eine Nonne und bringt mich durch lange Flure zu einem Besucherzimmer, wo Schwester V., mit der ich verabredet bin, auf mich wartet. Sie ist gekleidet in die Ordenstracht einer Karmelitin. Braunes Gewand mit Überwurf. Schwester V., so erzählt sie mir, war ursprünglich Lehrerin, bevor sie in den Orden eingetreten ist. Was sie stark angezogen hat, war die besondere Bedeutung der Meditation, wie sie in diesem Orden gepflegt wird. »Das Gebet öffnet innere Räume«, erklärt sie mir. Sie hat sich auch sehr intensiv mit anderen Formen der Spiritualität auseinandergesetzt und Lehrer wie Willigis Jäger oder den Inder Sebastian Painadath kennengelernt, die westliche mit östlicher Spiritualität zu verbinden suchen.

Das alltägliche Leben im Kloster ist streng geregelt. Es gibt feste Zeiten des gemeinsamen Betens, des Schweigens und der inneren Sammlung. Daneben gehen die Schwestern einer Beschäftigung nach, um zu ihrem Lebensunterhalt beizutragen. Einige stellen Töpferwaren her, andere Kerzen oder widmen sich der Ikonenmalerei. Nur sehr selten und nur wenn es nicht zu vermeiden ist, etwa zu einem Arztbesuch, verlässt eine Schwester das Kloster. Umgekehrt soll auch möglichst wenig von der Welt draußen in das Innere der Gemeinschaft dringen. Das geistige Leben ist den Nonnen Abenteuer genug. Neue Moden oder technische Erfindungen haben für sie keinen Reiz. In manchen Klöstern gibt es kein Internet, keine Handys, keinen Fernseher, kein Radio. Um sich darüber zu informieren, was in der Welt vor sich geht, lesen die Schwestern Zeitungen.

Für Schwester V. ist Teresa von Ávila immer noch das große Vorbild. Sie ist der Überzeugung, dass Teresa inspiriert worden ist von der Lebensweise der Eremiten, die in frühchristlicher Zeit auf dem Berg Karmel eine Kolonie gegründet haben. Diesen Ursprungsgeist gilt es nach Schwester V. festzuhalten und in die moderne Zeit hinüberzuretten. Dabei ist sie sich im Klaren darüber, dass ein Leben, in dem Gebet und Meditation im Mittelpunkt stehen, eine »Provokation« für den modernen Zeitgeist darstellt. Rational erklären und verteidigen lasse sich die Entscheidung für ein solches Leben nicht. Nur wer diesen Weg selber gehe, könne erfahren, wie sinnvoll er sei, und damit auch andere überzeugen – auch davon überzeugen, wie wichtig es ist, in einer globalisierten Welt, die schnelllebig und von Medien beherrscht ist, Orte zu haben, wo Rückzug, Schweigen und Meditation möglich sind.

Auf meine Frage hin, ob die Lebensform der Karmeliten ein Vorbild für moderne Menschen sein kann, antwortet Schwester V. skeptisch. In ihrem Kloster fehlt der Nachwuchs. Nur drei Schwestern sind jünger als fünfzig. Ihrer Erfahrung nach sind heute zwar viele Menschen auf der Suche nach Stille und

Kontemplation, Klöster haben eine starke Anziehungskraft, es werden auch in ihrem Kloster Meditationsnachmittage angeboten, aber auf Dauer will sich niemand auf ein klösterliches Leben einlassen.

Schwester V. hat nur eine Stunde Zeit für mich. Sie muss zum nächsten Stundengebet. Die Klosterpforte schließt sich hinter mir. Über den Innenhof gehe ich auf das Gelände der KZ-Gedenkstätte. Es regnet und nur wenige Besucher sind unterwegs. Nach allem, was ich von Schwester V. gehört habe, bin ich wohl ein typisch moderner Mensch. Worte wie Rückzug, Stille, Innehalten üben einen großen Reiz auf mich aus. Aber in einem Kloster zu leben kann ich mir beim besten Willen nicht vorstellen. Andererseits kann ich nicht glauben, dass Teresas Gedanken und Erfahrungen nur für eine kleine Elite von spirituell Begabten geeignet sind oder nur von Menschen gelebt werden können, die sich hinter Klostermauern von der Welt absondern. Hat sie nicht ihre Mitschwestern gewarnt davor, sich gerettet zu fühlen, nur weil sie im Kloster sind? Hat sie nicht selbst noch als Nonne ein sehr aktives und »weltliches« Leben geführt, viele Reisen gemacht, mit Gelehrten diskutiert, Geschäfte abgeschlossen, Hunderte von Briefen geschrieben, sich in politische Angelegenheiten eingemischt? Und hat sie nicht gesagt, dass Gott überall erfahrbar ist, auch in der Küche bei den Kochtöpfen? Was sie mit einem für die Menschen wichtigen »Freiraum« gemeint hat, kann, aber muss anscheinend nicht unbedingt eine Klosterzelle sein. Aber wie und wo kann man diese Schutzräume heute finden? Oder anders gefragt: Wohin können Menschen heute gehen, die zu Teresas Zeiten ins Kloster gegangen sind?

I. DIE MAUERN VON ÁVILA

Don Alonso Sánchez de Cepeda lebte 1515 nun schon über zwanzig Jahre in der kastilischen Stadt Ávila, und trotzdem war er lange nicht so angesehen wie die alteingesessenen Familien der Stadt, wie die Bracamontes, die Guieras oder die Cimbróns. Dabei erfüllte er doch alle Voraussetzungen eines ehrenhaften Bürgers. Er war ein guter Christ, hatte einen verbrieften Adelstitel und lebte von den Zinsen seines Vermögens. Er hatte eine Frau aus einer altchristlichen Familie geheiratet, die schon früh verstorben war und ihm zwei Kinder hinterließ, María und Juan. Zwei Jahre nach dem Tod seiner Frau Catalina hatte Don Alonso wieder geheiratet, die erst vierzehnjährige Beatriz de Ahumada. Auch sie entstammte einer adligen, altchristlichen Familie, was seine Stellung in Ávila eigentlich hätte stärken müssen. Aber den Makel seiner Herkunft bekam er nicht los. Die Vergangenheit holte ihn immer wieder ein, eine Vergangenheit, die für Don Alonso mit traumatischen Erinnerungen verbunden war.

Als kleiner Junge hat er miterleben müssen, wie sein Vater, Juan Sánchez, gedemütigt und seine ganze Existenz zunichtegemacht wurde. Die Familie lebte damals in Toledo, und der Vater war ein reicher Tuchhändler. Dass er Jude war, hat ihm zwar Nachteile und die Abneigung mancher Mitbürger eingebracht, aber seinen Beruf und das Überleben seiner Familie konnte Juan Sánchez noch sichern. Doch das änderte sich Ende des 15. Jahrhunderts.

Jahrhundertelang hatten in Spanien Christen, Juden und Muslime relativ friedlich nebeneinandergelebt. Ende des 14. Jahrhunderts verarmten große Teile der Bevölkerung, und der Hass der verbitterten Menschen richtete sich gegen die Juden, die vermögend waren und einflussreiche Stellungen innehatten. Dieser Hass entlud sich in Städten wie Sevilla, Valencia und Barcelona, wo Judenviertel zerstört, die Bewohner getötet oder gezwungen wurden, sich taufen zu lassen. Viele Juden verließen daraufhin das Land oder nahmen mehr oder weniger freiwillig den christlichen Glauben an.

Dadurch wurde ihre Lage allerdings noch schlimmer. Denn die »conversos«, wie man die Konvertierten nannte, wurden von den standhaft gebliebenen Juden verachtet. Und bei den Christen standen sie im Verdacht, nur um ihrer Karriere willen den neuen Glauben angenommen zu haben, insgeheim aber noch ihrem alten Glauben anzuhängen. Dieser Verdacht wog umso schwerer, als konvertierte Juden nun nicht mehr an bestimmte Berufe gebunden waren, sondern in höchste Stellen in Staat und Kirche aufsteigen konnten. Nicht selten waren Bischöfe und Kardinäle Conversos. Die Angst, der christliche Glaube könne durch »Scheinchristen« unterwandert werden, wuchs. Als Folge begann ein geradezu hysterischer Kampf um die Reinheit des Glaubens.

Zum obersten Maßstab wurde nun die »honra«, die Ehre. Und die bemaß sich danach, welchen altchristlichen Stammbaum ein Mann, eine Frau vorweisen konnte. Je weiter zurück die christliche Tradition einer Familie reichte, desto größer war ihr Ansehen und desto größer die Chance, in der Gesellschaft aufzusteigen. Für einen verantwortungsvollen Posten waren nicht mehr die Bildung und Eignung eines Mannes ausschlaggebend, sondern die »Reinheit« seiner christlichen Abstammung. Und weil die bäuerliche Bevölkerung tiefer in der altchristlichen Tradition verwurzelt war, kam es immer öfter zu der grotesken Situation, dass Männer in hohe Ämter berufen wurden, nur weil ihre Vorfahren Bauern waren. Das konnten durchaus fähige Leute sein, doch manchmal galt es in solchen Fällen schon als Zeichen einer vornehmen Abstammung, wenn jemand seinen Namen nicht schreiben konnte.[1]

Abgesehen von diesen Folgen für die führende Schicht des Landes vergiftete der Streit um die Conversos das gesellschaftliche Klima. Angst und Misstrauen bestimmten den Umgang der Menschen miteinander. Denunzianten waren Tür und Tor geöffnet. Niemand konnte mehr sicher sein, dass nicht auch er als verkappter Jude verdächtigt wurde, zumal es jetzt die sogenannten »grünen Bücher« gab, in denen die Namen der Conversos-Familien aufgeführt waren. In Toledo, der Heimatstadt von Juan Sánchez, wurde 1449 ein Statut über die »Reinheit des Blutes« erlassen, um sicherzustellen, dass Scheinbekehrte von hohen Ämtern ausgeschlossen wurden. Noch prekärer wurde die Lage für Juden und Conversos, als im Jahr 1474 Isabella I. von Kastilien und Ferdinand II. von Aragonien den katalanischen Thron bestiegen. Das Königspaar gab dem Druck fanatischer Mönche nach und bat in Rom um die Zustimmung, eigene Gerichte zur Verfolgung von Häretikern einrichten zu dürfen. Papst Sixtus IV. gab sein Einverständnis. Und so wurde im Jahr 1481 in Sevilla die Heilige Inquisition eingeführt, und vor den Toren der Stadt wurden die ersten Ketzer verbrannt. Drei Jahre später nahm die Inquisition in anderen Städten Kastiliens ihre Arbeit auf.

So geschah es auch in Toledo, wo Juan Sánchez und seine Frau Inés de Cepeda bisher an ihrem jüdischen Glauben festgehalten hatten. In den Kirchen der Stadt wurde bekanntgegeben, dass sich alle, die mit ihrem jüdischen Glauben einen schädlichen Einfluss ausübten, bis zu einem gewissen Zeitpunkt melden konnten, um einer schweren Strafe zu entgehen. Wer dies nicht tat und unter Verdacht geriet, verlor automatisch seinen Besitz und musste mit einer Strafe rechnen. Auf leichtere Fälle stand der Kerker. Bei schweren Vergehen wurden die Verurteilten ausgepeitscht oder auf Galeeren verbannt. Und wenn jemand mehrmals rückfällig wurde, drohte ihm der Tod auf dem Scheiterhaufen. Niemand, der der christlichen Kirche gefährlich war, sollte den Netzen der Inquisition entgehen. Ketzer, die flohen, wurden steckbrieflich verfolgt, und sogar bereits verstorbene Verdächtige wurden aus ihren Gräbern geholt und nachträglich verbrannt, damit die Friedhöfe nicht mit deren Leichnamen entweiht wurden.[2]

Erst 1946 wurden Prozessakten entdeckt, die belegen, dass Juan Sánchez am 22. Juni 1485 vor dem Inquisitionstribunal in Toledo erscheinen musste. Wessen er genau angeklagt war, lässt sich nicht mehr sagen. Wahrscheinlich wurde ihm vorgeworfen, im Geheimen jüdische Rituale zu praktizieren. Fest steht aber, dass er sich für schuldig erklärte, schwere Vergehen gegen den katholischen Glauben begangen zu haben. Dieses Bekenntnis und das spätere Verhalten Juan Sánchez' und seiner Nachfahren lassen den Schluss zu, dass er vom jüdischen zum christlichen Glauben wechselte. Einer Strafe entging er dennoch nicht. Er musste, zusammen mit seinen Kindern, an sieben aufeinanderfolgenden Freitagen, bekleidet mit einem Büßergewand, in einer Strafprozession durch die Stadt laufen. Dieses Büßergewand wurde danach, versehen mit seinem Namen, in der Kirche aufgehängt.[3] Sein Vermögen verlor er offenbar nicht, denn er konnte sich in den folgenden Jahren eine neue Existenz aufbauen.

Juan Sánchez hatte sich mit der katholischen Kirche versöhnt. Gerade noch rechtzeitig, denn einige Jahre später, 1492, mussten alle Juden Spanien verlassen. Juan Sánchez war nun ein Converso. Als Angehöriger einer diskriminierten Minderheit konnte er entweder forthin ein ärmliches Leben in Toledo führen. Oder er konnte an einem anderen Ort ein neues Leben als Christ beginnen.

Juan Sánchez entschied sich für die zweite Möglichkeit. 1493 zog er mit seiner Familie nach Ávila. Die Stadt war damals ein Zentrum für die Verarbeitung von Schafswolle, und da Juan Sánchez klug und geschäftstüchtig war, brachte er es in diesem Metier bald zu großem Erfolg. In der Calle de Andrín, im Zentrum jenes Viertels, wo viele Conversos ihre Geschäfte betrieben, hatte Juan Sánchez einen Laden für Wolle und Seide. Er lebte in Wohlstand und nutzte sein Ansehen dazu, Kontakte mit den wichtigsten Familien Ávilas zu knüpfen und vorteilhafte Ehepartner für seine Kinder zu finden.

Um das Jahr 1500 erwarb Juan Sánchez einen Adelsbrief, was bei Conversos häufiger vorkam und mit Hilfe von viel Geld und falschen Zeugen bewerkstelligt wurde. Er gehörte nun zum niedrigen Landadel, zu den »hidalgos«, war von Steuern befreit und durfte den Titel Don führen. Als Christ und Adliger musste Juan Sánchez ein tadelloses Leben führen, um möglichst seinen Geburtsfehler zu verdecken und keinerlei Verdacht aufkommen zu lassen. Das hieß aber auch, dass er kein Geschäft mehr betreiben durfte, denn das galt als typisch jüdisch und daher als entehrend. Nur landwirtschaftliche Arbeit war angesehen. Dazu aber war Juan Sánchez nicht geeignet. Also musste er von seinem Vermögen und von Pachterträgen leben. Und dieses Vermögen, oder das, was davon noch übrig war, vermachte er seinen Kindern, zu denen auch sein Sohn Alonso gehörte.

Don Alonso de Cepeda führte das Erbe seines Vaters fort. Und das in jeder Hinsicht. Immer war er darauf bedacht, den Makel seiner Geburt zu verbergen, und so führten er und seine Kinder den Namen Sánchez nicht mehr weiter, weil er zu jüdisch klang. Das Leben eines adligen Christen erwies sich auf die Dauer als kostspielig. Zwar konnte er seine finanzielle

Situation durch die Mitgift seiner Ehefrauen verbessern. Aber mit Geld konnte er nicht gut umgehen, er machte Schulden. Hinzu kam die steigende Zahl von Kindern. Zwei waren aus seiner ersten Ehe mit Catalina. Seine junge zweite Frau Beatriz hatte ihm ebenfalls bereits zwei Kinder geschenkt, zwei Buben, Hernando und Rodrigo. Don Alonso führte genau Buch über die Geburten. Ende März 1515 schlug er dieses Buch wieder auf und notierte darin: »Am Mittwoch, den achtundzwanzigsten März des Jahres fünfzehnhundert fünfzehn /1515/ um fünf Uhr früh, mehr oder weniger (denn es war schon fast Tagesanbruch an jenem Mittwoch), wurde meine Tochter Teresa geboren.«[4]

Bei der Geburt Teresas hatte Ávila zwischen vier- und sechstausend Einwohner.[5] Die meisten davon waren in der Wollindustrie tätig wie Weber, Färber oder Spinner. Sie begründeten den wachsenden Wohlstand Ávilas. Beherrscht wurde die Stadt allerdings von einer kleinen Zahl aristokratischer Familien, deren herrschaftliche Häuser in den zentralen Vierteln um die Kirchen von San Juan und San Pedro nahe dem großen Marktplatz standen. Sie hatten die politische Gewalt inne und übten auf die kirchlichen Einrichtungen großen Einfluss aus.

Die Familie Cepeda war bekannt und angesehen, aber sie gehörte nicht zur Elite Ávilas. Ihr Haus lag an der Plazuela de Santo Domingo, ein älterer Bau, eine ehemalige Münzpräge. Von außen wirkte dieser Palacio de la Moneda, wie das Gebäude hieß, ziemlich streng mit seinen schmalen, teilweise vergitterten Fenstern. Das Familienleben, das sich hinter den dicken Mauern und im schattigen Innenhof abspielte, blieb den Augen der Öffentlichkeit verborgen. Vor allem von Beatriz wurde erwartet, dass sie dem Ideal einer Mutter und Gattin entsprach. Und dazu gehörte, dass sie in häuslicher Zurückgezogenheit lebte, anspruchslos, bescheiden und tief religiös war, und ihrem Mann viele Kinder schenkte.[6] Nach Teresas Geburt brachte Beatriz fast jedes Jahr ein Kind zur Welt. Das Haus verließ sie vermutlich nur, wenn sie in Begleitung zur Kirche ging.

Teresa und ihre fast zehn Jahre ältere Halbschwester María blieben lange die einzigen Mädchen in der Familie. Und sie erlebten an ihrer Mutter hautnah, wie eine Frau in ihren Kreisen zu leben hatte. Ob Teresa auch etwas mitbekam von dem Schatten, der über der Familie lag? Der vierjährigen Teresa wird es jedenfalls nicht verborgen geblieben sein, dass ihr Vater im August 1519 wieder seine Ehre verteidigen musste. Und auch wenn sie noch nicht verstehen konnte, worum es ging, wird sie die Aufregung in der Familie und die Sorgen der Eltern doch gespürt haben. Offenbar waren von offizieller Seite wieder Zweifel am Adelsstand der Familie aufgekommen. Und so mussten Don Alonso und seine Brüder vor Gericht um die Anerkennung ihres Rufes kämpfen. Der Prozess zog sich über Jahre und endete für die Brüder Cepeda mit einem Erfolg. Ihr Adelsbrief wurde anerkannt, somit auch ihre christliche Gesinnung. Hätten die Brüder den Prozess verloren, wären sie vielleicht gezwungen worden, aus Ávila wegzuziehen oder sogar das Land zu verlassen. So aber konnten sie in Ávila bleiben.

Ávila in der kastilischen Hochebene glich zu jenen Zeiten einer riesigen Festung mit einer drei Meter dicken, zinnenbesetzten Stadtmauer und achtundachtzig wuchtigen Rundtürmen. Der wehrhafte Charakter der Stadt entsprach dem Selbstbewusstsein ihrer Bewohner. Die Patrizierfamilien Ávilas waren stolz darauf, dass ihre Vorfahren maßgeblich an der »Reconquista«, an der Rückeroberung des Landes durch christliche Heere, beteiligt gewesen waren. Jahrhundertelang hatten muslimische Eroberer aus Nordafrika über die iberische Halbinsel geherrscht. In zahllosen Kämpfen wurden diese Mauren immer weiter zurückgedrängt, und schließlich nahmen die Heere Isabellas und Ferdinands 1492 die letzte maurische Bastion, Granada, ein. Der letzte Maurenkönig Boabdil floh ins Exil nach Nordafrika. Das Königspaar Isabell und Ferdinand, das vom Papst den Ehrentitel »Katholische Könige« verliehen bekam, war somit seinem Ziel nähergekommen, Spanien politisch und vor allem religiös zu einigen.

Spanien sollte ein Bollwerk des katholischen Glaubens werden, an dessen Mauern alle fremden, feindlichen Einflüsse abprallten. Und solche Gefahren drohten von überall her. Im Osten drangen türkische Heere gegen die christlichen Länder Europas vor. Und aus dem Norden kamen beunruhigende Nachrichten, nach denen ein Mönch namens Martin Luther ketzerische Thesen an eine Kirchentür genagelt haben soll, in denen er zum Ungehorsam gegen den Papst aufrief.

Ávila war das Stein gewordene Sinnbild der spanischen Gesellschaft. Auf Schritt und Tritt traf man hier auf einen Zeitgeist, der viel auf Ehre hielt, der stolz war auf die eigene Rechtgläubigkeit und bereit, diese zu verteidigen. Und die junge Teresa blieb nicht unberührt von diesem Geist. In ihrer Lebensgeschichte, die sie als fünfzigjährige Frau niederzuschreiben begann, erzählt sie von einem Abenteuer, das sie sich als neunjähriges Mädchen leistete.[7] Zusammen mit ihrem Lieblingsbruder Rodrigo riss sie von zu Hause aus. Die beiden wollten in das Land der Mauren wandern, um dort von den Ungläubigen geköpft zu werden und als christliche Märtyrer die himmlischen Belohnungen für ihren Opfertod zu empfangen. Ein Onkel der beiden machte diese hochfliegenden Pläne zunichte. Er fing sie außerhalb der Stadtmauern ab und brachte sie zu ihrer Familie zurück.

Diese Geschichte passt in die herkömmlichen Lebensgeschichten von Heiligen, in denen solche Begebenheiten als frühe Anzeichen einer besonderen Frömmigkeit präsentiert werden. Aber Teresa wollte als erwachsene Frau keine Heilige sein. Und sie war es schon gar nicht als Kind. Bei der Geschichte von der Ausreißerin muss man eher fragen, wie solche Flausen in ihren kindlichen Kopf kamen und welche Rückschlüsse auf ihre Erziehung dies zulässt. Denn offenbar wurden der kleinen Teresa schaurige Märtyrergeschichten erzählt, von ungläubigen und grausamen Mauren und von furchtlosen Christen, die bereit waren, ihr Leben für den Glauben zu lassen, und dafür im Himmel mit unvorstellbaren Wohltaten belohnt wurden. Die kleine Teresa konnte natürlich nicht wissen, dass sie und ihre Familie viel mit den gottlosen Mauren gemeinsam hatten. Auch die Mauren wurden verfolgt und 1501 endgültig aus Spanien vertrieben. Unter den Mauren gab es ebenfalls viele, die in der Not zum christlichen Glauben wechselten. Sie hießen dann nicht »conversos«, sondern Morisken, und waren wie die konvertierten Juden immer im Visier der Inquisition.

Teresa verschwieg noch in ihrer Lebensgeschichte ihre jüdischen Wurzeln. Und wenn sie nach ihrer Herkunft gefragt wurde, reagierte sie sehr gereizt.[8] Man muss auch diesen Teil ihrer Geschichte kennen, um manches zu verstehen, was sie gedacht, geglaubt und getan hat.

Viele Söhne aus Conversos-Familien verließen die ummauerte Stadt, um den Repressionen, Vorurteilen und schlechten Zukunftsaussichten zu entkommen. Auch Teresas Brüder hofften, in den von Spanien eroberten Ländern Südamerikas ihr Glück zu machen. Teresa war als Frau dieser Weg versperrt. Sie entdeckte einen anderen Weg, um der geistigen Enge ihrer Zeit zu entkommen. Dieser Weg führte sie ins eigene Innere. Teresa beschrieb dieses Innere als Burg mit vielen Wohnungen, in der sie ein Vertrauen geschenkt bekam, das sie von allen Ängsten und Zwängen befreite.

II. EHRE UND SÜNDE

Teresa hat ihr Leben selbst beschrieben. Sie war fast vierzig Jahre alt, als sie die ersten Versuche machte, ihren Lebensweg und ihre geistige Entwicklung aufzuschreiben. Das tat sie aus dem Bedürfnis, sich selber Klarheit zu verschaffen. Gleichzeitig waren diese Auskünfte bestimmt für Kirchenmänner und Theologen, die beurteilen sollten, ob Teresas Ansichten und innere Erfahrungen im Einklang standen mit den Lehren der Kirche. Diese ersten Anläufe zu einer Autobiographie sind verloren gegangen. Erhalten geblieben ist dagegen eine umfangreiche Lebensgeschichte, die Teresa verfasste, als sie um die fünfzig Jahre alt war. Dass dieses Werk entstehen konnte, grenzt fast an ein Wunder. Denn nur wenige Jahre vorher, im August 1559, hatte der Großinquisitor Fernando de Valdés einen »Index verbotener Bücher« aufgestellt, demzufolge nun auch geistliche Schriften in der Volkssprache eine Gefahr für die »gesunde Lehre« waren.

Teresa schrieb in ihrer Muttersprache Kastilianisch. Noch dazu wollte sie sich möglichst verständlich ausdrücken und nur das beschreiben, was sie durch eigene Erfahrung verbürgen konnte. All das musste sie in den Augen der Inquisition zu einer höchst verdächtigen Person machen. Teresa konnte jedoch darauf verweisen, dass sie ihr Buch im Auftrag hochgestellter Kirchenmänner schrieb. Das bot ihr Schutz. Dennoch wusste sie, dass dieses Buch früher oder später auf den Tischen der Inquisition landen würde. Sie musste also vorsichtig sein und abwägen. Einerseits wollte sie nicht riskieren, dass das Buch verboten wurde oder sie selbst in die Fänge der Inquisition geriet. Andererseits wollte sie wahrhaftig bleiben und nichts beschreiben, von dem sie nicht zutiefst überzeugt war. Diese Gratwanderung gelang ihr – mit diplomatischem Geschick, mit Humor, manchmal mit Ironie und einer gehörigen Portion Schlitzohrigkeit. Für den Leser bedeutet das aber, dass er zwischen den Zeilen lesen muss, um ihre wahren Ansichten auch dort zu erkennen, wo sie sich scheinbar auf die Positionen ihrer Gegner einlässt.

Ihr Lebensbericht ist im Rückblick verfasst. Als Teresa sich daranmachte, ihren Lebensweg zu Papier zu bringen, war sie eine reife Frau, die ihrer Bestimmung sicher war und bereits ein eigenes Kloster gegründet hatte. Dementsprechend sah sie ihre Kindheit und Jugend mit den Augen einer überzeugten Christin. Dies führte dazu, dass sie die eigene Vergangenheit oft als eine Zeit voller Irrtümer, als Verirrung oder gar als Sünde schildert, obwohl sie als Kind und junge Frau viele angebliche Verfehlungen als »nicht schlimm« oder nicht als sündhaft empfunden hat.[1] Die ältere Teresa hat also viel von ihrem Wissen und ihrem Bewusstsein in die »junge« Teresa hineinprojiziert. Gleichzeitig vermochte die »alte« Teresa sehr wohl, sich in den Kopf der »jungen« Teresa hineinzuversetzen. Der Leser muss beides auseinanderhalten, um Teresas Entwicklung nachvollziehen zu können. Nur so wird er davon abgehalten, Teresas Leben nach dem Muster einer typischen Heiligenlegende zu lesen, wonach ein Mensch von Kindheit an auf geradem Weg auf seine Bestimmung zusteuert. Diesen geraden Weg gibt es bei Teresa nicht. Ihre Vorstellung von Entwicklung ist eine andere.

Für einen modernen Menschen ergibt sich Entwicklung aus Erfahrung. Er macht im Leben Erfahrungen, gute und schlechte, lernt daraus, ändert sein Verhalten. Auch Teresa hat Erfahrungen gemacht und ist durch sie geprägt worden. Aber bei ihr kommt noch etwas anderes hinzu. Sie ist überzeugt davon, dass jeder Mensch eine intime Beziehung zum Göttlichen hat. Diese Beziehung äußert sich darin, dass in jedem Menschen etwas wirkt, das ihn dazu bewegen will, anders zu sein, als er ist. Teresa findet verschiedene Namen und Bilder für diese innere Unruhe. Einmal spricht sie vom »Lockruf«, den man im Innern hören kann. Ein andermal von »Durst« oder von einer »Sehnsucht«. Für Teresa ist es eine »Sehnsucht nach etwas, das uns fehlt«. Und das, was uns fehlt, kann uns, so schreibt sie, »so sehr fehlen, dass es uns umbringt, wenn es fehlt«.[2] Diese Sehnsucht kann aber auch sehr schwach sein wie ein »leises Pfeifen«[3], das kaum zu hören ist. Auf dieses Pfeifen können Menschen verschieden reagieren. Sie können sich so verhalten, dass sie es übertönen und damit überhören. Oder sie können hellhörig und empfänglicher werden. Jedenfalls gehören immer zwei Seiten dazu, damit eine Entwicklung in Gang kommt: der Lockruf im Innern einerseits und andererseits, wie der Mensch sich dazu verhält, ob er hört oder nicht hört.

Folgt man den Erinnerungen Teresas, so hat sie als Kind von diesem Lockruf nichts gewusst, geschweige denn einen solchen vernommen. Ihre christlichen Kinderspiele entsprangen nicht einer echten Frömmigkeit, sondern waren die Folge von Geschichten, die sie gehört hatte und die ihre Fantasie anregten. Nachdem der Plan, sich von den Mauren köpfen zu lassen, schiefgegangen war, begann Teresa, auf dem Landgut der Familie Einsiedler zu spielen. »In einem Garten, den es zu Hause gab«, so erzählt sie in ihren Erinnerungen, »versuchten wir, so gut es ging, Einsiedeleien zu bauen, indem wir kleine Steine aufschichteten, die aber bald wieder einfielen; so fanden wir keine Abhilfe für unseren Wunsch.«[4] Geschichten von Heiligen und Märtyrern gehörten zur religiösen Unterweisung seitens der Eltern und der Kirche. Für ein Mädchen wie Teresa gab es keinen Schulunterricht. Dem Status ihrer Familie gemäß, lernte sie zu Hause lesen, schreiben, ein wenig rechnen und einige Handarbeiten.

Im Nachhinein war Teresa der Überzeugung, dass in der Kindheit Vorbilder die größte Rolle spielen. Und dabei dachte sie in erster Linie an ihre Eltern. Ihrer Mutter und ihrem Vater stellt sie ein gutes Zeugnis aus, sie seien »tugendhafte und gottesfürchtige Eltern«[5] gewesen. Das klingt, als wolle sie ihre Eltern bei den kritischen Kirchenmännern, die diese Zeilen lesen würden, in ein günstiges Licht stellen. Ihren Vater schildert Teresa als sanften, sehr mitleidfähigen Mann, der, anders als in adligen Familien üblich, keine Sklaven hielt, weil er deren Unfreiheit nicht ertragen konnte. Alonso de Cepeda war es wohl auch, der Teresa lesen und schreiben beibrachte. Grundlage dafür war seine umfangreiche Bibliothek, die hauptsächlich religiöse Werke enthielt, etwa Bücher über das Leben Christi, über die heilige Messe oder die sieben Todsünden.

Don Alonso hat sicher gehofft, dass das Lesenlernen für Teresa gleichzeitig eine Einführung in die katholische Religion sein würde. Er muss enttäuscht gewesen sein, dass seine Tochter sich zu einer anderen Lektüre hingezogen fühlte. Und nicht ganz unschuldig daran war seine Frau Beatriz.

Teresa beschreibt ihre Mutter als sehr schöne, tugendhafte und intelligente Frau. Dass Beatriz Dávila y Ahumada, wie sie mit vollem Namen hieß, auch andere Seiten hatte, unterschlägt Teresa nicht, selbst wenn sie in der *Vida* nur angedeutet werden. Beatriz konnte ihre Schönheit nicht zeigen und ihre Begabungen nicht entfalten. Als Ehefrau und Mutter war sie ans Haus gefesselt. Nach Teresas Geburt brachte sie eine Reihe von Jungen zur Welt, die Juan, Lorenzo, Antonio, Pedro, Jerónimo hießen – und ein Ende des Kindersegens war nicht abzusehen. Durch die vielen Geburten und wahrscheinlich auch Fehlgeburten war Beatriz häufig krank und früh gealtert.

Der einzige Lichtblick in diesem beschwerlichen und oft trostlosen Leben waren für Beatriz ihre Bücher – ganz andere Bücher, als in der Bibliothek ihres Mannes standen. Es waren Liebes- und Abenteuerromane, in denen edle und starke Ritter mit Namen wie Amadis oder Florisandro die Herzen von Königstöchtern eroberten. Beatriz konnte ihre Pflichten in Haus und Familie nicht schnell genug erledigen, um wieder in die Welt der Abenteuer und großen Leidenschaften einzutauchen. Und ihre Tochter folgte ihr in diese Welt. Teresa las stundenlang in diesen Romanen, oft sogar noch heimlich nachts im Bett. »Es war derart extrem, wie ich davon erfüllt war«, so bekannte sie, »dass ich meinte, nicht glücklich zu sein, wenn ich kein neues Buch hatte.«[6]

Don Alonso blieb nicht verborgen, womit seine Frau und seine Tochter viele Stunden des Tages verbrachten oder, in seinen Augen, vergeudeten. Mit dieser Lektüre war er nicht einverstanden, und schon gar nicht mit dieser Art der Erziehung. Mutter und Tochter konnten jedoch nicht einsehen, was daran falsch und verderblich sein sollte. Und so frönten sie heimlich, hinter seinem Rücken, weiter ihrer Leidenschaft.

Diese Ritterromane blieben nicht ohne Wirkung auf Teresa. Sie wollte jetzt nicht mehr eine Märtyrerin sein oder eine Klosterschwester, ihr Vorbild waren nun die Frauen in den romantischen Geschichten. Teresa, die ungefähr zwölf Jahre alt war, begann auf ihr Äußeres zu achten. Sie zog schöne Kleider an, pflegte sorgfältig ihre Hände und ihre Haare und legte großen Wert darauf, gut zu riechen. Bestärkt in ihrer Verwandlung wurde sie durch eine Freundin. Kinder aus fremden Familien kamen bei den Cepedas nicht ins Haus, das erlaubte Don Alonso nicht. Umgang durften Teresa und ihre Geschwister nur mit den Kindern der Verwandtschaft haben, und die war groß.

Teresa hatte zahlreiche Onkel und Tanten, darunter Tante Elvira, die bereits Witwe war und deren Kinder eine recht freie Erziehung genossen. Das galt besonders für die Cousine Ines, die Teresas beste Freundin wurde. Die beiden waren bei jeder Gelegenheit zusammen und tauschten ihre Geheimnisse aus. Diese Tuscheleien wurden offenbar Teresas Eltern zu viel und sie wollten die Besuche der Cousine einschränken. Doch Teresa hatte in dem Hausmädchen eine Verbündete, und die ließ Ines heimlich ins Haus.

Im Rückblick wünschte die erwachsene Teresa sich, ihre Eltern hätten ihr diesen Umgang verboten. Als junges Mädchen aber wollte sie auf keinen Fall darauf verzichten. Sie hatte kein schlechtes Gewissen, ihre Eltern zu hintergehen. Ohne Frage war sie ein eigensinniges, temperamentvolles und fantasievolles Mädchen.

Ende 1528 starb Teresas Mutter. Beatriz war erst vierunddreißig Jahre alt, aber ausgezehrt wie eine alte Frau. Sie hatte zehn Kinder zur Welt gebracht, das letzte war ein Mädchen namens Juana, und vermutlich starb Beatriz an den Folgen dieser Geburt. Wie die fast vierzehnjährige Teresa diesen Tod verkraftet hat, lässt sich schwer sagen. Einerseits beteuert sie, wie sehr sie geweint und um die Hilfe der Muttergottes gefleht habe. Andererseits räumt sie ein, dass sie den Menschen gern etwas vorgespielt hat. Gegenüber ihrem Vater scheint das leicht gewesen zu sein, denn Teresa war sein Liebling, und diese Liebe machte Don Alonso blind für so manches, was Teresa anstellte. »Die Liebe, die mein Vater zu mir hegte«, so schreibt sie, »und meine Verstellungskunst waren so über die Maßen groß, dass er niemals eine solche Schlechtigkeit in mir vermutet hätte, weshalb er über mich auch nicht verstimmt war.«[7]

Teresa nutzte diese Gutgläubigkeit ihres Vaters aus, um sich

Freiheiten herauszunehmen. Dazu gehörte wohl auch eine kleine Affäre mit einem ihrer Cousins. Es ist bezeichnend für die Teresa dieser Jahre, dass sie aus dieser Liebelei eine große Sache machte und gleich an Heirat dachte. Denn sie hatte ein schlechtes Gewissen, das allerdings wenig mit religiösen Werten oder Moral zu tun hatte. Teresa hatte Angst um ihre »Ehre«, um ihren »guten Ruf«, und darin äußern sich die gesellschaftlichen Normen ihrer Zeit und auch die mehr oder weniger verdeckte Angst ihrer Familie um ihr Ansehen.

Für den Historiker Ludwig Pfandl ist nichts geeigneter, die Mentalität der spanischen Gesellschaft des 16. Jahrhunderts zu erfassen, als der schillernde Begriff der »honra«, der Ehre.[8] In ihm ist alles eingefangen, was die Menschen dieser Jahrzehnte geprägt hat: Die Vertreibung von Juden und Mauren aus dem Land, der Stolz der Altchristen auf ihre »Reinheit des Blutes«, der Stolz auf die Entdeckungen neuer Länder und deren Kolonisierung. Nach Pfandl hat der Ehrbegriff allerdings mit der Zeit eine immer größere »Übertreibung« erfahren. Er verlor jeden ethischen Inhalt und wurde gleichbedeutend mit dem »guten Ruf«. Wer seine Ehre verlor oder nur zu verlieren drohte, dessen Existenz war gefährdet. Nur so ist zu verstehen, zu welchen drastischen Handlungen Menschen fähig waren, deren Ehre verletzt war oder die nur glaubten, dass sie verletzt sei. Es gibt Berichte von Familien, in denen ein Bruder den anderen tötete, nur weil dieser Sympathien für den protestantischen Glauben hegte und damit nicht nur die Ehre der Familie, sondern angeblich die Ehre der spanischen Nation besudelte. Ähnlich ist der Fall eines Ehemanns, der seine Frau ermordete, weil es vage Gerüchte gab, sie wäre ihm untreu gewesen.[9]

Auch Teresa pochte auf ihre Ehre, obwohl sie, wie sie später zugab, nicht verstand, was das eigentlich war, und, so schrieb sie, »nach dem Hörensagen nur dem großen Haufen nachlief«.[10] Die Sorge um ihre Ehre hielt sie allerdings nicht davon ab, Dinge zu tun, die mit dieser Ehre eigentlich nicht zu vereinbaren waren. Teresa war im heiratsfähigen Alter, und sie war eine Schönheit. Noch als fünfzigjährige Nonne war sie nicht ohne Eitelkeiten und erinnerte sich mit einer gewissen Wehmut an die vielen »natürlichen Reize«, die sie als junges Mädchen gehabt hatte und dass ihr das von allen Seiten immer wieder bestätigt worden sei.[11] Hinzu kam, dass Teresa die Gabe hatte, sich bei allen beliebt zu machen. Wo immer sie hinkam, rief sie Sympathie hervor, vor allem bei den Männern. Und wenn sie merkte, dass sie einem Mann gefiel, und der ihr ebenfalls gefiel, dann konnte sie sich Hals über Kopf verlieben und dachte Tag und Nacht an ihn.

Don Alonso war nun Witwer und mit seinen zwölf Kindern überfordert. María, das älteste, übernahm kurzfristig die Rolle der verstorbenen Mutter, doch für sie war schon ein Mann gefunden und sie sollte bald heiraten. Für die Söhne war geplant, dass sie nach Westindien auswandern und dort ihr Schicksal in die eigene Hand nehmen würden. Juana, das Nesthäkchen, blieb natürlich beim Vater. Aber was sollte mit Teresa geschehen? Für sie gab es nur die Option zu heiraten oder in ein Kloster zu gehen. Wenn sie nicht standesgemäß verheiratet werden konnte, wenn sie zu »lebenslustig« war oder einen Fehltritt begangen hatte, dann blieb ihr nichts anderes übrig als der Weg ins Kloster.[12] Auf Teresa trafen vermutlich alle drei Voraussetzungen zu. Außerdem hatte sie Angst vor dem Heiraten, wobei sie sicher das traurige Schicksal ihrer Mutter vor Augen hatte.

Don Alonso entschied, Teresa in die Obhut der Augustinerschwestern zu geben. Nicht, damit sie selbst eine Klosterschwester wird, sondern um sie vorübergehend als weltliche Schülerin dort unterzubringen. Um Gerüchten vorzubeugen und keinen Zweifel an der Familienehre aufkommen zu lassen, begründete er seine Entscheidung damit, dass María bald heiraten werde und Teresa nicht ohne Mutter und ältere Schwester zu Hause bleiben sollte.

Für Teresa war der Wechsel vom Stadthaus in das Kloster außerhalb der Stadtmauern ein Schock. Ihre Abneigung gegen das Klosterleben war »riesengroß«[13]. Noch immer war sie ein lebenslustiges Mädchen, das sich gerne schön anzog und sich schminkte. Damit war es jetzt vorbei. Sie musste ein einfaches Kleid tragen, und Schmuck und Parfum waren im Kloster nicht geduldet. Was aber Teresa behielt, war ihr Charme. In wenigen Tagen hatte sie die Herzen der Schwestern und ihrer Mitschülerinnen erobert. Besonders eine Schwester, María mit Namen, war ihr sehr zugetan, und sie führte mit Teresa lange Gespräche über Gott. Oft heuchelte Teresa, wenn sie mit Leuten redete, nur Interesse, um deren Sympathie nicht zu verlieren. Ob es bei Schwester María auch so war?

Das geistliche Leben im Kloster jedenfalls blieb Teresa fremd. Wenn sie die Schwestern beobachtete, wie diese voller Inbrunst beteten und sogar weinten, blieb sie völlig unberührt. Sie hatte, wie sie später bekannte, ein »kaltes Herz«[14]. Umso aufgeregter war sie, wenn sie den neuesten Tratsch aus der Stadt hörte. Nur allzu gerne wäre sie dorthin zurückgekehrt. Aber dann wäre sie verheiratet worden. Und das wollte sie vermeiden. Andererseits glaubte sie zu wissen, dass das Leben als Nonne für sie nicht das Richtige war.

In dieser Notlage wurde Teresa krank. Sie fiel manchmal unvermittelt in Ohnmacht und musste sich zeitweise mit hohem Fieber ins Bett legen. Nach eineinhalb Jahren im Kloster nahm ihr Vater sie im Herbst 1532 wieder nach Hause, um sie zu pflegen. Als es ihr im darauffolgenden Frühjahr besser ging, schickte er sie zur Erholung zu ihrer älteren Schwester María. María lebte mittlerweile mit ihrem Mann in einem kleinen Dorf östlich von Ávila. Auf dem Weg dorthin besuchte Teresa einen Bruder ihres Vaters. Pedro de Cepeda war Witwer und lebte zurückgezogen in dem kleinen Ort Hortigosa.

Don Pedro war ein frommer Mann. Er sprach viel mit Teresa über die Nichtigkeit der Welt und bat sie, ihm aus seinen Büchern vorzulesen. Teresa tat ihm den Gefallen, um ihm, wie sie sagt, »eine Freude zu machen«[15]. Mit dem, was in den Büchern ihres Onkels stand, konnte sie nichts anfangen. Was diese fromme Lektüre allerdings bei ihr bewirkte, war, dass sich ihr schlechtes Gewissen verstärkte und Angst sich in ihr breit machte.

In Teresas Erinnerungen ist nicht zu unterscheiden, ob es um Ehre oder um Sünde geht. Beides vermischt sich ineinander. Die Sorge, gegen die Tabus der Gesellschaft zu verstoßen, verschmilzt mit der Angst, sich zu versündigen. Religiöse Werte und gesellschaftliche Normen durchdringen sich gegenseitig. So wird der Verlust der Ehre zur Sünde und Sünde zu Verlust der Ehre. Und ebendiese Verwirrung ist es, die Teresa in jungen Jahren in solche Gewissensqualen stürzte. Dauernd lebte sie in der Angst, ihre Ehre oder die Ehre der Familie zu verletzen. Gleichzeitig wurde um sie herum fast unablässig von Himmel und Hölle, von Fegefeuer und Verdammnis gepredigt.

Kein Wunder, dass Teresa glaubte, verdorben zu sein und ganz sicher in der Hölle zu landen. Da sie nur die Wahl zwischen Kloster und Heirat hatte und eine Ehe ausschied, weil kein geeigneter Kandidat in Aussicht war und Teresa eine Heirat möglichst vermeiden wollte, steigerte sie sich in eine abstruse Logik hinein: Die Qualen, die sie im Kloster durchlebt, so dachte sie, werden nicht größer sein als die Qualen, die sie im Fegefeuer erwarten. Also kann sie ein Leben »wie in einem Fegefeuer« verbringen und danach »geradewegs in den Himmel« kommen.

Teresa wollte sich zwingen, ins Kloster zu gehen. Ihr Vater

jedoch war strikt dagegen. Don Alonso hatte die fünfzig schon überschritten und wollte offenbar, dass Teresa in seinem Haus blieb und sich im Alter um ihn kümmerte. Erst wenn er tot sei, so meinte er, könne Teresa machen, was sie wolle. So lange aber wollte Teresa nicht warten. Sie hätte es als Schwäche, als Sünde und als Verlust ihres Ansehens empfunden, ihren Entschluss rückgängig zu machen. Angst war die treibende Kraft ihres Willens. Und ihr Entschluss, das erkannte sie erst viele Jahre danach, war mehr bestimmt von »knechtischer Furcht als von Liebe«[16].

III. DER MUT GEGEN SICH

Etwa zweitausend Kilometer nordöstlich von Ávila, in der sächsischen Stadt Erfurt, hatte am 17. Juli 1505 ein junger, einundzwanzigjähriger Mann an die Tür des Augustinerklosters geklopft. Er hieß Martin Luther und bat darum, in das Kloster aufgenommen zu werden. Seine Eltern wussten nichts davon. Sie gingen davon aus, dass ihr Sohn nach dem Grundstudium der Philosophie nun Jura studieren würde. Wenige Wochen vor seinem Klostereintritt hatte Luther seine Eltern in dem kleinen Ort Mansfeld besucht und ihnen gestanden, dass er viel lieber Theologie als Jura studieren wolle. Der Vater Hans Luther hatte davon nichts wissen wollen. Er hatte viel Geld in die Ausbildung seines Sohnes investiert und sah ihn schon als erfolgreichen Juristen oder Bürgermeister. Außerdem hatte er für Martin eine sehr vorteilhafte Heirat in Aussicht.

Auf dem Rückweg von Mansfeld nach Erfurt war Martin Luther in einer verzweifelten Stimmung gewesen. Sollte er gegen den Willen des Vaters handeln und einen eigenen Weg gehen, von dem er nicht wusste, wohin er ihn führt? Zwei Wochen später stand Luther vor der Klosterpforte. Er musste sich zu diesem Schritt zwingen. »Ich bin nicht gerne ein Mönch geworden«, gestand er später. Trotzdem hielt er sich genauer an die Regeln und erfüllt seine Aufgaben pflichtbewusster als seine Mitbrüder. Luther wurde von schweren Schuldgefühlen geplagt und hoffte, als vorbildlicher Mönch von diesen befreit zu werden und als Lohn für seine Anstrengungen einen »gnädigen Gott« zu finden.

Von Luther und dem, was er auslöste, erfuhr Teresa aus Predigten und Flugblättern, die in ganz Spanien verteilt wurden. Darin wurden der Reformator und seine Anhänger als Häretiker gebrandmarkt, die alle Sakramente entweihen und Kirchen zerstören. So ist es nicht verwunderlich, dass Luther für Teresa eine Schreckensgestalt war. Hätte sie Luthers Schriften lesen können, wäre ihr vermutlich aufgefallen, wie ähnlich sie ihm war.[1] Luther suchte einen »gnädigen Gott«, und er fand ihn, als er eine Bibelstelle nicht nur dem Buchstaben nach studierte, sondern existentiell davon betroffen wurde. Teresa suchte einen freundlichen Gott, und sie fand ihn, als sie entdeckte, dass man nicht mit starren Formeln zu ihm reden musste, sondern ein inniges Gespräch mit ihm möglich war. Auch Teresa wurde nur ungern eine Nonne. Und wie Luther wurde sie von Ängsten und einem großen Schuldbewusstsein ins Kloster getrieben.

Dreißig Jahre nach dem Klostereintritt Martin Luthers, am 2. November 1535, klopfte die einundzwanzigjährige Teresa de Ahumada an die Pforte des Klosters »Santa María de la Encarnación«, des Klosters zur Menschwerdung der Karmelitinnen in Ávila, und bat um Aufnahme. Ihr Vater wusste nichts davon. Heimlich war sie von zu Hause weggelaufen. Was sie mit ihrer Flucht in das Kloster beabsichtigte, das konnte sie im Nachhinein nicht mehr sagen. Im Lichte ihrer späteren Erfahrungen wollte sie ihren Ausbruch gerne verstehen als erstes Anzeichen dafür, dass ihr weltliche Dinge nicht mehr so wichtig waren und sie mehr auf ihre »Seele« achtete.

Zugleich wusste die fünfzigjährige Teresa, dass bei der einundzwanzigjährigen Teresa solche Motive nicht zu finden waren. In das Menschwerdungskloster wollte sie aus dem banalen Grund: weil dort auch schon ihre Freundin Juana war. Was Teresa nach ihren eigenen Worten vollkommen fehlte, war »Gottesliebe«[2]. Nichts zog sie ins Kloster, vielmehr musste sie sich zu diesem Schritt zwingen. Dementsprechend schwer fiel es ihr auch, sich von ihrem Vater und ihrer Familie zu trennen. Dreißig Jahre später erinnerte sie sich, »dass der Schmerz, den ich empfand, als ich das Haus meines Vaters verließ, wie ich glaube, nicht stärker sein kann, als wenn ich stürbe, denn mir scheint, dass sich mir jeder Knochen von sich aus loslöste«.[3]

Wieso ging sie dann überhaupt ins Kloster und woher nahm sie die Kraft für diesen Schritt? Für Teresa war es reine Entschlossenheit, die sie vorwärtstrieb. Es war der Mut, etwas zu unternehmen und gegen ihre natürlichen Neigungen zu handeln. Alles, was sie bewegte, war ein vager Wunsch oder ein unklares Verlangen, vielleicht schon dieses »zarte Pfeifen«, von dem sie später sprach. Doch gegen dieses Verlangen standen Ängste und Zweifel, die diesen Wunsch, etwas zu ändern, sofort im Keim hätten ersticken können. Dann wäre alles geblieben, wie es war. Teresa wäre im Elternhaus geblieben und hätte sich um ihren Vater gekümmert. Nur weil sie, wie sie schreibt, »Mut gegen mich«[4] aufbrachte, veränderte sich ihr Leben – auch wenn die Motive fragwürdig und die Folgen nicht absehbar waren.

Ein Jahr nach ihrem Eintritt ins Menschwerdungskloster durfte Teresa das Ordensgewand anlegen. Damit begann die Zeit ihres Noviziats, das Jahr der Ausbildung und der Vorbereitung auf ihre endgültige Aufnahme in den Orden. Teresa war fest entschlossen, diese Zeit mustergültig zu bestehen. Nach außen hin war ihr Verhalten ohne Fehl und Tadel. Sie machte bereitwillig alle Arbeiten, die man ihr auftrug. Sie schrubbte stundenlang die Böden, betete inbrünstig und verbrachte lange Zeit allein in ihrer Zelle.

In ihrem Inneren jedoch sah es etwas anders aus. Da machten sich bei ihr oft »große innere Unruhen« bemerkbar. Die hingen damit zusammen, dass Teresa allseits beliebt war und diese Zuneigung auch suchte und brauchte. »Ich genoss es, geschätzt zu sein. Ich nahm es genau mit allem, was ich tat.«[5]

Teresa lebte nicht mehr in der Welt draußen. Im Kloster spielte die Ehre eines Menschen keine Rolle mehr oder sollte zumindest keine mehr spielen. Trotzdem konnte sie es nur schwer ertragen, wenn sie keine Anerkennung fand, vielleicht sogar getadelt oder grundlos beschuldigt wurde. Diese Kränkungen ihres Selbstwertgefühls verrechnete Teresa wieder auf das Konto ihrer Buße, nach dem Motto: Wer viel aushalten muss, wird dafür einmal viel Lohn erhalten.

Nach dem einjährigen Noviziat legte Teresa am 3. November 1537 ihr Ordensgelübde ab. In ihren Schilderungen dieser feierlichen Handlung stößt man auf höchst widersprüchliche Aussagen. Einerseits spricht sie von ihrer »Entschlossenheit« und von einer »inneren Beglückung«. Andererseits bricht ihr fast das Herz, wenn sie daran denkt, wie groß der Unterschied war zwischen diesem feierlichen Versprechen, ein Leben ganz für Gott zu führen, und dem, was sie wirklich dachte und tat. »Heute scheint mir«, so schreibt sie, »dass ich recht hatte, als ich keine so große Auszeichnung wollte, weil ich so schlechten Gebrauch davon machen sollte.«[6] Auch wenn Teresa mit übergroßem Schuldgefühl auf ihre frühen Klosterjahre zurückblickt, so zeigt sich doch, wie schmerzlich sie damals spürte, wie wenig ihr Inneres dem entsprach, wozu sie entschlossen war und was sie nach außen gelobte. War es dieser Widerspruch, der sie so unruhig machte und der dazu führte, dass ihre gesundheitlichen Probleme immer größer wurden?

Teresas Ohnmachtsanfälle häuften sich, dazu kam jetzt noch ein ominöses »Herzleiden«, über das man nichts Genaueres erfährt und das man auch mit dem heutigen medizinischen

Wissen nicht mehr eindeutig bestimmen kann.[7] Teresas Zustand wurde so alarmierend, dass ihr Vater eingriff und Ärzte aus Ávila zu Rate zog. Als auch diese vor einem Rätsel standen und nicht helfen konnten, wollte Don Alonso seine Tochter zu einer Heilerin bringen, die in dem kleinen Ort Becedas achtzig Kilometer westlich von Ávila lebte. Von ihr hieß es, dass sie selbst in aussichtslosen Fällen helfen könne.

Die Kur konnte erst im Frühjahr 1538 beginnen. Bis dahin sollte Teresa bei ihrer Schwester María bleiben, die nicht weit von Becedas wohnte. Wie schon bei ihrem letzten Besuch bei María schaute Teresa bei ihrem Onkel Don Pedro de Cepeda vorbei. Dieser schenkte ihr zum Abschied eines seiner beschaulichen Bücher. Ob Teresa das Geschenk angenommen hat, nur weil sie dem Onkel eine Freude machen wollte? Die Lektüre der spannenden Ritterromane hatte sie sich im Kloster zwangsläufig abgewöhnen müssen. Und die Bücher, die sie Don Pedro bei ihrem letzten Besuch vorgelesen hatte, fand sie langweilig. Dieses Buch aber begann sie zu interessieren. Es war von dem Franziskanermönch Franciso de Osuna und hieß das *Dritte geistliche ABC*. Der Autor unterscheidet darin zwei Arten der Theologie. Die eine ist theoretisch und forschend. Bei der anderen, der »mystischen Theologie«, geht es dagegen nicht ums Reden und Philosophieren, sondern darum, durch zunehmende Sammlung Gott im eigenen Inneren zu erfahren. Und dieser Weg, so betont Osuna, steht allen offen: »Im Unterschied zur Schultheologie kann sie [die mystische Theologie, A. P.] daher von jedem Gläubigen erlangt werden, selbst von Weiblein und ungebildeten Laien. Ja, man kann sagen, dass die zur Kontemplation erforderliche Ruhe und Entleerung der Seele geistlichen Würdenträgern und sonstigen Hochgestellten schwerer fällt als einfachen Leuten, die nicht durch Ämter und Pflichten belastet und beunruhigt sind.«[8]

Um diese innere Ruhe zu erlangen, ist es nach Osuna nötig,

»Zerstreuungen« und unnötige Sorgen zu vermeiden. Dazu gibt er auch handfeste Ratschläge: »Lass dich nicht vorzeitig elend machen, und gehe deinem Unglück nicht entgegen, indem du es dir ausmalst, ehe es da ist. Besser du sagst dir, dass es vielleicht gar nicht eintrifft [...]. Suche nicht Bekanntschaften und Freundschaften zu schließen; frag nicht, wenn du tiefe Ruhe suchst, ob du von anderen Menschen angenommen oder abgelehnt wirst. Vertraue ganz darauf, dass unser Gott und Herr sich deiner Sache annehmen wird, wenn du schweigst. Du musst weder Verlust fürchten, noch Gewinn lieben: du wirst behalten, soviel du zum Lebensunterhalt brauchst.«[9]

Für Teresa waren das zunächst nur Worte, die eine gewisse Anziehung auf sie ausübten. Damit diese Worte Erfahrung und gelebte Haltung werden, bedarf es nach Osuna ständiger Übung. So wie man nur durch Üben ein praktisches Handwerk wie das Schreinern erlernt, so müsse man auch fleißig üben, um in der Kontemplation Fortschritte zu machen. Man beginne dabei sozusagen auf eine innere Stimme zu antworten, so dass sich ein Gespräch entwickele, das mit der Zeit immer persönlicher und tiefer werden könne. Dieses Gespräch ist es, das Osuna »beten« nennt. Dieses Beten gilt es zu üben.

Für einen Anfänger ist es wichtig, bekannte Gebete wie das Vaterunser bewusst und konzentriert zu sprechen. Irgendwann wird er dann dazu kommen, eigene Worte zu finden, die er nicht mehr laut zu sprechen braucht. Die höchste Stufe ist das »innere Gebet«, bei der eine Zuwendung stattfindet, die völlig ohne Worte auskommt und ganz Hingabe ist. Osuna vergleicht die drei Arten des Betens mit drei Möglichkeiten, einen Brief zu verschicken. Bei der ersten schicke ich den Brief an einen Freund; bei der zweiten an einen Menschen, den ich liebe. Und bei der dritten, dem inneren Beten, überbringe ich den Brief persönlich. Unbedingte Voraussetzung dabei ist allerdings, sich innerlich wie äußerlich Ruhe zu verschaffen.

Becedas, wo Teresa im April 1539 in Begleitung ihres Vaters, ihrer Schwester María und ihrer Freundin Juana eintraf, wurde für sie alles andere als ein Ort, wo sie zur Ruhe kommen konnte. Es war eher ein Ort der Aufregungen, der Verwirrungen und Enttäuschungen.

Alles begann damit, dass Teresa den Ortspfarrer kennenlernte und bei ihm beichten wollte. Zu beichten hatte sie allerdings wenig, und darum sprach sie mit dem Gottesmann auch über andere Dinge, zunächst über Glaubensfragen, dann wurde es persönlicher. Der Pfarrer muss ziemlich verwirrt gewesen sein, als Teresa begann, Fragen nach seinem Privatleben zu stellen. Doch diese Verwirrung legte sich schnell, und er verliebte sich in diese junge, attraktive Frau. Teresa fand an dieser Liebe nichts Schlimmes. Erst im Rückblick glaubte sie zu wissen, dass sie eine Grenze überschritten hatte. »Seine Zuneigung war an sich nicht schlecht, da die Zuneigung aber zu groß war, kam es dazu, dass sie nicht mehr gut war.«[10] Warum diese Zuneigung zu groß und damit schlecht war, das sagt sie nicht. Aber sie hält sich vor, naiv und blind gewesen zu sein. Schuld daran sei ihr Glaube, Gefühle erwidern zu müssen, nur weil jemand sie gern hatte.

In Becedas fühlte sie sich geschmeichelt, dass dieser reife Mann so viel Zutrauen zu ihr fasste und ihr seine intimsten Geheimnisse anvertraute. Er hatte nämlich seit vielen Jahren ein Verhältnis zu einer Frau aus dem Ort, weswegen er bei den Leuten in einem schlechten Ruf stand.

Teresa verurteilte ihn nicht. Im Gegenteil, dieser Makel machte den Pfarrer für sie noch liebenswerter, und sie wollte ihm helfen. Sie erkundigte sich im Umfeld des Pfarrers nach dieser Skandalgeschichte und erfuhr, dass ihm seine Geliebte ein kupfernes Amulett mit einer eingravierten Inschrift geschenkt habe, und seitdem er es um den Hals trage, sei er ihr völlig verfallen.[11] Teresa hielt nicht viel von diesem Hokuspokus, trotzdem überredete sie den Pfarrer, dieses Amulett abzulegen, das sie dann sofort in den Fluss warf. Tatsächlich erwachte der Pfarrer wie aus einem Traum. Er sah seine Fehler ein und trennte sich von seiner Geliebten.

Ob die Liebe zu Teresa mehr zu dieser Trennung beigetragen hat als das weggeworfene Amulett, darüber kann man nur spekulieren. Ebenso darüber, wie weit diese Liebe ging. Teresa macht nur Andeutungen, wenn sie schreibt: »Aber es gab auch Augenblicke, wo es zu schweren Verfehlungen gegen Gott hätte kommen können, wenn wir ihn nicht sehr vor Augen gehabt hätten.«[12]

Die Geschichte endete traurig. Der Pfarrer wurde krank und starb ein Jahr nach der ersten Begegnung mit Teresa. Zu dieser Zeit war Teresa selbst schon mit einem Bein im Grab. Die Kur bei der Heilerin hatte ihre Leiden nur noch verschlimmert. Drei Monate lang musste sie täglich Abführmittel nehmen, obwohl sie wegen ihrer ständigen Übelkeit nichts essen und nur Heilwässer trinken konnte. Zu allem Überfluss wurde sie immer wieder zur Ader gelassen. Das Ergebnis war, dass Teresa abmagerte und völlig kraftlos war. Das Fieber, das sie schon im Kloster geplagt hatte, ließ nicht nach, und die Schmerzen in der Brust wurden so unerträglich, dass es ihr vorkam, »als würde man mir das Herz mit scharfen Zähnen ausreißen«.

Don Alonso musste einsehen, dass die Kur ein Misserfolg war und es galt, schnell zu handeln, um seine Tochter zu retten. Er brachte sie zurück nach Ávila und übergab sie wieder den Ärzten. Die diagnostizierten, dass Teresa nun auch noch schwindsüchtig war. Helfen konnten sie ihr nicht. Sie waren mit ihrem Latein am Ende. Nur ein Wunder konnte Teresa retten.

Dieses Wunder blieb aus. Teresas Zustand verschlechterte sich zusehends. Es gab keine Stelle mehr an ihrem Körper, die ihr nicht wehtat. Und eine »abgrundtiefe Traurigkeit« hatte sie erfasst.

Am 15. August schien ihre letzte Stunde gekommen zu sein. Teresa wollte beichten. Ihr Vater dachte, dass sie sich aufgegeben habe, und wollte das nicht zulassen. Doch alle Hoffnung schien vergebens, als Teresas Körper in der folgenden Nacht plötzlich gelähmt war und sie das Bewusstsein verlor. Ein Pfarrer spendete ihr die Letzte Ölung, und an ihrem Bett beteten ihre Angehörigen ununterbrochen für sie. Teresa hörte und sah von alledem nichts. Sie spürte auch nichts, als man ihr die Augen schloss und mit einer Kerze Wachs auf die Augenlider tropfte, weil man sie für tot hielt. Im Kloster der Karmelitinnen hob man schon ihr Grab aus und bereitete alles für die Trauerfeier vor. Dass sich die Beerdigung verzögerte, lag an Don Alonso, der den Tod seiner geliebten Tochter nicht wahrhaben wollte und sich schwere Vorwürfe machte, weil er ihr die Beichte verweigert hatte.

Teresa wäre lebendig begraben worden. Sie war nicht tot. Nach drei Tagen kam sie plötzlich wieder zu Bewusstsein. Doch glich sie mehr einer Toten als einer Lebendigen. Ihr Körper hatte sich vor Schmerzen zusammengekrümmt wie ein Fötus, und sie war noch immer wie gelähmt. Nur einen Finger der rechten Hand konnte sie bewegen. Ihre Zunge war zerbissen und ihre Kehle so entzündet, dass sie nicht einmal Wasser schlucken konnte. Jede Berührung war eine Qual für sie. Man wickelte sie in ein Laken, das man an beiden Enden packte und anhob, um sie umzulagern.

Mit dem Wissen heutiger Medizin hat man immer wieder versucht zu bestimmen, woran Teresa tödlich erkrankt war. Denkbar ist, dass sie durch die in Becedas verabreichten Abführmittel zu viel Flüssigkeit verloren hat und so lebensgefährlich geschwächt wurde. Einige Forscher glauben, dass es sich bei Teresas Krankheitsbild um eine Form von Epilepsie handelt. Für andere deuten die von Teresa beschriebenen Symptome auf eine Hirnhautentzündung oder auf Malta-Fieber hin.[13]

Neben diesen rein medizinischen Diagnosen sind freilich auch psychosomatische Erklärungen in Erwägung gezogen worden. Gerade bei mystisch begabten Menschen wurde ja beobachtet, dass körperliche und geistige Vorgänge eng miteinander in Verbindung stehen. Man denke nur an den Zusammenbruch des Apostels Paulus vor Damaskus, als er nach einer Offenbarung blind und wie gelähmt war. Oder an die Philosophin und Karmelitin Edith Stein, deren seelische Krise mit einem gesundheitlichen Kollaps einherging.

Vielleicht sollte man sich auch mehr an Teresas eigene Hinweise halten. Sie hat in späteren Jahren ekstatische Zustände erlebt, die sie mit Worten beschreibt, die sehr an ihren Scheintod erinnern. Wer den Weg nach innen entdeckt, so schreibt sie einmal, der ziehe sich in sich zurück wie ein »Igel« oder eine »Schildkröte«[14]. War nicht ihr Zustand nach der Kur in Becebas ein totaler Rückzug in sich selbst, bei dem sie nichts mehr hörte, nichts mehr sah und ihr Körper eingerollt war wie der eines Igels? Und in ihrem Buch *Wohnungen der inneren Burg* schreibt sie über sich in der dritten Person: »Ich habe eine Person erlebt, so dass ich wirklich dachte, sie würde sterben, und das wäre nicht sehr verwunderlich gewesen, denn es bestand da sicherlich unmittelbare Todesgefahr. Auch wenn es nur kurz anhält, macht es den Leib ganz verrenkt; ihr Puls ist dann so stockend, wie wenn sich die Seele Gott schon hingeben wollte; das ist nicht zu viel gesagt. Ihre Körperwärme setzt aus [...] und dazu starke Schmerzen; ich habe sogar den Eindruck, dass der Leib nie mehr dieselbe Kraft hat wie vorher.«[15]

Ganz sicher hat die falsche Behandlung der Heilerin von Becebas Teresa mehr geschadet als geholfen. Aber wenn man bedenkt, wie sehr Teresas Gesundheit ein Leben lang abhängig war von ihrem seelischen Gleichgewicht, dann könnte es sein, dass ihr Scheintod auch zusammenhängt mit ihren inneren Kämpfen zu dieser Zeit. Welche Kämpfe waren das? Und waren diese mit Teresas Scheintod überwunden?

IV. AUFMERKSAMKEIT

Im August 1539 lag Teresa im Krankenzimmer des Klosters der Menschwerdung der Karmelitinnen in Ávila. Ihre todesähnliche Erstarrung hielt noch acht Monate an. Dann dauerte es weitere drei Jahre, bis die Lähmungen ganz zurückgegangen waren. Teresa war nur noch Haut und Knochen und völlig kraftlos. Sie war jedoch froh und dankbar, als sie endlich auf allen vieren kriechen konnte.

Teresas Scheintod und ihre schwere Krankheit bedeuteten keine radikale Wende in ihrem Leben. Jedenfalls nicht äußerlich. Sie war nun wieder eine der Schwestern des Menschwerdungsklosters. Beliebt wie eh und je und wieder eingebunden in den klösterlichen Tagesablauf. Aus ihren Schilderungen kann man allerdings herauslesen, dass sich etwas in Teresa verändert hatte. Nichts Gravierendes, eher so etwas wie eine innere Gewichtsverlagerung. Oder eine leichte Drehung ihrer inneren Orientierung. Teresa selbst spricht einmal von einem sanften »Gezogenwerden nach innen«[1], was sich bei ihr in dem Bedürfnis äußerte, allein zu sein. Schon im Krankensaal hatte sie darunter gelitten, dass immer Menschen um sie herum waren und sie sich nicht zurückziehen konnte. Aber auch nachdem sie das Krankenzimmer verlassen durfte, fand sie im Kloster selten die Ruhe, nach der sie sich manchmal sehnte. Und das, obwohl die Lebensweise der Schwestern eigentlich darauf ausgerichtet sein sollte, die meiste Zeit in stiller Zurückgezogenheit über geistliche Texte zu meditieren.

Der Karmelorden hat seinen Namen von dem Bergzug Karmel in Palästina. Im Alten Testament wird erzählt, dass der Prophet Elija hier in einem Wettstreit mit den Anhängern des Gottes Baal die Überlegenheit seines Gottes Jahwe aufgezeigt hat. An diesem heiligen Ort siedelten sich schon in frühchristlicher Zeit griechische Eremiten an. Und viele Jahrhunderte später, zur Zeit der Kreuzzüge, ließen sich hier Pilger und Kreuzfahrer nieder, um ein mönchisches Leben zu führen. Anfang des 13. Jahrhunderts baten diese Eremiten den Patriarchen von Jerusalem, Albert von Avogadro, darum, ihnen feste Regeln für ihr Zusammenleben zu geben. Diese Regeln wurden zur Grundlage für den Orden.[2]

Nach der Eroberung des Heiligen Landes durch die Muslime musste der Orden seinen Ursprungsort, den Berg Karmel, verlassen und nach Europa übersiedeln. Um die Gemeinschaft den neuen Verhältnissen anzupassen, veränderte Papst Innozenz IV. die Ordensregeln und lockerte die Verpflichtung zu einem streng meditativen Leben. So, nach dem Vorbild der Bettelorden ausgerichtet, verbreiteten sich die Karmeliten über ganz Europa, und Mitte des 15. Jahrhunderts wurden die ersten Frauenklöster des Ordens gegründet.

Das Kloster zur Menschwerdung ging aus einer Initiative von frommen Frauen, sogenannten Beatinnen, hervor, die im Jahr 1479 in Ávila ein Haus der Sammlung gegründet hatten. Das Haus in der Calle del Lomo, in der Nähe des »kleinen Marktes«, war bald zu klein geworden für die ständig wachsende Kommunität, nach langen Planungen wurde deshalb außerhalb der Stadtmauern, im menschenleeren Ajatestal, ein neues Gebäude errichtet und am 4. April 1515, im Geburtsjahr Teresas, feierlich eingeweiht. Der weitläufige Renaissancebau bestand aus vier geräumigen Flügeln rings um einen Innenhof mit einem Brunnen in der Mitte.[3] Mit den mittelalterlichen Männerklöstern, die ein Zentrum des Wissens waren, wo in riesigen Bibliotheken Bücher verwahrt und kopiert wurden, hatte das Frauenkloster in Ávila nichts gemein. Es bot adligen Familien die Möglichkeit, jene Töchter unterzubringen, die man nicht standesgemäß verheiraten konnte. Viele der Frauen, die ins Kloster gingen oder gehen mussten, folgten nicht einer religiösen Berufung. Sie wurden Nonnen, weil ihnen sonst nichts anderes übrig blieb. Für sie gab es keinen Platz in der Gesellschaft. Solche Notfälle gab es von Jahr zu Jahr mehr. Zu Teresas Zeiten waren es etwa 180 Frauen, die im Menschwerdungskloster lebten.

Diese immense Zahl führte zu Engpässen in der Versorgung und dazu, dass der Lebensstandard unter den Frauen sehr unterschiedlich war. Die ärmeren Schwestern mussten mit einem Platz im großen Schlafsaal vorliebnehmen. Diejenigen aus reichen Familien hatten dagegen eine eigene kleine Wohnung, die sie nach ihrem Geschmack einrichten konnten und in die sie auch Bedienstete oder Verwandte aufnehmen durften.

Teresa gehörte zu den privilegierteren Schwestern. Ihre Wohnung befand sich gleich unterhalb des Krankensaales, im Erdgeschoss des Ostflügels.[4] Über einen kleinen Vorraum betrat man eine Zelle, die als privater Gebetsraum diente. Von dort führte eine schmale Holzstiege hinauf in ein schönes, großes Zimmer, in dem sich Teresa meistens aufhielt und in dem sie auch schlief. Ganz allein war sie hier nicht. Zeitweise teilte sie ihre Wohnzelle mit ihrer Nichte Beatriz de Cepeda und mit María de Ocampo, der Tochter eines Cousins.

Natürlich war das Leben in diesem »Mammutkloster«[5] geregelt. Es gab feste Zeiten für die gemeinsamen Chorgebete, für das gemeinsame Essen im Refektorium und für die Erholung. Was es allerdings nicht gab, war eine strenge Klausur. Das heißt, die Schwestern lebten nicht abgeschlossen von der Außenwelt, sondern durften Besuche empfangen. Im Besuchsraum des Klosters scheint es oft hoch hergegangen zu sein. Für manche Schwestern reichten die Besuchszeiten nicht aus und sie schlichen sich nachts heimlich aus ihren Zimmern, um durch einen Spalt in der Mauer mit einer Freundin oder Verwandten zu reden. Teresa beteuert in ihren Erinnerungen, dass sie so weit nie gegangen wäre. Aber auch sie konnte und wollte auf Besuche und Gespräche keinesfalls verzichten.

In diesem »Babylon«[6], wie Teresa das Menschwerdungskloster einmal nannte, war es schwer, den Ratschlägen des Francisco de Osuna zu folgen, die »Ruhe des Herzens« zu suchen, indem man Ablenkung vermeidet, schweigt und sich sammelt. Teresa versuchte trotzdem, sich hin und wieder in ihre Kammer zurückzuziehen und abzuschalten. Über theologische Probleme nachzudenken, das gelang ihr nicht. Sie war eine einfache Frau ohne große Bildung, und das abstrakte Nachdenken lag ihr nicht. Wirklich zur Ruhe kam sie, wenn sie las. Die Ritterromane ihrer Jugend hatten sie eher zerstreut. Jetzt entdeckte sie, dass Lesen auch etwas Meditatives sein kann. Eine große Auswahl hatte sie im Kloster nicht. Als Frau war es ihr verwehrt, in der Bibel zu lesen. Lediglich geistliche Schriften waren ihr zugänglich. Aber schon das Lesen dieser Texte allein versetzte sie in einen Zustand, in dem sie »ganz dabei«[7] war und das Gefühl hatte, als würde sich ein Raum in ihr öffnen. Über diese Erfahrung schreibt sie in ihrem Buch *Wege der Vollkommenheit*: »Mir ging es vierzehn Jahre lang so, dass ich niemals Meditation halten konnte, außer beim Lesen. […] Es gibt Leute mit so lebhaften Gedankenblitzen, dass sie nicht bei einer Sache bleiben können, sondern immer unruhig sind, und zwar so extrem, dass ihnen, sobald sie beim Gedanken an Gott stehenbleiben wollen, tausend Oberflächlichkeiten und Skrupel und Glaubenszweifel in den Sinn kommen.«[8]

Teresa nimmt hier vorweg, was vierhundert Jahre später eine andere Frau auf neue Weise entdeckte. Für die französische Jüdin Simone Weil, geboren 1906, begann jede Suche nach

Gott mit Aufmerksamkeit. Ebenso wie Teresa machte Weil diese Entdeckung beim Lesen. Wer ein Gedicht aufmerksam liest, der tut nach Weil nichts anderes, als zu beten. Als Lehrerin mit ungewöhnlichen Methoden versuchte Simone Weil, die Erziehung zur Aufmerksamkeit zur Grundlage ihres Unterrichts zu machen.[9] Wenn sie ihre Schüler aufforderte, aufmerksam zu sein, rissen diese sich zwar zusammen und runzelten ihre Augenbrauen, konnten aber nach fünf Minuten nicht mehr sagen, worauf sie sich eigentlich konzentrierten. Diese verbissene, krampfhafte Mühe hat für Weil nichts mit Aufmerksamkeit zu tun.

Wahre Aufmerksamkeit sei nicht anstrengend und ermüde nicht. Wer wirklich aufmerksam ist, so Simone Weil, dessen Geist müsse »leer sein, wartend, nichts suchend, aber bereit, den Gegenstand, der in ihn eingehen wird, in seiner nackten Wahrheit aufzunehmen«.[10] Wer bereit ist, die Wirklichkeit auf diese Weise auf- und anzunehmen, der wird nach Weil demütig. Das bedeutet, er lernt, seine Fehler ins Auge zu fassen, ohne andere für diese verantwortlich zu machen oder nach irgendwelchen Ausreden oder Entschuldigungen zu suchen. Wer seine Schwächen akzeptiere oder seine »eigene Dummheit« vorurteilsfrei betrachten könne, der sei auf dem richtigen Weg, auf dem Weg zum Gebet und zur »Gottesliebe«.

Teresa befand sich auf diesem Weg, wenn auch nur sehr zögerlich und mit vielen Rückschlägen. Was das meditative Lesen oder, wie sie es sagt, das »innere Beten« in manchen Momenten bei ihr bewirkte, war eine Befreiung, die oft nur augenblicksweise Gewissheit gab, »von Liebe umgeben« zu sein. Auf diesen Rückhalt ganz zu vertrauen, das konnte oder wagte sie nicht. Denn dann hätte sie ihre Gewohnheiten, die Gespräche im Kloster aufgeben müssen, und sie wäre nicht mehr auf die Anerkennung ihrer Mitschwestern angewiesen gewesen. Sie hätte die Rituale des Klosterlebens, auch die geistlichen, infrage stellen müssen, und wäre Gefahr gelaufen, aus der Gemeinschaft herauszufallen und vielleicht eine Außenseiterin zu werden. Schon beim Gedanken an diese Folgen kam sich Teresa »verloren« vor, und sie begann, sich vor dem »inneren Beten« zu fürchten. »Es schien mir besser zu sein, mich so zu verhalten wie die vielen […] und nur mündlich die Gebete zu verrichten, zu denen ich verpflichtet war, […] ich, die ich verdient hatte, bei den bösen Geistern zu sein, und die Leute hinterging, denn nach außen wahrte ich einen guten Eindruck.«[11]

Im Rückblick hatte Teresa sogar den Verdacht, damals mehr oder weniger unbewusst die »gute Christin«[12] nur gespielt zu haben. Zweifellos war es ihr äußerst wichtig, dass man eine »gute Meinung« von ihr hatte. Wichtiger jedenfalls, als auf ihre innere Stimme zu hören, ihren guten Ruf zu riskieren und sich von ihren Mitschwestern zu unterscheiden.

Und so hörte Teresa mit dem inneren Beten auf und verhielt sich wieder so wie alle anderen Schwestern. Zwar nahm sie sich vor, über niemanden schlecht zu reden, doch auch daran hielt sie sich, wie sie zugab, nicht immer. Ihr Vorsatz verrät auch einiges über die Gespräche im Kloster. Offenbar zog man mit Vorliebe über andere her. Und bei diesem Tratsch und Klatsch war Teresa mittendrin. Vor allem war es eine Mitschwester, mit der sie sich am allerbesten verstand und mit der sie, wann immer es ging, Neuigkeiten und Gerüchte austauschte. Als eine andere Schwester sie vor dieser Kungelei warnte, reagierte Teresa verärgert. Was sollte schlimm daran sein, eine beste Freundin zu haben und sich mit der zu unterhalten?

Die Achtsamkeit, die sich Teresa beim inneren Beten erworben hatte, ging ihr verloren. Zum Beten musste sie sich nun fast zwingen. Und sie konnte es kaum erwarten, bis die Zeit, die sie sich dazu vorgenommen hatte, vorüber war. Dabei achtete sie mehr auf das Schlagen der Uhr, als auf das, was sie sagte. Ob ihre gesundheitlichen Probleme mit ihrem zerstreuten Leben zusammenhingen? Ihre Lähmungen hatten sich aufgelöst, geblieben jedoch war eine ständige Übelkeit. Jeden Morgen musste sich Teresa übergeben und konnte danach stundenlang nichts essen. Wenn sich diese Erleichterung nicht von selbst einstellte, fühlte sich Teresa so unwohl, dass sie eine Feder oder ein anderes Mittel zu Hilfe nahm.

Im Dezember 1543 erkrankte Teresas Vater. Er hatte so starke Rückenschmerzen, dass er sich kaum bewegen konnte. Teresa zog wieder in ihr Elternhaus, um ihn zu pflegen. Von ihren eigenen seelischen Problemen erzählte sie ihm nichts. Und gutgläubig wie Don Alonso war, nahm er es ihr ab, wenn sie ihre Stimmungsschwankungen mit körperlichen Beschwerden entschuldigte. Zu einer richtigen Aussprache zwischen Tochter und Vater kam es nicht mehr. Don Alonso verlor das Bewusstsein und starb am 24. Dezember. Das war nach damaliger Zeitrechnung der letzte Tag des Jahres.

Bis zu seinem Tod hatte Don Alonso mit finanziellen Schwierigkeiten zu kämpfen gehabt. Zum Schluss war er pleite gewesen. Vermögen hatte er nicht hinterlassen, nur Schulden. Allerdings gab es Grundstücke und Häuser, in deren Besitz Don Alonso durch seine beiden Ehen gekommen war. Aus Geldnot hatte er einiges davon noch zu Lebzeiten verkaufen müssen. Zu diesem mütterlichen Erbe gehörte der Landsitz der Familie Ahumada in Gotarrendura, in der Nähe von Ávila. Darüber kam es nun zum Streit unter den Kindern.

María, die Tochter aus erster Ehe, beanspruchte das Erbe ihrer Stiefmutter ebenso wie die leiblichen Kinder von Beatriz de Ahumada. In einem Prozess, den Teresas Brüder gegen María anstrengten, bekam diese auch recht. Doch der Streit ging weiter. Teresa nahm dabei eine Vermittlerrolle ein. Als Nonne war sie zur Armut verpflichtet, war also nicht in die Auseinandersetzungen verwickelt. Dennoch war ihr daran gelegen, dass nach dem Tod des Vaters das Band zwischen den Geschwistern nicht zerriss.

Die Lage war auch insofern kompliziert, da viele von Teresas Brüdern nicht mehr in Spanien lebten und in die Kolonien nach Westindien ausgewandert waren. Ihr ältester Bruder Hernando hatte bereits 1534 das Land verlassen. Rodrigo, ihr Lieblingsbruder, war ihm ein Jahr später gefolgt, aber schon kurz darauf bei einem Gefecht mit Einheimischen am Rio de la Plata getötet worden. Jerónimo war zusammen mit Lorenzo 1540 nach Westindien aufgebrochen. Und die jüngeren Brüder Antonio, Agustín und Pedro wollten in den kommenden Jahren die Schiffe in die Neue Welt besteigen.

Was ihre Brüder in Westindien erlebten, welche Geschäfte sie dort betrieben, davon wusste Teresa nichts. Es kursierten nur die Geschichten von Heimgekehrten, die von unermesslichen Reichtümern berichteten und von Eingeborenen, die unglaublich friedlich waren und von den spanischen Eroberern zum Christentum bekehrt wurden. Was wirklich in den Kolonien vor sich ging, davon erfuhren viele erst durch die Berichte des Dominikanermönchs Bartolomé de Las Casas. Auch er war den verlockenden Berichten gefolgt und als junger Mann nach Westindien gezogen. Dort wurde er Großgrundbesitzer und Sklavenhalter, konnte dann aber das, was er tat und sah, nicht mehr mit seinem Gewissen vereinbaren.[13]

1542 kehrte Las Casas nach Spanien zurück und berichtete Karl V., König von Spanien und Kaiser von Deutschland, von dem Völkermord, den seine Untertanen im Namen des Christentums an den Menschen in Haiti, auf Kuba, in Mexiko, Venezuela und Peru verübten: wie spanische Soldaten die Indianer auf Haiti bündelweise henkten, immer dreizehn an einem Galgen, zu Ehren Jesu Christi und seiner zwölf Apostel. Wie die »conquistadores« in Mexiko und Peru wüteten, jahrhun-

dertealte Kulturen zerstörten, hemmungslos Bodenschätze aus-
beuteten, ganze Volksstämme durch Zwangsarbeit ausrotte-
ten, Gold und Silber raubten, die Einwohner verstümmelten
und haufenweise verbrannten.

Der Gott, an den die Konquistadoren glaubten und zu dem
sie die »Heiden« ferner Länder bekehren wollten, war nicht der
Gott, den Teresa suchte. Ein fertiges Gottesbild einfach nur zu
übernehmen und es mit Gewalt anderen aufzudrängen, das
war gegen ihre Natur. Teresa wusste, dass es ihre zutiefst persönliche Aufgabe war, auf den »Lockruf« in ihrem Innern zu
antworten. Und sie wusste, dass ihr Gott nur in der Stille zu
finden ist. Recht hätte sie dem Mathematiker und Philosophen Blaise Pascal, der hundert Jahre nach ihr lebte, gegeben,
der meinte, dass das ganze Unglück der Menschen – ihre Krie-
ge, ihre waghalsigen Unternehmungen, ihre Sucht nach Ablenkung – aus einer einzigen Ursache kommt, nämlich »nicht
ruhig in einem Zimmer bleiben zu können«.[14]

Dabei lebten Teresa und Pascal in Welten, die im Vergleich
zu den Gesellschaften des zwanzigsten und einundzwanzigs-
ten Jahrhunderts an Ablenkungen noch arm waren. Was hätte
Teresa, die schon an den Zerstreuungen im Kloster litt, gesagt,
wenn sie per Zeitmaschine auf einen Flughafen, in ein Shop-
pingcenter oder ein Fitnessstudio versetzt worden wäre? Der
Philosoph Byung-Chun Han vertritt die Meinung, dass der
moderne Mensch in dieser reizüberfluteten Umgebung eine
besondere Form der Aufmerksamkeit entwickelt, nämlich eine »Hyperaufmerksamkeit«, die ihn dazu befähigt, zwischen
verschiedenen Informationsquellen, Aufgaben und Signalen
hin und her zu wechseln. Dieses »Multitasking« stellt für Byung-Chun Han keinen zivilisatorischen Fortschritt da, weil
es nur eine »flache« Aufmerksamkeit erfordere, aber nichts
Neues hervorbringe, nicht »kreativ« sei und letztendlich nur
zu Erkrankungen wie ADHS oder Burnout-Syndrom führe.

»Die kulturellen Leistungen der Menschheit«, so Byung-Chun Han, »zu denen auch die Philosophie gehört, verdanken wir einer tiefen, kontemplativen Aufmerksamkeit. Die Kultur setzt eine Umwelt voraus, in der eine tiefe Aufmerksamkeit möglich ist.«[15]

Nach dem Tod ihres Vaters kehrte Teresa wieder in das Kloster der Menschwerdung zurück. Vor über einem Jahr hatte sie aus Angst das »innere Beten« eingestellt, nun fing sie wieder damit an und stellte fest, dass der »Lockruf« nicht aufgehört hatte. Sie hatte ihn vielmehr durch ihr Verhalten überhört. Stärker als vorher hatte sie nun auch beim Lesen das Gefühl, dass jemand in ihr anwesend ist, der es gut mit ihr meint, und der es ihr auch nicht übel nimmt, geschweige sie bestrafen will, wenn sie sich von ihm abwendet, sondern in gleichbleibender, geradezu penetranter Zuwendung um sie wirbt.

Diese Erfahrung erfüllte Teresa mit einem »Wohlgefühl«, das sie nicht in Worte fassen konnte. Vieles verstand sie nicht, vieles konnte sie nicht ausdrücken. Noch Jahre später, als sie ihr Leben beschrieb, rang sie um Worte, um verständlich zu machen, was in ihr vorgegangen war. Und man merkt in ihren Aufzeichnungen, wie glücklich sie ist, wenn ihr ein passendes Wort oder ein treffender Vergleich einfällt. Sie unternahm mehrere Anläufe, um deutlich zu machen, was eigentlich »inneres Beten« ist. Einmal schreibt sie wie in einem Geistesblitz: »Denn meiner Meinung nach ist inneres Beten nichts anderes als ein Verweilen bei einem Freund, mit dem wir oft allein zusammenkommen, einfach um bei ihm zu sein, weil wir sicher wissen, dass er uns liebt.«[16]

Die Entdeckung, die Teresa machte, war die, dass Gott nicht ein Prinzip ist oder eine abstrakte Macht, sondern Person, und dass sie mit ihm nur in ein Gespräch treten kann, wenn sie selbst als Person auftritt. Das ist eine ganz andere Vorstellung als in bestimmten Formen der asiatischen Mystik, wo Gott als etwas Umgreifendes verstanden wird und es für den einzelnen Menschen darauf ankommt, sein Ich in dieses Umfassende aufzulösen wie einen Tropfen im Meer oder wie eine Schneeflocke im Schneesturm. Bei Teresa gibt es eine solche Auflösung nicht. Im Gegenteil, ihr Gott ist Person, und die Art und Weise, ihn zu erfahren, ist das Gespräch, der Dialog zwischen Gott und Mensch, zwischen Ich und Du.[17]

Von daher wird auch verständlich, warum Teresa seltener von Sünde redet, sondern davon, Gott nicht zu beleidigen. Denn einen Gott, mit dem man wie mit einem Freund reden kann und der einen bedingungslos liebt, zurückzuweisen oder zu enttäuschen, das bedeutet für Teresa, diesen Freund zu beleidigen. Aber das Schlimme für sie war, dass dieser Freund niemals beleidigt war, sondern er sein Werben nur noch verstärkte. Fast als unerträglich empfand es Teresa, wenn sie sich gegenüber dieser Zuneigung als undankbar und untreu erwies. Wenn sie stundenlang mit ihren Freundinnen schwätzte, um sich beliebt zu machen. Oder wenn sie eine Feier im Kloster besonders aufwendig gestaltete, um als »gute Christin« dazustehen. Jene Minuten, in denen sie in aller Stille mit ihrem inneren Freund zusammen war, waren für sie die größte Freude – und die größte Qual. Denn dann wurde ihr bewusst, so schreibt sie, »dass ich nicht die war, die ich hätte sein sollen, eher weit davon entfernt«.

Zu wissen, dass sie anders sein sollte, aber nicht anders sein konnte, das zermürbte Teresa. Das innere Gebet war ihr lebenswichtig geworden. Auf die Annehmlichkeiten und Freuden ihres Klosterlebens mochte sie dennoch nicht verzichten. Viele Jahre versuchte sie, beides miteinander in Einklang zu bringen, dadurch wurde ihre »innere Zerrissenheit« allerdings nur noch größer. Es war ein ständiges »Fallen und Aufstehen«[18]. Einem Hochgefühl folgte die Niedergeschlagenheit wegen ihrer Undankbarkeit. In ihr tobte ein »Kampf«, eine »Zerreißprobe«[19]. Und sie wusste nicht, wo ihr Fehler lag und wie sie diesen Konflikt lösen sollte. Sie wusste nur, dass sie unglücklich war und nichts daran ändern konnte. In ihren Erinnerungen schreibt sie: »Ich sehnte mich danach zu leben, denn ich verstand sehr wohl, dass ich nicht eigentlich lebte, sondern mit einem Schatten des Todes rang, aber es gab niemanden, der mir Leben gab, selbst geben konnte ich es mir aber auch nicht; der es mir aber geben konnte, hatte recht, mir nicht zu Hilfe zu kommen, denn viele Male hatte er mich wieder an sich gezogen, während ich ihn im Stich gelassen habe.«[20]

V. WIE WIRD MAN EIN EINZELNER?

»Ich werde nichts sagen, was ich nicht vielfach selber erfahren hätte«, schreibt Teresa in ihrer *Vida*, ihrer Lebensgeschichte, die zu einem großen Teil eine Beschreibung ihrer inneren Entwicklung ist.[1] Erfahrungen sind für Teresa das Entscheidende. Erst als sie das Bedürfnis verspürte, sich über ihre Erfahrungen klar zu werden und sie für andere mitteilbar zu machen, suchte sie Hilfe in Büchern und bei befreundeten Theologen, um diese Erfahrungen zu benennen und um sie besser ordnen und einteilen zu können. Ohne die dahinterstehende Erfahrung bleiben diese Begriffe leer, sie sind bloße Worthülsen, mit denen man zwar Theoriegebäude bauen kann, die aber ihren eigentlichen Sinn und Zweck verloren haben. Mystik, Gott, Seele sind solche Begriffe, die auf die dazugehörige Erfahrung angewiesen sind. Ebenso wie der Ausdruck »Inneres Beten«.

Teresa kannte diese Form der inneren Sammlung bereits, ohne zu wissen, was sie bedeutet und wie man darüber sprechen kann. »Inneres Beten« ist bei Teresa keine spezielle Technik oder eine Gebetsform, die man hie und da ausüben kann. »Inneres Beten« ist mehr eine Haltung, eine Einstellung. So, wie man sich erst orientieren und richtig hinstellen muss, damit man in die richtige Richtung vorangehen kann, so ist das »innere Beten« die Voraussetzung dafür, empfänglich zu werden für sogenannte mystische Erfahrungen. Darum wird Teresa nicht müde, immer wieder zu betonen, wie wichtig das »innere Beten« ist und wie gefährlich es ist, damit aufzuhören. Denn wer das »innere Beten« aufgebe, der bleibe äußerlich, der höre auf zu suchen, der gehe sozusagen in die falsche Richtung. »Ich glaube«, so schreibt sie, »den Weg zu verlieren bedeutet nichts anderes, als vom inneren Beten abzulassen.«[2]

Was Teresa mit dem »inneren Beten« meint, das hat auch mit dem zu tun, was der dänische Philosoph Sören Kierkegaard dreihundert Jahre später als die Aufgabe beschrieben hat, ein »Einzelner« zu werden.[3] Wer ein Einzelner wird, der richtet sich nicht mehr danach, was die anderen sagen und tun. Wer das nicht kann oder will, den vergleicht Kierkegaard mit einem Mann, der bei einem Festessen ein Gericht aufgetischt bekommt, das er nicht kennt und von dem er nicht weiß, wie man das isst, und der nun nach links und rechts herumspäht und sich abschaut, wie die anderen Gäste sich benehmen.[4] Wie bei dem Festessen, so verhält sich dieser Mann auch im sonstigen Leben. Er redet und handelt so, wie er es bei den anderen hört und sieht. Wenn er allerdings ein Einzelner wird, dann übernimmt er nicht mehr nur Meinungen oder Verhaltensmuster, sondern er entdeckt seinen eigenen Zugang, seine Originalität. Er macht sich die Dinge zu eigen. Das heißt, alles, was er an Wissen, an Eindrücken aufnimmt, wird verwandelt, weil es nun zu *seinem* Wissen, zu *seinen* Erfahrungen wird.

Für Kierkegaard ist es gerade im Verhältnis zu Gott unverzichtbar, ein Einzelner zu werden. Um Gott zu erfahren, ist es für ihn unumgänglich, sich selbst zu erfahren, das heißt, sich seiner eigenen Individualität bewusst zu werden. Sich Gott gegenüber nur auf das zu verlassen, was an Traditionen, Aussagen oder Gebetstexten schon vorliegt, bedeutet für Kierkegaard, Gott überhaupt nicht zu Gesicht zu bekommen. Gott will, dass sich jeder persönlich um ihn kümmert. Und nur demjenigen, der allein, als Einzelner, vor ihn hintritt, zeigt er sich auch. Erst dann wird Gott zu einem Freund, mit dem man sprechen kann. Oder wie Teresa sagt: »Denn auch wenn wir immer vor Gott stehen, ist das meiner Meinung nach doch ganz anders der Fall bei denen, die sich dem inneren Beten widmen, denn sie sehen immerzu, dass er sie anschaut; bei den anderen kann es ja vorkommen, dass sie mehrere Tage verbringen, ohne auch nur daran zu denken, dass Gott sie sieht.«[5]

Ein Einzelner zu werden, kann aber auch Angst machen. Es ist die elementare Angst, seine eigene, von allen äußeren Einflüssen unabhängige und losgelöste Individualität zu erfahren und auf sich zu nehmen. Teresa hatte es erfahren, als sie die ersten Schritte im inneren Beten machte. Es war, als ob sie aus einer Menschenmenge bei ihrem Namen herausgerufen wird. Fast schockartig wurde sie sich ihrer Besonderheit, ihrer Unverwechselbarkeit bewusst. Sie wurde sichtbar, unterscheidbar. Das löste solche Ängste bei ihr aus, dass sie mit dem inneren Beten aufhörte und es ihr besser schien, sich »so zu verhalten wie die vielen«.[6] Sie meinte, demütig zu sein, wenn sie darauf achtete, nicht aufzufallen. Aber das war, wie sie später wusste, eine schlechte Demut. Denn auf diese Weise aufzufallen ist unumgänglich, um ein Einzelner zu werden.

Teresa konnte ihre Erfahrungen nicht mehr rückgängig machen. Zu laut hörte sie den »Lockruf«, zu stark war der Sog nach innen, zu oft war sie schon von Gott, wie sie sagt, »zärtlich angerührt«[7] worden. Immer sinnloser erschien es ihr, Gebete einfach nur nachzuplappern, ohne »Herz und Verstand«. Manche Andachten kamen ihr einfach nur albern vor. Und das geistliche Leben in ihrem Kloster erlebte sie als oberflächliche religiöse Routine. Im Menschwerdungskloster orientierte man sich an der Gebetsschule des Benediktiners Garcia des Cisnero, und zwar auf eine sehr schematische und stumpfsinnige Weise. Von den Schwestern wurde verlangt, dass sie an jedem Tag zu einem bestimmten Thema ihre festgelegten Gebete sprachen: Am Montag ging es um die Sünde, am Dienstag um den Tod, am Mittwoch um die Hölle, am Donnerstag um das Jüngste Gericht, am Freitag um die Leiden Christi, am Samstag um Maria, die Mutter Jesu, und am Sonntag um das ewige Leben. Und in der neuen Woche ging es wieder von vorne los: »montags Sünde, dienstags Tod [...]«.[8]

Für Teresa war es eine Erholung, wenn sie sich in ihr Zimmer zurückziehen und zu sich kommen konnte. In manchen Momenten wusste sie genau, dass sie Gott nicht im Himmel suchen musste, sondern dass wir ihn, wie sie einmal sagt, »in unserem eigenen Haus haben«[9]. Sie hatte gelernt, dass jeder Mensch eine Seele hat. Was das bedeutet, hätte sie früher nicht sagen können. Jetzt aber war sie überzeugt, dass auch sie eine Seele hatte und dass dies der Ort war, wo ein Mensch Gott begegnen konnte. Aber wie diese Begegnung beschreiben? Teresa war, als ob sie sich in einem dunklen Raum befindet, wo sie zwar nichts sieht, aber ganz sicher weiß, dass jemand da ist. Diese Anwesenheit erfüllte sie mit einer tiefen Ruhe und mit Glück.

Aber dieses Glück war immer nur kurzzeitig und wurde verdrängt von Zweifeln und Ängsten. Teresa konnte sich nicht erklären, was da in ihr und mit ihr geschah. Und noch weniger konnte sie kontrollieren, was in ihr vorging. Das machte ihr Angst. Manchmal, wenn sie sich innerlich sammelte, wurde sie geradezu überrollt von diesen Einbrüchen von außen. Solange sie in diesen Zuständen verweilte, war sie voller Dankbarkeit und Zuversicht. Aber wenn sie wieder herausfiel, war ihre Angst »riesengroß«[10]. An manchen Tagen war sie so verängstigt, dass sie es nicht wagte, allein zu sein. »Als ich sah, dass sich meine Angst immer mehr verschlimmerte, weil mein Gebet tiefer wurde«, so schreibt sie in ihrer *Vida*, »schien mir, dass dahinter entweder ein großes Gut oder etwas ganz Schlimmes steckte. Ich verstand nämlich sehr wohl, dass das, was da in mir war, etwas Übernatürliches war, denn manchmal konnte ich mich nicht dagegen wehren.«[11]

Dieses Übernatürliche konnte für Teresa Gott sein – oder der Teufel. Im Weltbild ihrer Zeit war es selbstverständlich, dass es einen Teufel gibt, den Gegenspieler Gottes. Für viele ihrer Zeitgenossen war dieser Teufel eine reale Person, wie er etwa auf den Bildern des Hieronymus Bosch dargestellt ist. Für Teresa war der Teufel oder »der Böse«, wie sie ihn nennt, eine reale Erfahrung, eine Kraft, die sich auf subtile Weise in ihre Gedanken und Antriebe schleicht, um ihre Seele für sich zu gewinnen. Im Kampf um ihre Seele ist sie, Teresa, es, die entscheiden muss, welche Kraft in ihr wirkt, welchem »Lockruf« sie folgt. Das ist umso schwieriger, als der Teufel sich nicht einfach zu erkennen gibt, sondern, wie sie sagt, Gott »nachäffen« möchte und unter dem »Deckmantel des Guten«[12] auftritt. Wie soll man also wissen, welche Antriebe, Ideen, Gedanken gut sind und welche schlecht?

Abgesehen von ihren Selbstzweifeln hatte Teresa allen Grund, vorsichtig zu sein. Denn in diesen Jahren war die Inquisition besonders misstrauisch gegenüber sogenannten »Illuminaten«, also Leuten, die für sich beanspruchten, von Gott erleuchtet zu sein. Unter ihnen waren viele Frauen, die Visionen hatten und im Ruf standen, Wunder wirken zu können. Die meisten dieser »Erleuchteten« wurden als Betrügerinnen entlarvt, in Valladolid und Sevilla wurden einige von ihnen in Autodafés verurteilt. Das größte Aufsehen hatte der Fall der Magdalena de la Cruz erregt. Diese Klarissin aus Cordoba wurde lange Zeit in Spanien und über die Grenzen des Landes hinaus als Heilige verehrt. Sie glaubte, in dauerndem, engem Kontakt mit Gott zu stehen. An Festtagen schwebte sie angeblich über dem Erdboden, und als man im Jahr 1518 in ihrem Kloster die Verkündigung Mariens feierte, verkündete Magdalena ihrerseits, dass sie, obwohl jungfräulich, vom Heiligen

66

Geist schwanger sei. Das lichtumstrahlte Kind, das sie dann angeblich zu Weihnachten zur Welt brachte, bekam allerdings nie jemand zu Gesicht, weil es gleich nach der Geburt auf mysteriöse Weise verschwand. Trotz der Zweifel an den Wundertaten der Magdalena de la Cruz wurde sie von höchsten geistlichen und politischen Würdenträgern verehrt, was wohl auch daran lag, dass die Nonne Ereignisse wie den Tod Ferdinands und die Plünderung Roms durch die Söldnerheere des spanischen Königs Karl V. vorausgesagt hatte. Zur Geburt seines Sohnes und Thronfolgers Philipp erbat sich Karls Frau Isabel von Portugal von Magdalena eine Kutte. Darin wurde der Säugling eingewickelt, um ihn vor den Nachstellungen des Teufels zu schützen.

Der Niedergang der Heiligen begann im Jahr 1543. Sie wurde krank und stieß unter krampfhaften Verrenkungen blasphemische Flüche aus. Ein Priester wurde zu Hilfe geholt, der bei Magdalena einen Exorzismus durchführte und, so wird berichtet, sie von zwei Dämonen befreite. Anschließend gestand sie vor den Tribunalen der Inquisition, dass sie einen Pakt mit dem Teufel geschlossen habe und ihre Ekstasen und Wunder nur eine Täuschung gewesen seien. Magdalena wurde öffentlich zur Schau gestellt und in das Gefängnis von Alcazar gesperrt.

Im Konvent Encarnación in Ávila waren Aufstieg und Fall der Klarissin aus Cordoba sicher ein Dauerthema bei den Plaudereien im Sprechzimmer. Teresa soll einmal bekannt haben, dass sie nie ohne Zittern an diese Frau gedacht habe. Verständlich, dass sie angesichts des Skandals um Magdalena de la Cruz lieber verschwieg, dass auch sie innere Erleuchtungen hatte, von denen sie nicht zu sagen wusste, ob sie von Gott stammten oder vom Teufel. Dabei sehnte sie sich nach jemandem, dem sie sich anvertrauen konnte.

Nach dem Tod ihres Vaters hatte sie einige Male mit dessen

Beichtvater, dem Dominikaner Vicente Barron, gesprochen und dabei vorsichtig auch ihre Erfahrungen beim inneren Beten erwähnt. Der Pater hatte nichts Schlimmes daran finden können und sie ermutigt, ihr kontemplatives Beten fortzuführen. Die Worte des Paters hatten sie damals getröstet, aber ihre Ängste hatte er ihr nicht nehmen können.

Seither hatte Teresa niemanden gefunden, mit dem sie offen reden konnte. Dabei war sie im Kloster immer noch beliebt und unter den Schwestern eine gefragte Gesprächspartnerin. Teresa hielt es für eine List des Teufels, dass sie mit ihren Freundinnen über die belanglosesten Dinge stundenlang reden konnte, aber über das, was sie am meisten bewegte, schweigen musste. Später sah sie in dieser Einsamkeit den Grund für ihre so viele Jahre während tiefe Krise und dafür, dass sie immer hin- und hergeworfen wurde zwischen Glück und Verzweiflung. »Ein großes Übel ist es, wenn ein Mensch in so vielen Gefahren allein ist. Ich glaube, wenn ich jemand gehabt hätte, mit dem ich über all das hätte reden können, dann hätte mir das geholfen, nicht immer von neuem zu fallen, und wäre es nur aus Scham gewesen, wenn ich diese schon vor Gott nicht empfand.«[13]

Geschämt hat sich Teresa später dafür, dass sie immer darauf bedacht war, keine großen Sünden zu begehen, und dabei den Blick verloren hat für die alltäglichen Gewohnheiten und kleinen Verfehlungen, aus denen sie hätte lernen können, wie es um sie stand. In den innigen Momenten der Gottesnähe verspürte sie ein grenzenloses Vertrauen, ein großes »Ja«[14], aber diesem »Ja« konnte sie sich nicht vollständig anvertrauen. Stattdessen hielt sie an ihrer »Ehre« fest, pflegte ihre Eitelkeiten und blieb abhängig von den Meinungen der anderen.

Anfangs, als sie sich in den Vorschriften des Klosters noch nicht recht auskannte, traute sie sich nicht, jemanden zu fragen; niemand sollte merken, wie ahnungslos sie war. Ebenso sollte keine von den Schwestern mitbekommen, welch schlechte Sängerin sie war. Sie war ehrgeizig, wollte sich das selber nicht zugestehen. Dadurch wurde sie noch verkrampfter und sang noch schlechter. Erst mit den Jahren legte sie diesen »verderblichen Ehrgeiz«[15] ab. Es machte ihr nichts mehr aus, ihre Unkenntnisse zu gestehen und andere zu fragen. Und es störte sie auch nicht mehr, wenn die anderen hörten, dass sie nicht gut singen konnte. Merkwürdigerweise ging es ab dann mit dem Singen viel besser.

Teresa vermisste lange Jahre an sich eine Fähigkeit, die für sie mit der Zeit die entscheidende wurde, nämlich Demut. Demut nicht verstanden im Sinn von sich klein machen oder als ängstliche Unterwürfigkeit. Teresa konnte Leute nicht ausstehen, die sich für demütig hielten und im Grunde nur eine »feige Seele«[16] hatten. Sie empfahl jedem, die eigenen Wünsche nicht klein zu halten, sondern hoch hinauszuwollen. Und ein Lehrer, der den Menschen Gott nahebringen will, sollte ihnen nach Teresas Meinung nicht den »Krötengang« beibringen, sondern sie ermutigen, sich zu großen Dingen aufzuschwingen.

Dieses »heilige Selbstbewusstsein«[17] brauchte für Teresa als Gegengewicht die Demut. Demut verstanden als radikale Selbsterkenntnis oder, wie sie es sagt, als »das aufrichtige Anerkennen dessen, was wir sind«[18]. Auf diese Weise demütig zu sein, fängt nach Teresa schon damit an, sich offen einzugestehen, dass man etwas nicht weiß oder nicht gut kann. Allerdings könne diese Einsicht niemand nur allein dadurch gewinnen, dass er kritisch mit sich umgehe oder die Hilfe anderer in Anspruch nehme. Der Maßstab der Selbsterkenntnis liegt für Teresa immer außerhalb unserer selbst. Und der Blick für die eigenen Schwächen und Mängel wird umso schärfer, je tiefer man einen Gott erfährt, der bedingungslos anerkennt und liebt. Für Teresa ist das vergleichbar mit einem Raum, der bis in den letzten Winkel von Sonnenlicht durchflutet wird und in dem jede Spinnwebe zum Vorschein kommt.[19] Je heller das Licht, desto auffälliger die eigenen Fehler. Je größer die Liebe, desto dunkler die Sünde.

Der Mut, die eigenen Grenzen zu überschreiten, und die Demut, die eigenen Grenzen zu erkennen, bedingen einander. Auch diesen Zusammenhang hat Teresa ganz aus eigener Erfahrung erkannt und ist damit auf eine Einsicht gestoßen, die viele Gottessucher vor und nach ihr ausgesprochen haben. Für Meister Eckhart, den mittelalterlichen Philosophen und Mystiker, muss jeder Mensch »zwei Dinge« haben, damit sich ihm Gott nicht verschließt, nämlich »Demut aus Herzensgrund« und »ungestümes Verlangen«.[20] Über drei Jahrhunderte später hat Blaise Pascal in einem seiner Fragmente darauf hingewiesen, welche Folgen es hat, wenn eine Seite dieses Zusammenhangs fehlt: »Wenn der Mensch Gott erkennt, ohne sein Elend zu erkennen, verfällt er dem Stolz. Erkennt er sein Elend, ohne Gott zu erkennen, verfällt er der Verzweiflung.«[21]

Das mathematische Genie Pascal wollte keinen »Gott der Philosophen«. Entscheidend war für ihn die erfahrene Realität Gottes in der Gestalt des Jesus von Nazareth. Ihm fühlte er sich verbunden, weil man sich, wie er einmal sagt, Jesus nähern könne, ohne stolz zu sein, und man sich vor ihm erniedrigen könne, ohne zu verzweifeln.

Teresa, die nie eine Schule besucht hat und sich mit dem abstrakten Denken schwertat, hatte eine ähnliche Nähe zu dem Mann aus Nazareth. Teresa konnte nie an Gott oder Christus denken, ohne sich den Menschen Jesus vorzustellen. »Solange wir leben und Menschen sind, ist es etwas Großartiges, ihn als Menschen bei uns zu haben.«[22] Darum machte es sie glücklich, Bilder von Jesus zu sehen. Solche Bilder waren für sie wie Porträts von einem lieben Freund. Ein Jesus-Bild war es auch, das in ihr eine tiefe Erschütterung auslöste und nach fast zwanzig Jahren des Fallens und Wieder-Aufstehens einen Lichtblick eröffnete.

Es war in der Fastenzeit des Jahres 1554. Teresa war zu diesem Zeitpunkt bereits neununddreißig Jahre alt. Als sie in einem Raum des Klosters ein Bild oder eine Skulptur des misshandelten und zur Schau gestellten Jesus sah, war der Eindruck, den dieser Schmerzensmann auf sie machte, so gewaltig, dass sie davor zu Boden fiel und in Tränen ausbrach.

Was genau in Teresa vorging, lässt sich nicht mehr feststellen. Sie selbst sagt in schöner Einfachheit, dass es ihr danach »viel besser«[23] ging. Die Wirkung des Jesus-Bildes dürfte damit zusammenhängen, dass sie zu dieser Zeit die *Bekenntnisse* des Augustinus las, die erst wenige Wochen vorher in spanischer Sprache erschienen waren. In ihm fand sie einen Lehrer und Unterstützer. Denn Augustinus war ebenso wie sie von einer großen Sehnsucht getrieben und musste viele Um- und Irrwege gehen, ehe er seine Bestimmung fand. Besonders beeindruckt war Teresa von jener Szene, in der Augustinus seine Bekehrung in einem Garten schildert. Voller Verzweiflung darüber, dass er sich aus tiefstem Herzen nach einem anderen Leben sehnt, aber zu dem entscheidenden Schritt nicht in der Lage ist, wirft sich Augustinus zu Boden und will nicht mehr aufstehen, ehe ihm eine Erlösung zuteilwird. Und tatsächlich hört er eine Stimme, die ihn auffordert, die Heilige Schrift zur Hand zu nehmen und zu lesen. Augustinus nimmt die Bibel, und nachdem er die aufgeschlagene Stelle aus den Briefen des Paulus gelesen hat, ist er wie verwandelt.

Was Teresa an Augustinus bewunderte, war dessen Hartnäckigkeit. Mit Antworten, die seine Sehnsucht ungestillt ließen, gab er sich nicht zufrieden. Mit Halbheiten und nur beruhigenden Wahrheiten wollte er sich nicht abfinden. Er ließ mit seiner Suche nicht locker. Für die Theologin Dorothee

Sölle ist diese positive Unruhe nicht nur bei außergewöhnlichen Menschen wie Augustinus zu finden. Jeder, der an einer »unaufgebbaren Forderung an das Leben«[24] festhält, gehört für sie bereits in den Kreis dieser Suchenden und ist im weitesten Sinne ein Mystiker. Ebenso ist für Teresa dieser beharrliche Wille, über sich hinauszugehen, nicht abhängig davon, ob jemand lesen und schreiben kann oder gar eine theologische Bildung hat. Nachdem sie ihr erstes Kloster gegründet hatte, machte sie ihren Mitschwestern immer wieder Mut, nicht aufzuhören mit der eigenen Suche, sich nicht einschüchtern zu lassen von Stimmen, die davor warnen, zu übertreiben, zu hoch hinauszuwollen oder einen Weg zu gehen, der für Frauen nicht geeignet sei. Es ist diese Entschlossenheit oder, wie Teresa mit Nachdruck sagt, eine »entschlossene Entschlossenheit«[25], von der Teresa beim Anblick des Jesus-Bildes erfüllt war.

Dabei war sie sich im Klaren darüber, dass sie die erhoffte Befreiung auch mit der größten Entschlossenheit nicht herbeizwingen konnte. Schon die Ekstasen beim inneren Beten hatte sie nicht in ihrer Gewalt. Diese Entrückungen kamen über sie, scheinbar willkürlich, ohne dass Teresa einen Einfluss darauf hatte. Was sie allerdings tun konnte – und was für sie jeder Menschen tun kann –, ist, diesen Einbrüchen von außen entgegenzukommen, sich dafür bereitzuhalten. Und dieses Bereithalten besteht darin, aufmerksam und entschlossen zu sein.

Das ist eine Haltung, die keineswegs nur bei religiösen Menschen anzutreffen ist. Auch ein Künstler wie Franz Kafka hat in seinen Tagebüchern immer wieder beschrieben, wie abhängig er davon war, in einen Zustand versetzt zu werden, in dem die Wörter und Sätze wie von selbst aus ihm herauskamen, und wie verzweifelt er war, wenn er Tage und Wochen durchleiden musste, in denen er sich fühlte wie ein Strohhaufen, der nicht brennen kann. An solchen Tagen, die Teresa »Trockenzeiten« nennt, blieb Kafka nichts übrig, als geduldig zu warten und an seiner Entschlossenheit festzuhalten. In sein Tagebuch schrieb er: »Regelmäßig schreiben! Sich nicht aufgeben! Wenn auch keine Erlösung kommt, so will ich doch jeden Augenblick ihrer würdig sein.«[26] Teresa kennt nur zu gut solche Trockenzeiten. Die wunderbare Erfahrung eines Gottes, mit dem sie wie mit einem Freund reden kann, kommt ihr dann vor wie eine »Illusion«, als hätte sie nur geträumt. Gott ist für sie dann wie etwas, von dem sie »von weitem einmal gehört hat« und an den man glaubt, »weil es nun einmal die Kirche lehrt«. Was ihr fehlt, sind Liebe und die »Erinnerung an das, was sie selbst erfahren hat«. Sie ist in diesem Zustand so abgestumpft, dass sie in einem Buch eine Zeile vier- oder fünfmal lesen kann und hinterher doch nichts verstanden hat. Und am schlimmsten ist es, wenn sie in dieser Seelenlage mit anderen Menschen reden muss. Dann hat sie manchmal eine »so verärgerte, zornige Stimmung«, dass es ihr vorkommt, als könnte sie »alle auffressen, ohne dagegen ankommen zu können«.[27]

Zur Demut gehörte es für Teresa, sich solche schlechten Launen zuzugestehen und trotzdem gelassen zu bleiben und geduldig mit sich umzugehen. Später sollte sie angeblich so starke und gebildete Männer kennenlernen, die ihr gewaltig auf die Nerven gingen, weil sie glaubten, ein Anrecht auf dauernde Hochstimmung zu haben, und jammerten, wenn es ihnen einmal schlecht ging. Gerade in solchen Phasen der Niedergeschlagenheit und Hoffnungslosigkeit sollte man ihrer Meinung nach »Herr über sich«[28] bleiben, das heißt, sich nicht fortreißen lassen in eine Spirale der »bösen« Gedanken, und nicht das Zutrauen verlieren in einen Gott, der einen besser kennt als man selbst, und der besser weiß als man selbst, was für einen gut ist. Dieses Vertrauen war bei Teresa gewachsen beim Anblick des Menschen Jesus, der selbst im größten Leiden sein Vertrauen in seinen gütigen Vater nicht aufgegeben hat.

Mit dem gewachsenen Vertrauen erlangte Teresa auch eine größere innere Freiheit. Und diese Freiheit machte sich bald in ihrem Verhalten bemerkbar. Teresa ging in die Offensive. Sie wollte es nicht mehr hinnehmen, als Frau im Kloster dazu verurteilt zu sein, mit niemandem sprechen zu können über ihr Glück, aber auch über ihre Fragen und Zweifel. Sie brauchte Menschen, die ihr den Rücken stärkten, die erklären konnten, was in ihr vorging, und die ihr versicherten, dass das, was sie im inneren Beten erlebte, nicht Einbildung, Hirngespinste waren oder gar die Werke des Teufels wie bei Magdalena de la Cruz.

Teresa suchte nach Hilfe. Die konnte sie jedoch nur außerhalb des Klosters finden, bei verständigen und gebildeten Männern, die sich auskannten mit Gott und dem, was er in Menschen bewirkt. Um diese Hilfe zu bekommen, musste sie gegen mehrere Tabus verstoßen und Gefahren in Kauf nehmen. Dass eine Frau sich an Männer wandte, um deren Meinung und Urteil über ihr geistliches Innenleben zu erbitten, war nicht nur gewagt und anstößig, sondern auch gefährlich. Schnell konnte sie den Argwohn der Inquisition auf sich ziehen. Außerdem musste Teresa damit rechnen, dass sie sich im Kloster unbeliebt machen würde und ihre Mitschwestern ihr vorwerfen könnten, sie wolle sich als etwas Besonderes hervortun oder gar als Heilige aufspielen. Als ob Teresa nicht selber die größten Skrupel und Bedenken gehabt hätte! Andererseits glaubte sie, dass man nie aus dem »Schlamm der Ängste, des Kleinmuts und der Feigheit« herauskomme, wenn man dauernd daran denke, wie die anderen einen anschauen. »Ob man mich für etwas Besseres hält, wenn ich nicht den allgemeinen Weg gehe« – das war eine Befürchtung, die Teresa sehr

wohl zu schaffen machte, von der sie sich aber nicht abschre-
cken lassen durfte.[29]

Das sind die Risiken, die man eingehen muss, um ein Einzelner zu werden.

VI. SCHLECHTE LEHRER, GUTE LEHRER

»Sie war auch ängstlich, besaß so wenig Selbstvertrauen und Glauben an ihre große Begabung, wie ich es sonst bei keinem meiner weiblichen Beichtkinder gefunden habe.« So beschrieb Jerónimo Gracián, ihr späterer Wegbegleiter und Freund, seine Erfahrungen mit Teresa.[1] Dieses Urteil verwundert angesichts der zahlreichen Zeugnisse über Teresa, die ihr großes Selbstbewusstsein und ihren Mut hervorheben. Dieser Widerspruch wird allerdings verständlicher, wenn man begreift, dass es bei Teresa nie einen Mut ohne Zweifel und nie einen Zweifel ohne Mut gibt. Ihr Mut ist immer einer gegen die eigenen Ängste. Und ihre Sicherheit ist nie eine, die sie unfehlbar und unangreifbar macht.

Teresa war nicht wie Magdalena de la Cruz, die weder innere noch äußere Zweifel zuließ. Teresa traute sich selbst nicht. Und sie wollte sich bewusst der Kritik und dem Urteil anderer aussetzen, auch auf die Gefahr hin, als Opfer von Einbildungen entlarvt zu werden. Ja, sie wollte sogar am liebsten mit Leuten reden, die nichts von Offenbarungen hielten, da diese, wie sie einmal sagt, sie besser vor Täuschungen bewahren könnten.[2] Wonach Teresa suchte, war ein »Lehrmeister« oder »Seelenführer«, der für sie die gleiche Bedeutung hatte wie in unserer Zeit ein Psychologe oder Psychotherapeut. Und so wie es heute gute und schlechte Psychologen gibt, gab es für Teresa »Seelenführer«, die schaden oder nutzen konnten. Dazu schrieb sie: »Daher ist der Lehrmeister sehr notwendig, wenn er nur erfahren ist, denn wenn er es nicht ist, kann er sich sehr irren und eine Seele führen, ohne sie zu verstehen oder ihr zu erlauben, sich selbst zu verstehen«.[3]

Teresas Hoffnungen richteten sich auf einen Pfarrer in Ávila, der als sehr gelehrt galt und von dessen vorbildlichem Leben im Kloster viel erzählt wurde. Sich direkt an Magister Gaspar Daza, so hieß der Pfarrer, zu wenden, das verbot sich für eine einfache Klosterfrau wie Teresa. Aber sie hatte einen entfernten Verwandten namens Francisco de Salcedo, von dem sie wusste, dass er mit Daza befreundet war, und den sie bat, den Kontakt herzustellen. Und tatsächlich brachte Teresas Verwandter den Magister Daza eines Tages mit ins Kloster zur Menschwerdung. Das Treffen verlief für Teresa enttäuschend. Der Pfarrer machte gleich klar, dass er wenig Zeit habe und sehr beschäftigt sei. Er hörte sich recht unwillig an, was Teresa zu sagen hatte, konnte aber nichts damit anfangen. Stattdessen belehrte er Teresa darüber, welche Sünden sie zu vermeiden habe. Teresa war nach dieser moralischen Gardinenpredigt völlig deprimiert.

Was der Pfarrer von ihr forderte, das konnte sie nicht erfüllen, dazu fehlte ihr die Kraft. Sie hätte eine Heilige sein müssen, und das war sie nicht. Die Vorstellung, die der Magister Daza von seelischen Vorgängen hatte, war offenbar eine ganz andere als die von Teresa. Für sie war die Seele etwas, das sich nur langsam verändert und mit dem man behutsam umgehen muss. Für Magister Daza dagegen konnte und sollte jeder mit den Angelegenheiten der Seele sozusagen auf einen Schlag fertigwerden, dazu, so seine Überzeugung, brauche es nur einen festen Willen. Dass sich aber die Seele nicht zwingen lässt und ein guter Wille nicht reicht, das wusste Teresa bereits.

Das Treffen mit Gaspar Daza hatte immerhin zur Folge, dass Francisco Salcedo zum Vertrauten Teresas wurde. Er war kein Geistlicher, sondern ein verheirateter Adliger, hatte aber eine große Leidenschaft für die Religion und hatte jahrelang theologische Vorlesungen besucht. Salcedo kam nun ab und zu ins Kloster. Teresa genoss die Gespräche mit ihm, auch wenn er wie Magister Gaza immerzu nur von Sünden und deren Überwindung redete. Teresa rechnete es ihm hoch an, dass er sich weiter mit ihr abgab, obwohl sie sich nicht so schnell besserte, wie er das erwartete. Als sie ihm von der Freiheit und der Ruhe erzählte, die sie beim inneren Beten empfand, wurde Salcedo stutzig und unruhig. Solche Glücksgefühle kannte er nicht. Sie waren für ihn Belohnungen, die nur Menschen zuteilwurden, die im moralischen Verhalten viel weiter waren als Teresa. Die Vorstellung, dass Gott sich jemandem liebevoll zuwendet, ohne dass derjenige sich diese Gunst verdient hat, löste bei Salcedo eine geradezu panische Angst aus, denn er konnte sich dieses Phänomen nur so erklären, dass hier ein »böser Geist am Werk« sei.

»Als er mir das sagte, war ich vor lauter Angst ganz niedergeschlagen und in Tränen aufgelöst«, erinnerte sich Teresa.[4] Aber sie konnte nicht glauben, dass alles, was mit ihr im inneren Beten geschah, nur schlecht und gefährlich sein sollte. Sie suchte die Schuld bei sich. Vielleicht lag es nur daran, dass sie selbst nicht verstand, was in ihr vorging, und diese Dinge nicht richtig erklären konnte. In ihrer Not fand sie ein Buch, in dem ähnliche Erlebnisse beschrieben waren, wie sie sie hatte. Sie unterstrich die entsprechenden Stellen und übergab das Buch an Francisco de Salcedo und den Magister Daza.

Das Urteil war vernichtend. Francisco de Salcedo stand mit betrübter Miene vor ihr und teilte ihr mit, dass er und der Pfarrer Gaza zu der Überzeugung gekommen seien, dass alles, was sie erlebt habe, »vom Bösen« stammen müsse. Teresa war am Boden zerstört und ratlos. Eigentlich hätte sie jetzt mit dem inneren Beten aufhören müssen. Das hatte sie bereits einmal getan, und sie erinnerte sich nur zu genau daran, wie sehr sie diese Sammlung vermisst hatte und wie schlecht es ihr ohne sie ergangen war. Schlimmer wurde alles noch dadurch, dass Francisco de Salcedo und Gaspar Daza einiges aus den Gesprächen mit Teresa weitererzählt hatten und nun in Ávila und im Kloster über sie geredet wurde. Leute, die sie für ihre Freunde gehalten hatte, zogen über sie her. »Sie übertreibt bloß, um alle Welt zu täuschen und andere schlecht zu machen!«, so hieß es. »Es gibt bessere Christen, ohne dieses Theater«, meinten andere.[5]

Francisco de Salcedo hatte Teresa immerhin einen kleinen Hoffnungsschimmer gelassen. Sie solle sich mit einem Pater aus der »Gesellschaft Jesu« unterhalten, hatte er ihr geraten, die seien in solchen Dingen erfahrener. Der Orden der »Gesellschaft Jesu« war erst 1540 gegründet worden, und ihr Gründer und wichtigster Vertreter, Ignatius von Loyola, verbrachte seine letzten Lebensjahre in Rom, wo er im Juli 1556 sterben sollte. Ignatius hatte als junger Mann zunächst eine militärische Laufbahn eingeschlagen, ehe er durch eine Kanonenkugel schwer verletzt wurde und während seiner Genesung eine Bekehrung erlebte. Wegen seiner Visionen und Erleuchtungen war er in die Netze der Inquisition geraten und sogar eingesperrt worden. Vor seinen Verfolgern war er nach Paris geflüchtet, hatte dort Theologie studiert und eine Gruppe von Freunden um sich gesammelt, die zur Keimzelle des späteren Ordens wurde. Von Ignatius stammen auch die sogenannten »geistlichen Übungen«, die dazu dienen, auf meditative Weise die eigenen Glaubenserfahrungen zu vertiefen.[6] Diese Exerzitien sollen auch die Fähigkeit zur »Unterscheidung der Geister« fördern, also die Begabung, auseinanderhalten zu können, welche Gedanken, Ideen, Bilder von Gott kommen und welche nicht. Und es ist genau dieses Wissen, das sich Teresa von den Jesuiten, wie man sie nannte, erhoffte.

Der Orden hatte erst vor kurzem, im Jahr 1544, ein Kolleg in Ávila gegründet, das »Colegio San Gil«. Als dort im März 1555 die Bitte einging, man möge doch einen Mitbruder in das Menschwerdungskloster schicken, um dort eine Schwester seelsorgerisch zu beraten, betraute man mit dieser Aufgabe den jungen, erst dreiundzwanzigjährigen Diego de Cetina. Teresa hatte für diesen Besuch schon Sicherheitsvorkehrungen getroffen, damit niemand im Kloster etwas erfuhr und das Gerede noch schlimmer würde. Die Schwester an der Pforte hatte versprochen zu schweigen. Aber als der junge Jesuit eintraf und Teresa gerufen wurde, war an der Pforte noch eine andere Schwester, und die hatte nichts Eiligeres zu tun, als die Neuigkeit überall im Kloster zu verbreiten.

Teresa konnte das neuerliche Gerede verkraften, denn ihr Besuch erwies sich als Glücksfall. Diego de Cetina schien alles zu verstehen, was sie ihm von ihren inneren Erlebnissen erzählte. Er machte ihr sogar Mut, das innere Beten auf keinen Fall aufzugeben. »Welch große Sache ist es doch, eine Seele zu verstehen!«[7], schrieb Teresa in euphorischer Erinnerung an dieses Treffen. Immer wenn sie sich von einem Lehrer verstanden fühlte, entwickelte Teresa eine große Zuneigung zu ihm, und sie musste in sich hineinlachen, wenn sie merkte, dass diese frommen und keuschen Männer vor ihren Gefühlsstürmen zurückschreckten und Angst bekamen, Teresa würde sich zu sehr »an sie hängen«[8]. Ob das bei dem blutjungen Jesuiten und der vierzigjährigen Teresa auch der Fall war? Jedenfalls übte Diego des Cetina keinerlei Druck auf Teresa aus und machte ihr auch keine Angst. Er gab ihr lediglich den Rat, sich beim inneren Beten nicht zu sehr ihren »Wohlgefühlen« hinzugeben. Das entsprach der Empfehlung des Ignatius von Loyola, religiöse Hochgefühle eher zu dämpfen. Diesen Rat beherzigte Teresa zwar, konnte ihn jedoch nicht einhalten. Je mehr sie ihre »Wonnen« zu unterdrücken versuchte, desto

intensiver wurde sie von ihnen überschwemmt. Sie zu beeinflussen lag nicht mehr in ihrer Hand.

Der junge Jesuit ließ ihr auch diese Freiheit und brachte sie
in Verbindung mit anderen erfahrenen Männern seines Ordens. Als sein Vorgesetzter, der Kommissar der spanischen
Provinzen der Jesuiten Francisco de Borja, im Mai 1555 nach
Ávila kam, um in der Kathedrale eine Festpredigt zu halten,
sorgte Diego Cetina dafür, dass Teresa ihn kennenlernte. Borja
war ein angesehener Mann, der später heiliggesprochen wurde. Er entstammt der berühmt-berüchtigten Familie Borgia,
die zum Inbegriff hemmungsloser Machtgier wurde. Francisco de Borja hatte als Herzog von Gandia eine glänzende Zukunft vor sich gehabt. Er war mit dem spanischen König
und deutschen Kaiser Karl und seiner Frau Isabella befreundet
gewesen. Nach dem Tod Isabellas im Jahr 1539 hatte der Anblick der toten Königin ihn so erschüttert, dass er forthin auf
alle weltlichen Privilegien verzichtete und in den Jesuitenor-
den eintrat.

Borja war auch der Beichtvater von Juana, der Mutter Karls,
gewesen. Juana oder zu Deutsch Johanna, die eigentliche le-
gitime Kronerbin und Nachfolgerin ihrer Eltern, der katholischen Könige Isabella und Ferdinand, war über sechsundvier-
zig Jahre lang wegen angeblichen Wahnsinns in einem Kloster
in Tordesillas in der kastilischen Ebene gefangen gehalten worden.[9] Als Juana im April 1555 starb, war es Francisco de Borja,
der der Sterbenden in ihren letzten Stunden beigestanden hat.
Nicht lange nach Juanas Tod dankte ihr Sohn Karl ab und zog
sich in die Einsamkeit zurück. Damit war der Weg frei für den
neuen König, für Karls Sohn Philipp.

Von der toten Königstochter Juana in Tordesillas war Francisco de Borja über die Hochebene nach Ávila geritten, wo ihn
sein junger Mitbruder Diego de Cetina bat, doch einmal mit
der Nonne Teresa zu sprechen. Pater Francisco war dazu be-

reit. Aufmerksam hörte er sich an, was ihm Teresa über ihre persönliche Gotteserfahrung erzählte, und auch er konnte nichts Schlimmes daran finden. Im Gegenteil, er meinte sogar, dass es ein Irrtum sei, sich diesen Eingebungen zu widersetzen.

Teresa war wie erlöst. Und sie begann, jene Lehrmeister zu schätzen, die nicht nur etwas von seelischen Dingen verstanden, sondern auch hoch gebildet waren und ihr erklären konnten, was sich in ihr ereignete. Dass sich beide Eigenschaften ergänzen können, das war in ihrer Umgebung keineswegs eine verbreitete Überzeugung. Vielmehr herrschte ein regelrechter Krieg zwischen spirituellen Gottsuchern und den studierten Theologen, den »espirituales« und den »letrados«.[10] Die Spirituellen gaben sich bewusst antiintellektuell und stritten es rundweg ab, dass man Gott mit dem Verstand und mit Begriffen erfassen könne. Theologen waren für sie Männer, die sich hinter ihren Büchern verschanzten, keine Ahnung hatten von der dynamischen Kraft des Geistes und sich ängstigen, die Auslegungshoheit über die Bibel zu verlieren. Umgekehrt warfen die »Studierten« den Spirituellen vor, ihre geistigen Höhenflüge und Hirngespinste mit der Stimme Gottes zu verwechseln, die Tradition zu missachten und unbeweisbare, bloß subjektive Erkenntnisse für göttliche Erleuchtungen auszugeben. Besonders Frauen hielt man für anfällig für solche religiösen Schwärmereien. Für Fernando de Valdés, Großinquisitor und Professor an der Universität von Salamanca, waren die Schriften von Spirituellen nichts anderes als »Betrachtungsstoff für Zimmermannsfrauen«[11]. Valdés war es dann auch, der 1559 einen »Index verbotener Bücher« herausgab, von dem volkssprachliche Schriften ebenso erfasst wurden wie Bücher von Spirituellen und der Häresie verdächtigen ausländischen Autoren.

Teresa hielt nichts von solchen Verboten und Ausgrenzungen. Ihrer Meinung nach waren spirituelle Erfahrung und theologische Bildung keine Gegensätze. Ein guter Lehrer war für sie einer, der erfahren war, der urteilen konnte und der etwas wusste. Ein Gelehrter ohne Erfahrung in den Dingen der Seele war für sie ebenso wenig hilfreich wie ein Frommer ohne Bildung. Erfahrung war für sie immer noch die Grundlage. Aber erst durch die Reflexion auf diese Erfahrung erkannte sie die Bedeutung des überlieferten Wissens *für sich*. Aus toten Begriffen wurde lebendiges Wissen. Nicht um viel Wissen geht es dabei, sondern um das, was Ignatius von Loyola das »Innerlich-die-Dinge-Verspüren-und-Schmecken« genannt hat.[12] In diesem Sinne trat Teresa für eine aufgeklärte Spiritualität ein. »So ist es sehr wichtig«, schrieb sie in ihrer *Vida*, »dass der Lehrmeister gescheit ist – ich meine, mit gutem Urteilsvermögen – und dass er Erfahrung habe. Wenn er dazu noch studiert ist, dann ist das ein glänzendes Geschäft [...] Und es ist etwas Großes um die theologische Bildung, denn diese belehrt uns, die wir nicht viel wissen, und spendet uns Licht, und wenn wir dann zu den Wahrheiten der Heiligen Schrift gelangt sind, tun wir, was wir sollen. Vor unerleuchteter Frömmigkeit bewahre uns Gott!«[13]

Diego de Cetina war fromm und klug. Darum traf es Teresa schwer, dass er nach nur zwei Monaten als ihr Lehrer Ávila verlassen musste, um seine Studien in Salamanca fortzusetzen. Wie sehr Teresa auf diesen Beistand angewiesen war, zeigt sich daran, dass sie sich nach Cetinas Abreise völlig verlassen vorkam. Die alten Ängste ergriffen wieder Besitz von ihr, und ihre Herzbeschwerden und Magenprobleme machten ihr erneut zu schaffen. Ihr Zustand scheint einer adligen Dame aufgefallen zu sein, die öfter ins Kloster kam, um ihre Schwester zu besuchen. Sie hieß Doña Guiomar de Ulloa, und Teresa und sie waren sich auf Anhieb sympathisch. Doña Guiomar, die ihren Mann früh verloren hatte, lud Teresa oft in ihr Haus ein. Die lockeren Klausurregeln des Klosters ließen das zu.

Der Palacio der jungen schönen Witwe lag gleich neben dem Jesuitenkonvent und hatte sich zu einem religiösen Treffpunkt entwickelt. Viele Patres aus der »Gesellschaft Jesu« verkehrten hier. Unter ihnen war ein noch sehr junger Jesuit namens Juan de Prádanos, den Teresa bei einem ihrer Besuche kennenlernte und der ihr neuer Seelenführer wurde. Wie Diego de Cetina, so hatte auch Prádanos ein großes Talent im Umgang mit zarten Seelen. Er drängte nicht, und wenn er sie beeinflussen wollte, dann tat er das mit viel Milde. Teresa unterhielt sich mit ihm über ihre Freundinnen im Kloster. Prádanos scheint jene Freundschaften bedenklich gefunden zu haben, in denen es immer nur um die Fragen geht »Magst Du mich?« oder »Magst Du mich nicht?«[14]. Teresa hing sehr an ihren Freundinnen, gleichzeitig wusste sie, dass die Gespräche mit ihnen doch nur »kindliche Spielchen« waren.

Als diese Gedanken sie auch im Gebet beschäftigten und sie Gott um Hilfe bat, wurde sie plötzlich in einen Zustand versetzt, den sie bisher nicht kannte. Es war ihr, als würde sie aus sich herausgerissen, und sie hörte deutlich Worte, aber nicht so, wie man normalerweise hört, sondern anders, so, als ob die Seele eigene Ohren hätte, die man sich nicht zuhalten kann. Was Teresa verstand, war, dass sie nicht mehr länger Unterhaltung mit Menschen pflegen solle, »sondern mit Engeln«.[15]

Teresa war zunächst erschrocken, weil sie so etwas noch nicht erlebt hatte. Gleichzeitig fühlte sie sich getröstet. Aber was sollten diese Worte bedeuten? Sollte sie nun nicht mehr mit Menschen reden? Oder waren mit »Engeln« Menschen gemeint, die so vergeistigt waren wie Engel? Teresa glaubte nicht, dass je ein Mensch wie ein Engel sein kann, weder sie noch andere. Sich zu Engeln aufschwingen zu wollen, solange wir hier auf Erden leben, hielt sie für »Unsinn«[16]. Der Sinn dieser Worte erschloss sich für sie im normalen Umgang mit Menschen. Teresa blieb weiterhin eine höchst kommunikative Frau, die eine besondere Begabung für Freundschaften hatte. Aber selbst wenn ihre Freundschaften dauerhaft und sehr herzlich waren, so hatten sie doch von nun an eine andere Bedeutung in ihrem Leben. Sie waren nicht mehr so wichtig. Teresa konnte auch ohne Freunde sein, und das erwies sich paradoxerweise als die beste Voraussetzung für alle Freundschaften. »Ganz sicher ist jedenfalls«, so schrieb sie einmal, »dass man viele Freunde hat, wenn man niemanden braucht, das weiß ich aus Erfahrung.«[17]

Obwohl das Erlebnis mit den inneren Worten so stark war und es für Teresa keinen Zweifel gab, dass sie von außen gekommen und gut waren, blieb sie »auf der Hut«. Hatte sie sich wirklich nichts vorgegaukelt? Hatte sie sich diese Worte nur selbst eingeredet und sich dann eingebildet, sie seien von Gott? Hatte ihr Verstand ihr einen Streich gespielt und diese Worte selbst »fabriziert«[18]? Hatte sie im Grunde nur zu sich selbst gesprochen? Teresa prüfte sich sehr aufmerksam. Wenn sie im Kopf Sätze bildete, dann musste sie diese mühsam zusammenreimen, sie konnte sich ablenken und jederzeit damit aufhören. Außerdem waren diese Worte unverbindlich, eher ein »Gefasel« und oft undeutlich und ungenau.

Ganz anders verhielt es sich mit jenen anderen Worten. Sie musste ihnen zuhören, ob sie wollte oder nicht. Das bedurfte auch keiner Anstrengung. Sie waren so stark, deutlich und verbindlich »wie eine Tat«. Sie blieben nie ohne gute Wirkung. Und solange sie zuhörte, waren alle Fragen und Zweifel wie weggefegt. Das waren keine erbärmlichen »Rührseligkeiten«, keine »kleinlichen Gefühle«[19]. Dahinter stand eine so gewaltige Autorität, dass Teresa entweder erzitterte oder vor Liebe verging.

Pater Prádanos konnte sie das alles erzählen. Er lachte sie nicht aus, obwohl Teresa das immer befürchtete, wenn sie jemandem von ihren Erfahrungen berichtete. Und er hielt ihre Schilderungen auch nicht für überdrehte »Weibergeschichten«[20]. Doch auch dieser junge Seelenführer blieb ihr nicht erhalten. Er wurde im Herbst 1558 nach Valladolid versetzt. Teresas Erleuchtungen hatten sich inzwischen herumgesprochen. Und es gab eine ganze Reihe von Männern, fünf oder sechs, die sich für diesen Fall zuständig fühlten und sich um Teresa kümmern wollten. Ihr immer zögerlicher Verwandter Francisco de Salcedo gehörte dazu, und der halbgebildete Pfarrer Gaspar Daza. Ebenso der fünfundzwanzigjährige Jesuit Baltasar Álvarez. Als Frau und Nonne war Teresa diesen Männern gegenüber zum Gehorsam verpflichtet. Abgesehen davon, waren das alles Männer, die ungleich gebildeter waren als sie und die beteuerten, nur das Beste für sie zu wollen. Deren Hilfe abzulehnen oder ihnen gar zu widersprechen war undenkbar.

Von diesen Männern wurde Teresa nun öfter ins Kreuzverhör genommen. Sie stellten ihr viele Fragen, und Teresas arglose Antworten wurden dann zerpflückt. Bei jedem kleinsten Fehler, den die Studierten entdeckten, sahen sie gleich den Teufel im Spiel. Und wenn Teresa Bilder und Ausdrücke gebrauchte, die sie nicht verstanden, dachten sie sofort, Teresa wolle sie belehren und klüger sein als sie.

Noch schlimmer wurde es, als Teresas Erleuchtungen noch ungewöhnlicher wurden. Sie hörte nicht nur Worte, sondern sie hatte das Gefühl, dass jemand ganz nahe bei ihr stand, den sie sehen konnte, aber nicht so, wie man normalerweise sieht, sondern ganz anders. Und in den kurzen Augenblicken, die dieser Zustand dauerte, war es für sie eine unumstößliche Gewissheit, dass dieser Jemand nur Christus selbst sein konnte. Teresa war wieder voller Furcht, weil das etwas war, das sie vorher für unmöglich gehalten hätte. Sie erzählte ihr Erlebnis sofort Pater Balthasar Álvarez, der sie einer strengen Prüfung unterzog. Woher sie wisse, dass es Christus gewesen sei, fragte er sie.[21] Teresa konnte es ihm nicht sagen. Sie wusste es nicht, jedenfalls nicht so, wie man etwas weiß, das man mit eigenen Augen gesehen hat. Aber in jenen Momenten, als sie die Worte hörte, war sie sich vollkommen sicher gewesen.

Um verständlich zu machen, was ihr widerfahren war, zog sie immer wieder neue Vergleiche heran. Sie redete von den »Augen der Seele« oder von einem Licht, im Vergleich zu dem sogar das Licht der Sonne noch dunkel erscheint. Doch alle diese Bilder und Worte blieben hinter dem zurück, was Teresa empfunden hatte.

Pater Balthasar Álvarez war ebenfalls erst fünfundzwanzig Jahre alt, aber viel strenger, unsicherer und ungeduldiger als Diego des Cetina oder Juan de Prádanos. Dinge, die er nicht kannte, lösten bei ihm Angst aus. Und seine Therapie bestand darin, Teresa Bußübungen aufzuerlegen. Anstatt ihre Ängste zu beruhigen, vergrößerte er sie noch. Die anderen Ratgeber warnten ihn, gegenüber Teresa vorsichtig zu sein, und sie erinnerten ihn an die Betrügerinnen und falschen Heiligen wie Magdalena de la Cruz. Teresa hatte den Eindruck, dass der Pater sich vor ihr fürchtete. Angst hatte sie selber genug, von einem Lehrer hatte sie Zutrauen und Mut erhofft. »All das setzte mir zu«, schrieb sie in Erinnerung an diese schwere Zeit. »Ich fürchtete schon, dass es keinen mehr geben würde, bei dem ich noch beichten könnte, weil sich alle von mir abwendeten. Ich konnte nur noch weinen.«[22]

Die Gruppe um Pater Álvarez beriet sich eingehend darüber, wie Teresas Visionen einzuschätzen seien und wie sie weiter mit ihr umgehen sollten. Schließlich kamen sie zu dem Urteil, dass Teresas Erleuchtungen Teufelswerk seien. Und sie befahlen ihr, zukünftige Visionen abzuwehren, indem sie der

Person, die ihr erschien, »die Feige« zeigen soll.[23] Das war eine obszöne Geste der Verachtung, bei der man mit der Hand eine Faust macht und den Daumen zwischen Zeige- und Mittelfinger steckt.

Teresa gehorchte, auch wenn es ihr unendlich schwerfiel und sie nie und nimmer glauben konnte, dass ihre Erscheinungen von einer bösen Macht stammten. Sie konnte das, was sie sah und hörte, nicht mehr abwehren. Im Gegenteil, je stärker sie sich dagegen wehrte, desto größer war die Zuwendung, die sie erfuhr. Und im Gegensatz zu der Angst, die ihr die Beichtväter bereiteten, war diese innere Zuwendung voller Liebe und Stärke. »Fürchte dich nicht!«, waren die Worte, die sie immer wieder vernahm. Und diese Worte waren stark, eindringlich, beseligend und beruhigend.

Teresa traute ihrem inneren Lehrer allmählich mehr als den Warnungen ihrer weltlichen Seelsorger. Sie wagte es sogar, jene Lehrer zu kritisieren, die sie mit ihrer Skepsis und ihrer Ängstlichkeit immer nur einschüchterten und jeden Fortschritt blockierten. »Kommt jetzt nur alle her!«, hätte sie ihnen am liebsten zurufen wollen. »Da ich eine Dienerin des Herrn bin, möchte ich mal sehen, was ihr mir anhaben könnt!«[24] Mehr als den Teufel fürchtete sie sich jetzt vor jenen, die den Teufel fürchteten.

Teresa hatte sich ihren Ängsten gestellt, dadurch hatten sie sich aufgelöst. Sie wurde eine angstfreie Frau, was nicht bedeutet, dass sie keine Ängste mehr kannte, sondern dass diese Ängste keine Gewalt mehr über sie hatten. Das verhalf ihr zu Selbstbewusstsein. Auch gegenüber ihren Lehrern trat sie nun anders auf. Sie ließ sich nicht mehr alles einreden, sondern beharrte auf dem, was sie selber glaubte und empfand. Trotz der Vorsicht, die sie in ihren Erinnerungen walten lassen musste, spürt man noch den Ärger über ihre zauderlichen und ängstlichen Seelsorger, die ihr so lange Zeit das Leben so schwer gemacht hatten. An einigen Stellen vergisst sie jede Zurückhaltung und äußert sich in einer Weise über ihre schlechten Lehrer, wie es für eine Frau ihrer Zeit eigentlich undenkbar war: »Sie kommen mir so feige vor, dass sie ganz kraftlos werden, sobald sie sehen, dass man von ihnen nicht viel hält.«[25]

Es ist bezeichnend für Teresa, dass sie die Verbindung mit jenen Lehrmeistern, unter denen sie so gelitten hat, nicht abbrach, sondern weiterführte. Manche von ihnen wie Francisco de Salcedo und Balthasar Álvarez wurden zu lebenslangen Freunden, die Teresa in ihren zukünftigen Unternehmungen unterstützten. Dabei drehte sich das Verhältnis in einigen Fällen um, und Teresa wurde zur Lehrerin von gelehrten und angesehenen Männern. Der Dominikaner Pedro Ibáñez, der zur Gruppe von Teresas Ratgebern in Ávila gehörte, schrieb später über sie: »Gott hat ihr einen so starken, wackeren Mut gegeben, dass es einen erstaunt. Zuerst war sie ängstlich, jetzt setzt sie sich über alle bösen Geister hinweg. Von allen typischen weiblichen Zimperlichkeiten und Kindereien ist sie weit entfernt.«[26] Ein Mitbruder von Pedro Ibáñez, der Dominikaner Juan de Salinas, war Teresa gegenüber anfangs sehr skeptisch, bis er sie persönlich kennenlernte. Darauf angesprochen, ob er seine Meinung über sie geändert habe, antwortete er mit einem verschmitzten Lächeln: »O, Ihr habt mich getäuscht, da Ihr mir sagtet, sie sei eine Frau; in Wirklichkeit ist sie ein echter Mann, und zwar einer von den ganz bärtigen.«[27]

VII. VON DICKEN LEIBERN, DÜNNEN SEELEN UND DÜRREN ZWEIGLEIN

Aus der ratsuchenden Teresa wurde eine Frau, die es sich selbst zutraute, andere zu beraten und Auskunft darüber zu geben, wie man diesen Weg beschreiten kann. Dabei stieß sie immer wieder auf Widerstände. »Offenbar«, so meinte sie, »löst es bei manchen Menschen einen Schrecken aus, wenn sie von Visionen und Offenbarungen auch nur reden hören.«[1] Zu Teresas Zeiten war es vor allem die Angst vor der Inquisition, die es geraten erscheinen ließ, lieber wegzuhören, wenn von inneren Erleuchtungen die Rede war.

In unserem modernen Zeitalter reagieren die Menschen auf religiöse Reden weniger mit einem Schrecken als mit einem Gefühl der »Peinlichkeit«. So jedenfalls sieht es der Philosoph Peter Sloterdijk. Um noch von der Frage nach einem verehrungswürdigen höheren Wesen berührt zu werden, so meint er, müsste der Mensch nach der Aufklärung »eine breite Schwelle aus Verlegenheit überqueren«. Der Grund hierfür liege nicht in der vielbeschworenen »Gottesferne« unseres aufgeklärten Zeitalters. Nicht zu fern ist Gott den heutigen Menschen, eher haben sie, so vermutet Sloterdijk, Angst davor, zuzulassen, »dass er ihnen zu nahe träte, sollten sie seine Angebote ernst nehmen«.[2]

Teresa nahm diese Angebote ernst, und sie hat zugelassen, dass Gott ihr in dieser Begegnung so nahe kam, wie sie es nie für möglich gehalten hätte. Diese Nähe kann ihrer Ansicht nach jeder Mensch erfahren. Allerdings kann er sich dazu nicht auf eine für alle geltende Methode stützen. Im Gegenteil, nach Teresa gibt es so viele Wege zu Gott, wie es Menschen gibt. Darum will sie ihre Erklärungen so offen und vieldeutig halten, dass möglichst »alle Leute«[3] sich angesprochen fühlen und ihre Vorbehalte verlieren.

Dieses Anliegen Teresas hat eine geistesverwandte Frau im zwanzigsten Jahrhundert wieder aufgegriffen und weitergeführt. Für die Theologin und Schriftstellerin Dorothee Sölle ist »Mystik« keine Angelegenheit von wenigen Auserwählten oder religiösen Genies, sondern bezeichnet eine Art des Erlebens, die jedem Menschen zugänglich ist, unabhängig von Beruf, Bildung, Alter oder Religionszugehörigkeit, unabhängig auch von bestimmten Lehren oder rituellen Handlungen. »Mystisch« ist es für Sölle bereits, wenn wir große Wörter wie Gnade, Heil oder Vergebung aus der abstrakten religiösen Lehre herausnehmen und sie für uns zu »Gefühl, Erfahrung und Gewissheit« werden. Aber auch im alltäglichen Leben können wir Zustände erleben, wie sie die Mystiker aller Zeiten beschreiben, wenn wir nur unsere »mystische Empfindlichkeit« schärfen. Und das können wir schon dadurch, dass wir uns an gewisse Momente in unserer Kindheit erinnern, an intensive, erfüllte Augenblicke, in denen wir von einer »merkwürdigen, unumstößlichen Gewissheit« ergriffen wurden. Solche Momente sind es, in denen die Zeit stillzustehen scheint, in denen »die Abgeschlossenheit unseres Selbst« durchbrochen wird und wir erkennen, dass wir nicht nur die sind, »die wir kennen, die wir zu sein glauben«.[4]

Erst wenn unser Ich diese Risse bekommt, können wir nach Sölle damit anfangen, über Gott zu reden. Es sind diese Risse, die Teresa im inneren Beten erfuhr und die eine große Angst in ihr hervorriefen und sie zugleich mit einer großen Ruhe und Gewissheit erfüllten. Diese innere Gewissheit hat aber für Teresa nur einen Wert, wenn sie sich im alltäglichen Verhalten äußert und wenn sie zu Taten führt.

Es war im Oktober 1560, als Teresa mit einigen Mitschwestern und Freundinnen in ihrer Wohnzelle zusammensaß.[5] Das Gespräch kam auf jene asketischen Männer, die sich in früheren Zeiten in die Wüste zurückzogen, um dort ein völlig bedürfnisloses Leben zu führen. Diese Wüstenheiligen waren Vorbild für viele Ordensleute, die den Eindruck hatten, dass das Leben in den Klöstern seinen anfänglichen Sinn verloren hatte. Auch Teresa erlebte eine Kirche, die oft in Kontrast stand zu ihren eigenen Idealen. Junge Leute ergriffen häufig nur deshalb einen geistlichen Beruf, weil sie Karriere machen wollten oder weil sie, wie viele Frauen, versorgt werden mussten. Für viele Menschen aus armen Verhältnissen bot die Kirche die Möglichkeit, ihrer Herkunft zu entkommen. Und in adligen Familien war es die verbreitete Verachtung körperlicher Arbeit, die eine gesicherte und nicht allzu anstrengende Existenz in der Kirche attraktiv machte. Kein Wunder, dass der religiöse Eifer vieler Bischöfe, Priester und Ordensleute oft zu wünschen übrig ließ. In satirischen Flugblättern wurden die skandalösen Zustände in Klöstern und hohen Kirchenkreisen genüsslich aufs Korn genommen, so dass die Achtung vor dem Klerus untergraben wurde und der Ruf nach einer Rückbesinnung immer stärker wurde.[6] Bei den Franziskanern gab es schon im vierzehnten Jahrhundert eine Bewegung, die zu den ursprünglichen Regeln des heiligen Franz von Assisi zurückwollte. Zum äußeren Zeichen einer neu gewonnenen Armut verzichteten sie sogar auf die einfachen Sandalen und gingen nunmehr barfuß. »Unbeschuht« zu sein wurde zum Schlagwort für alle Bestrebungen in den Klöstern, sich zu reformieren und sich auf die Werte der Anfänge zu besinnen.

Teresa und ihre Freundinnen sprachen mit großer Bewunderung und mit einem gewissen Neid von diesen sogenannten Descalzos, den Unbeschuhten, die einen frischen Wind in die Klöster brachten. Und María de Ocampo, die Tochter eines Cousins von Teresa, schlug vor, ein kleines Kloster mit nur wenigen Schwestern und anderen Regeln zu gründen. Sie war sogar bereit, ihr Erbe dafür herzugeben. Während alle noch aufgeregt durcheinandersprachen, kam Teresas Freundin Doña Guiomar de Ulloa in das Zimmer. Sie war sofort Feuer und Flamme von der Idee eines neuen Klosters und bot ihre Hilfe an.

Teresa war unsicher. Unter den Zuständen im Kloster zur Menschwerdung hatte sie schon oft gelitten und den Wunsch nach einem anderen Ort verspürt, besonders, nachdem sie einige Zeit bei ihrer Freundin Donna Guiomar gewohnt hatte. Doch jetzt, da sie bedrängt wurde, Pläne zu machen, schreckte sie vor dieser Idee zurück. Sie hielt sich vor Augen, was für eine Aufregung so ein Entschluss in ihrem alten Kloster auslösen würde, und was für immense Arbeit und Umstände auf sie zukämen. Und wer konnte schon wissen, ob das Leben woanders wirklich besser sein würde. Wenn sie es recht bedachte, hatte sie es eigentlich doch gut und »sehr bequem« in ihrem Kloster. Alles war »groß und angenehm«. Sie fühlte sich »äußerst wohl« hier, und der Gedanke, ihr schönes Zimmer aufzugeben, machte sie traurig.

Immer wenn Teresa uneins mit sich selber war, half das innere Beten. Das Gespräch mit ihrem göttlichen Freund brachte eine beruhigende Antwort auf eine Krise. So war es auch dieses Mal. Teresa hatte eine Vision, und ihr wurde gesagt, dass sie sich mit allen Kräften für ein neues Kloster einsetzen solle. Welche Worte Teresa auch immer hörte oder welche Bilder sie sah – entscheidend bei diese Visionen war, dass sie von einem Gefühl tiefer Geborgenheit und eines absoluten Vertrauens getragen wurde. Man könnte auch sagen, dass Teresa in dem bestärkt wurde, was sie eigentlich wollte, was aber durch die inneren Einwände und durch den Sturm der Bedenken erstickt wurde. Ihr zaghafter Wunsch nach Veränderung hätte allein nie ausgereicht. Erst durch den göttlichen Rückhalt gewannen ihre eigentlichen Bedürfnisse die Oberhand, und alle Hürden und Probleme erschienen plötzlich als überwindbar, ja als nichtig. So ist es zu verstehen, warum sich Teresa immer nur als schwach und elend empfand und sie alles, was sie erreichte, Gott zuschrieb.

Sicher hat sie auch an sich selbst gedacht, als sie später ihre Mitschwestern vor Bequemlichkeit warnte. Die Zufriedenheit, die sie bei »bequem dahinlebenden Menschen« wahrnahm, war für sie eine trügerische Ruhe und ein fauler Friede. »Was ist das«, so fragte sie empört, »dass die Tage so ruhig dahinplätschern mit gutem Essen, Schlafen und allen möglichen Abwechslungen, wie es einige fertig bringen, so dass ich ganz weg bin, wenn ich es sehe?«[7] Teresa forderte ihre Freundinnen auf, »Krieg« gegen sich selber und gegen die eingefleischte Bequemlichkeit und Selbstzufriedenheit zu führen. Denn andernfalls würde der Leib zwar dick, die Seele aber »ganz dünn« werden.

Teresa musste erst einen Krieg gegen sich selber führen, ehe sie es wagte, ihre Pläne in die Tat umzusetzen, die Meinungen von einflussreichen Leuten einzuholen und sich nach einem geeigneten Haus für ihr neues Kloster umzusehen. Wie zu erwarten, verbreitete sich die Nachricht von Teresas Vorhaben wie ein Lauffeuer im Kloster der Menschwerdung und in ganz Ávila. Einige lachten über sie, andere hielten sie für verrückt. Mitschwestern warfen ihr vor, sie habe keine Liebe zu ihrem alten Kloster und würde Schande über es bringen. Man drohte ihr sogar damit, sie ins Klostergefängnis zu werfen.

Teresa hatte wenig Fürsprecher. Der Provinzial der Karmeliten in der Provinz Kastilien, Pater Ángel de Salazar, wollte sie anfangs unterstützen und seine Genehmigung erteilen. Doch als der Aufruhr im Kloster immer größer wurde, änderte er seine Haltung und zog seine schützende Hand zurück. Auch Balthasar Álvarez, der weiterhin ihr Berater war, zeigte sich beeindruckt von dem Hass, der Teresa entgegenschlug. Für ihn war dieser Widerstand der Beweis dafür, dass Teresas Pläne unrealistisch, »nur Träumerei«[8] waren. In Teresas Verhalten konnte er nur den Wunsch erkennen, sich »hervorzutun«, und er riet ihr dringend, diesen Wunsch endlich aufzugeben, denn sie habe ja gesehen, was dabei herauskomme. Vermutlich dachte Teresa an Leute wie Salazar und Álvarez, als sie Männer mit trockenen »Rosmarinzweiglein« verglich, an die man sich nicht klammern sollte, weil sie »abbrechen, sobald es Widersprüche oder Redereien hagelt«[9].

Nicht alle Männer erwiesen sich als dürre Zweiglein. Der in Ávila sehr angesehene Theologe Pedro Ibáñez aus dem Dominikanerkonvent stellte sich auf Teresas Seite. Er schrieb ein umfangreiches Gutachten zu ihren Gunsten, das Teresas Freundin Doña Guiomar als Grundlage diente, um beim Papst in Rom die Gründung eines neuen Karmelklosters zu beantragen. Noch wichtiger als die theologische Rückendeckung durch den Gelehrten Ibáñez war für Teresa die Unterstützung eines anderen Mannes, der bereits zu Lebzeiten wie ein Heiliger verehrt wurde: Pedro von Alcántara, ein Franziskaner, der seit Jahren als Einsiedler in einer winzigen Klosterzelle lebte, der tagelang nicht schlief und aß, der sommers wie winters barfuß ging und nichts anderes auf dem ausgemergelten Körper trug als eine grobe Wollkutte. Auch wenn das extrem asketische Leben dieses Mannes und seine Bußübungen Teresa manchmal befremdeten und sie insgeheim darüber lächeln musste, weil sie glaubte, dass für Gott unsere Gesundheit wichtiger sei als unsere Buße, so schätzte sie doch seine spirituelle Begabung. Die Wertschätzung war gegenseitig. Für Pedro von

Alcántara, den Teresa im Haus ihrer Freundin Doña Giuomar kennengelernt hatte, war Teresa eine gottbegnadete Frau, und auch jetzt hielt er ohne Wenn und Aber zu ihr. Er wollte Teresa davon überzeugen, ein Kloster ohne jede finanzielle Absicherung zu gründen.

Ein Kloster ohne eigene Einkünfte oder regelmäßige Zuwendungen, das war es, was die Leute in Ávila auf die Barrikaden brachte. Sie befürchteten nicht zu Unrecht, dass ein Kloster dieser Art auf ihre Kosten gehen würde, zumal es in Ávila schon andere Konvente gab, die auf die Mildtätigkeit der Stadtbewohner angewiesen waren. Die Aufregung war so groß, dass Teresa es für geraten hielt, einige Zeit stillzuhalten und nichts weiter zu unternehmen. Noch dazu verlor sie zu dieser Zeit ihren größten Verteidiger Pedro Ibáñez, der wegen seiner großen Gelehrtheit bei den Leuten in Ávila in hohem Ansehen stand. Ibáñez selbst war weniger stolz auf seine Bildung und bewunderte die ungebildete Teresa, die so existentiell von einem Wissen durchdrungen war, das er sich nur mühsam aus Büchern angeeignet hatte. Er verließ nun Ávila, um sich in ein einsames Kloster zurückzuziehen, wo er ein meditatives Leben führen wollte.

Bei hochgebildeten und scharfsinnigen Menschen wie Pater Ibáñez hatte Teresa Bedenken, dass sie sich mit Gewalt etwas verschaffen wollen, was man nur anstrengungslos empfangen kann. Für sie ist es wichtig, die Seele nicht, wie sie einmal sagt, »an die Kandare zu nehmen«[10], sondern ihr »Luft« zu lassen und sie mit größter Sanftheit zu leiten. Jede Denkanstrengung kann dabei schon ein schädlicher Gewaltakt sein, der die nötige innere Ruhe stört oder erst gar nicht aufkommen lässt. Darum sollte jeder mit dem diskursiven Denken vorsichtig sein und sein Wissen nur behutsam einsetzen. Sonst kann es leicht passieren, dass man, wie Teresa es bildlich ausdrückt, auf ein zartes Feuer ein zu großes »Holzscheit« legt und es damit erstickt. Und »gelehrte Holzscheite«[11] gibt es ihrer Meinung nach genügend. Sollte es doch einmal so sein, dass der Verstand oder das Gedächtnis keine Ruhe geben und zu viel Druck die Seele lähmt, dann empfiehlt Teresa auch den gelehrten Männern, es sich zwischendurch einmal körperlich gutgehen zu lassen oder einfach nur einen langen »Spaziergang«[12] zu machen, auch das gehöre zur »Gottsuche«.

Die Lücke, die Pater Ibáñez in Teresas Leben hinterließ, wurde bald gefüllt. Im April 1561 erhielt das Jesuitenkolleg in Ávila einen neuen Rektor. Gaspar de Salazar, so hieß er, hatte anscheinend schon von der renitenten Nonne gehört. Er ließ es sich nicht nehmen, höchstpersönlich in das Menschwerdungskloster zu kommen, um sich von ihr ein Bild zu machen. Im gemeinsamen Gespräch stellte sich bald heraus, dass Salazar zu den Lehrern gehörte, die nicht nur klug, sondern feinfühlig waren. Er zweifelte nicht daran, dass Teresas innere Stimme und Bilder echt waren. Und er war demütig genug, Dinge, die er nicht verstand, nicht gleich für unmöglich zu halten.

Teresa atmete auf. Unter der Leitung von Balthasar Álvarez hatte sie sich gefühlt »wie ein angebundenes Huhn«, das am Boden herumflatterte. Gaspar Salazar erlaubte es ihr, zu fliegen »wie ein Adler«[13]. Es war sicher kein Zufall, dass nach der Begegnung mit Salazar auch ihre innere Stimme wieder lauter wurde und sie drängte, mit den Bemühungen für ein eigenes Kloster weiterzumachen.

Nun zeigte es sich, dass Teresa klug und entschlossen handeln konnte. Um die Stimmung gegen sich nicht noch weiter anzuheizen und um mögliche Interventionen ihrer Vorgesetzten auszuschließen, griff sie zu einer List. Sie besprach sich mit ihrer jüngsten Schwester Juana und deren Mann Juan de Ovalle, die in Alba de Tormes lebten. Die beiden kauften daraufhin ein kleines Haus in Ávila und richteten es ein, so als ob sie selbst in Zukunft dort wohnen wollten. Niemand schöpfte Verdacht, niemand ahnte, dass hier in Wirklichkeit Teresas neues Kloster entstehen sollte.

Im Geheimen regelte sie alles Nötige. Sie verhandelte wegen des Kaufvertrages und trieb Geld auf. Zwei ihrer Mitschwestern, die ihr in das neue Kloster folgen wollten, ließen sich ihre Mitgift vorzeitig auszahlen. Die Summe reichte für den Hauskauf. Für nötige Reparaturen und Umbauten war allerdings kein Geld mehr vorhanden. Trotzdem bestellte Teresa die Handwerker. Es war reines Gottvertrauen, das sie hoffen ließ, die Männer irgendwie und irgendwann bezahlen zu können. Jener Mann, der dann eines Tages von Madrid nach Ávila kam und ihr einen großen Geldbetrag überreichte, muss ihr wirklich vorgekommen sein wie ein Bote Gottes. Er war aber nur ein einfacher Kaufmann namens Antonio Morán, und geschickt hatte ihn Lorenzo de Cepeda, Teresas jüngerer Bruder.

Lorenzo war 1540 nach Westindien ausgewandert, und anders als seine Brüder hatte er es zu Ansehen und Reichtum gebracht. Just zu dieser Zeit wollte Lorenzo seinen Verwandten in Spanien etwas von seinem Wohlstand zugutekommen lassen. Vier befreundeten Kaufleuten hatte er auf ihre Schiffreise nach Spanien Gold mitgegeben. Diese hatten das Gold zu Geld gemacht und brachten es nun nach Ávila. Antonio Morán war der Erste.[14]

Teresa war gerettet. Sie konnte die Handwerker bezahlen und das Haus nach ihren Vorstellungen umbauen lassen. Im Erdgeschoss entstanden eine kleine Kapelle und eine Küche. Im oberen Stockwerk die Zimmer für die wenigen Nonnen. Die umfangreichen Arbeiten und ihr eigentlicher Zweck konnten auf Dauer nicht verheimlicht werden. Es war zu befürchten, dass Teresas Pläne aufflogen und ihr vorgesetzter Provinzial Wind davon bekam. Von diesem erhielt Teresa an Weihnachten 1561 überraschend die Anordnung, für einige Zeit nach Toledo zu gehen, um dort einer vornehmen Dame, deren Ehemann verstorben war, in ihrer Trauer beizustehen. Freunde von Teresa argwöhnten, es handele sich um eine Intrige, um Teresa von Ávila wegzubekommen. Manche fürchteten sogar, es könne ihr in Toledo etwas zustoßen.

Teresa gehorchte und reiste Ende Dezember 1561 über die verschneite kastilische Hochebene ins hundertunddreißig Kilometer entfernte Toledo. Sie wusste, dass die Frau, die sie dort erwartete, Luisa de la Cerda hieß und eine der vornehmsten Damen des spanischen Hochadels war. Man hatte Teresa auch gesagt, dass man mit so hochgestellten Persönlichkeiten nicht einfach reden kann wie mit den Leuten in Ávila. Vor allem müsse man sie mit dem richtigen Titel ansprechen, im Falle von Luisa de la Cerda mit »Vuestra Senoria«, was man in etwa übersetzen kann mit »Euer Hochwohlgeboren«. Teresa hatte sich diesen Ausdruck »Buchstabe für Buchstabe« beibringen lassen und auch fleißig geübt. Doch als sie in Toledo der vornehmen Dame in ihrem Palast gegenüberstand, bekam sie die Worte nicht mehr richtig hin und es rutschte ihr eine falsche Begrüßung heraus. Sie lächelte entschuldigend, und Luisa de la Cerda nahm diese Entschuldigung an und bestand nicht mehr auf eine korrekte Anrede.[15] Teresa gewann mit ihrem Charme schnell das Zutrauen der Doña Luisa.

Die beiden wurden Freundinnen. Doch mit den verschiedenen Anreden, auf die man in Spanien den größten Wert legte, hatte Teresa weiterhin ihre liebe Not, so dass sie einmal genervt schrieb: »Wenn man es ein für alle Mal lernen könnte, ginge es noch; aber sogar für die Anreden in Briefen ist es – sozusagen – schon nötig, einen Lehrstuhl zu haben, wo man Vorlesungen hält, wie man es zu machen hat, denn einmal lässt man auf der einen Seite einen Rand frei, dann auf der anderen, und wen man früher nicht einmal mit Magnifizienz ansprach, den muss man jetzt mit Euer Durchlaucht ansprechen.«[16]

Teresa selbst ging es »gegen den Strich«, wenn man sie mit »Ehrwürdige« oder »gnädige Frau« anredete, und sie bat ihre Briefpartner darum, sie nicht mit solchen Anreden »zu belästigen«.[17]

Der Palast in Toledo war so ziemlich in allem das Gegenteil zu dem Haus in Ávila, in dem Teresa eine andere Form des Zusammenlebens verwirklichen wollte. Nicht nur äußerlich. Die Welt der Luisa de la Cerda war durch und durch bestimmt durch die Gebote der »Ehre« und die Regeln der Etikette. Die Hausherrin musste sogar darauf achten, mit einem Diener nicht mehr zu reden als mit dem anderen, weil sonst unter der Dienerschaft Rivalitäten ausbrachen. Teresa bedauerte ihre Freundin manchmal, weil diese derart eingezwängt war in die Konventionen ihres Standes und nicht frei in ihren Entscheidungen. Und je länger sie in dieser Welt lebte, desto mehr verlor sie den Respekt vor den großen Herrschaften und desto weniger beneidete sie diese um ihr privilegiertes Leben. »Das ist eine Knechtschaft, eine der Lügen der Welt«, so meinte sie, »solche Menschen Herrschaften zu nennen, die nach meinem Dafürhalten nichts sind als Sklaven von tausenderlei Dingen.«[18]

Teresa gehorchte nur einer Herrschaft. Aber dieser Herr hatte für sie eine echte Autorität. Um ihm nahezukommen, musste sie nicht auf vielerlei Vorschriften achten, Hürden überwinden, sich erst über die »einflussreichsten Günstlinge« Zugang verschaffen oder »Sprechstunden« einhalten. Ebenso wenig musste sie fürchten, in Ungnade zu fallen, wenn sie sagt, was sie denkt.[19] Und nie wird er untreu, wie es Teresa bei so vielen Männern erlebt hat. Der Herr, dem Teresa dient, ist jederzeit von jedem ansprechbar, einerlei, ob es sich bei dem, der sich an ihn wendet, um einen armen Hirtenjungen oder um einen reichen Adligen handelt. Obgleich Teresa mit ihrem Herrn freundschaftlich verkehrt, behandelt sie ihn nicht kumpelhaft.

Sie nennt ihn »el Senõr«, der Herr, oder »Su Majestad«, Seine Majestät, weil man, wie sie sagt, nicht unhöflich sein dürfe, nur weil dieser Herr gütig sei.[20]

In langen Gesprächen half Teresa ihrer Freundin über den Verlust ihres verstorbenen Mannes hinweg. Doch nutzte sie den Aufenthalt auch zu ihrem Vorteil. Im Palast von Lusia de la Cerda verkehrten viele gelehrte Männer aus den Ordenskonventen in Toledo. Wenn einer von ihnen Teresas Neugier geweckt hatte, scheute sie sich nicht, als Frau die Initiative zu ergreifen und Wege zu finden, mit diesem Mann auch außerhalb ihrer Unterkunft zu reden. Sie lernte auch eine Karmelitin kennen, die zur selben Zeit wie Teresa die Idee hatte, ein reformiertes Kloster zu gründen, und die barfuß nach Rom gegangen war, um die Erlaubnis dafür einzuholen. Von ihr erfuhr Teresa auch, dass es ursprüngliche Regeln des Karmelitenordens gab, in denen Privatbesitz verboten war. Für Teresa war das eine Bestätigung ihrer eigenen Vorstellungen. Inzwischen war sie jedoch davon abgekommen, dieses Verbot in ihrem Kloster einführen zu wollen. Sie und ihre Mitschwestern sollten finanziell wenigsten so weit abgesichert sein, dass sie nicht tagtäglich Sorgen um das Nötigste haben mussten. Dass aber Geld noch größere Sorgen mit sich bringen kann, das sollte Teresa erst noch erfahren.

Ein großer Verfechter absoluter Armut war Teresas Freund Pedro de Alcantára. Eines Tages kam auch er nach Toledo, um Teresa zu sprechen. Es muss ein merkwürdiger Anblick gewesen sein, als dieser Mystiker und Asket barfuß und in seiner zerschlissenen Kutte den noblen Palast der Doña Luisa betrat. Pedro de Alcantára, der nach Teresa aussah »wie aus Baumwurzeln zusammengeflochten«[21], der in einer Zelle lebte, die so klein war, dass er sich nicht einmal ausstrecken konnte; der beim Schlafen seinen Kopf gegen ein Brett lehnte und zeitweise ein Hemd aus scharfkantigem Blech getragen haben soll – dieser Mann ging nun über dicke Teppiche und saß auf wertvollen Stühlen. Er wird wohl seinen Abscheu vor so viel Luxus nicht ganz unterdrückt haben.

Teresa genoss durchaus die Annehmlichkeiten, die ihr hier geboten wurden, auch wenn sie sich manchmal wehrte, von den Bequemlichkeiten »durchdrungen« zu werden. Dass man sich Gott durch Entbehrungen und Bußübungen gewogen machen kann, glaubte sie nicht. Die »Gnaden«, die sie erfuhr, waren immer ohne Gegenleistung, nur bereit dafür konnte sie sich machen. Im Übrigen war Teresa der Meinung, dass das Leben hart genug sei und man es sich nicht unnötig noch schwerer machen sollte.[22] Sie konnte durchaus auf Annehmlichkeiten verzichten und lange fasten. Dann aber konnte sie auch wieder ungeniert nach gerösteten Speckschnitten und verzuckerten Orangenblüten verlangen. Als eine fromme Dame sich einmal pikiert zeigte darüber, mit welch großem Appetit Teresa ihre Lieblingsspeise verzehrte, entgegnete diese ihr lachend: »Lobe lieber die Freundlichkeit deines Herrn und merke dir: wenn Rebhuhn, dann Rebhuhn, wenn Buße, dann Buße.«[23]

Teresa im Palast der Doña Luisa, das erinnert an die Geschichte von dem Asketen, der in einer armseligen Hütte lebte und eines Tages vom König ins Schloss eingeladen wurde. Der König wollte sehen, wie sich der Einsiedler in dieser Umgebung verhält. Zu seiner Überraschung genoss der Eremit das schöne Zimmer und das bequeme Bett. Auch bei den Mahlzeiten hielt er sich nicht zurück, verschlang mit großem Appetit alles, was aufgetischt wurde, und ließ sich auch den guten Wein schmecken. Nun war der König enttäuscht. Einen Asketen hatte er sich anders vorgestellt.

Auf des Königs Frage, was denn nun den Unterschied zwischen ihnen ausmache, forderte der Einsiedler den König auf, mit ihm einen Spaziergang vor die Stadttore zu machen. Sie gingen und gingen, bis der König ungeduldig wurde und endlich eine Antwort verlangte. »Ich gehe nicht mehr zurück«, sagte der Asket. »Ich gehe weiter. Kommst Du mit?« Der König schüttelte den Kopf. Er musste zurück in seinen Palast und sich um sein Reich und seine Familie kümmern.

»Siehst Du, das ist der Unterschied zwischen uns«, meinte der Asket. »Ich habe das Leben im Palast genossen. Aber ich habe mich nicht daran gebunden. Darum kann ich weitergehen.« [24]

Ende Juni 1562. Teresa weilte bereits ein halbes Jahr im Palast der Luisa de la Cerda. Sie wollte nicht mehr länger in Toledo bleiben, es zog sie zurück nach Ávila. Sie wusste noch nicht, dass Rom die Erlaubnis für die Gründung des neuen Klosters erteilt hatte und das entsprechende Schreiben auf dem Weg nach Ávila war. Doch Rom war weit weg, der Einfluss des Papstes auf die spanische Kirche beschränkt. König Philipp II. hatte von seinem Vater Karl V. die »universale Schutzherrschaft« über die Kirche geerbt und ließ sich von Rom ungern Vorschriften machen. Ein sogenanntes Breve, ein päpstliches Schreiben, hatte nicht viel Gewicht und damit waren bei weitem nicht alle zu erwartenden Widerstände aus dem Weg geräumt.

Offen war, wie der zuständige Provinzial reagiert, wenn er erfährt, was Teresa vorhat. Und offen war, wer die juristische Verantwortung für das neue Kloster übernimmt, sollte sich der Provinzial weigern. Abgesehen davon betraf eine Klostergründung auch die politische Verwaltung Ávilas und alle Einwohner. Die adligen Familien hatten sich mit dem Kloster zur Menschwerdung gut arrangiert. Eine solche Verflechtung war nicht mehr möglich mit einem Kloster, das, wie Teresa es forderte, eine strenge Klausur einhielt. Überdies war eine Gemeinschaft von Frauen, die keinen Einfluss auf und keinen

Einblick in ihr Leben gestatteten, in einer von Männern dominierten Gesellschaft ein Ärgernis und den wildesten Spekulationen ausgesetzt. Für die Bürger Ávilas müssen die Pläne Teresas jedenfalls dubios gewesen sein. Begründet war ihre Sorge, dass ein neues Kloster, das sich nicht selbst tragen kann, zu Lasten des kleinen Mannes geht. Schlimmstenfalls war damit zu rechnen, dass die Stadtverwaltung die Steuern erhöht.

Teresa wusste nicht, was sie erwartete.

VIII. AUFRUHR IN ÁVILA

Juan de Ovalle saß oder, richtiger gesagt, er lag allein in dem kleinen Haus am Ortsrand von Ávila, dessen angeblicher Besitzer er war, das er in Wirklichkeit jedoch nur zur Tarnung für seine Schwägerin Teresa bewohnte. Juan war krank. Und das war eigentlich ein Glücksfall. Seine Frau Juana, Teresas jüngste Schwester, hielt sich am Wohnort des Ehepaars in Alba de Tormes auf. So war es nur verständlich, dass Teresa im Menschwerdungskloster um die Erlaubnis bat, in das Haus ihres Schwagers gehen zu dürfen, um diesen zu pflegen. Einen besseren Vorwand, um die Arbeiten an ihrem zukünftigen Kloster voranzutreiben, hätte sich Teresa nicht wünschen können. Allerdings musste sie sich beeilen, denn die Gerüchteküche in Ávila kochte bereits.

Doch auch ein fertiges Haus würde Teresa ohne den Schutz der Kirche wenig nützen. Auf den Provinzial Ángel de Salazar, der sich als »trockenes Rosmarinzweiglein« erwiesen hatte, konnte sie nicht mehr zählen. Aber der Ortsbischof von Ávila, Don Álvaro de Mendoza, hatte noch nicht Stellung bezogen. Auf ihn einzuwirken überstieg die Möglichkeiten einer einfachen Nonne wie Teresa. Inzwischen hatte sie jedoch männliche Helfer, und der angesehenste und tatkräftigste unter ihnen war Pedro de Alcántara, der für einige Tage nach Ávila kam.

Der dreiundsechzigjährige Asket und Mystiker war krank, schwer krank, er hatte nur noch wenige Monate zu leben. Umso erstaunlicher war es, mit welcher Leidenschaft er sich für

Teresa einsetzte. Es gelang ihm, die Bedenken des Bischofs zu zerstreuen. Und nachdem Don Álvaro persönlich mit Teresa gesprochen hatte, gab er ihr seine Erlaubnis und übernahm die rechtliche Verantwortung für das neue Kloster.

Nun war der Weg frei für Teresa. Sie hatte die Erlaubnis aus Rom, den Schutz des Bischofs, und das Haus war fertig. Es war Zeit, Ernst zu machen. Die kleine, siebenjährige Teresa hatte sich vor vielen Jahren aus dem elterlichen Haus geschlichen, um sich im Land der Mohren köpfen zu lassen. Die nunmehr siebenundvierzigjährige Teresa verließ in den frühen Morgenstunden des 24. August 1562 zusammen mit vier Mitschwestern heimlich das Kloster zur Menschwerdung, und sie begaben sich zu ihrer neuen Unterkunft. Es war ein Umzug in eine ganz andere, neue Welt. Was sie hinter sich lassen wollten, war ein verbürgerlichtes Christentum und eine Gesellschaft, die von Werten wie »Ehre«, der »Reinheit des Blutes«, von Prestige, Geburt, Erfolg und Besitz bestimmt war. Von nun an wollten sie ein Leben führen, in dem jede Art von Prestigedenken keinen Platz mehr haben sollte, ein Leben, das nur noch vom Vertrauen getragen war auf einen Gott, den jeder in seinem Innern erfahren konnte und mit dem man reden konnte wie mit einem Freund.

Zum äußeren Zeichen dieses neuen Lebens erhielten die Schwestern ein Ordenskleid aus grobem Wollstoff, außerdem trugen sie Alpargatas, einfache, von Schnüren gehaltene Hanfsandalen, wie die Ärmsten. Eine kleine, billig erstandene Glocke wurde geläutet, und im Auftrag des Bischofs feierte Gaspar Daza, der sich vom skeptischen Berater zum bedingungslosen Unterstützer Teresas gewandelt hatte, die Messe und setzte eine geweihte Hostie in ein Kästchen, das als Tabernakel diente. Damit war das Haus, das nach dem heiligen Josef benannt wurde, ein Gotteshaus, das Kloster San José.

Teresa, die sich nun eine »Descalza«, eine Unbeschuhte Karmelitin nannte, fühlte sich wie »im Himmel«[1], obwohl sie damit rechnen musste, dass der Sturm in Ávila bald losbrach, sobald bekannt wurde, was geschehen war. Doch mehr als die äußeren Widerstände fürchtete Teresa die inneren Feinde. Kaum war die kleine Feier zur Einweihung des Klosters zu Ende, überfielen sie mit aller Macht Zweifel wie wilde Furien.[2] Worauf hatte sie sich da eingelassen? War es nicht verrückt von ihr, das schöne und weiträumige Kloster der Menschwerdung zu verlassen, wo sie eigentlich glücklich gewesen war und so viele Freundinnen gehabt hatte? Vielleicht wurde sie in diesem kleinen, engen, unbequemen Häuschen unglücklich? Vielleicht war sie nun Krankheiten ausgeliefert, musste Hunger leiden und verlor genau die Ruhe, nach der sie suchte? Und war es nicht unverzeihlich, dass sie in ihrer Verblendung ihre Mitschwestern in dieses Unglück mit hineingezogen hatte?

Teresa kannte nur zu gut jenes Gefühl, nichts wert zu sein und alles falsch zu machen. Nie vergaß sie jenen Tag, als beim inneren Beten dieses Gefühl zu grauenhaften Bildern wurde. Es waren Bilder der Hölle.[3] Sie musste durch einen dunklen Gang, der eng war wie ein Backofen und dessen Boden von stinkendem Schlamm bedeckt war, in dem sich unzählige Würmer wanden. Am Ende des Ganges war in einer Wand eine Nische, in die Teresa hineingezwängt wurde. Obwohl um sie herum schwärzeste Dunkelheit herrschte, konnte sie alles sehen, auch die Mauern, die alles erdrückten und erstickten. Die großen körperlichen Schmerzen, die sie dabei ausstand, waren nicht das Schlimmste. Viel schlimmer waren die seelischen Qualen, die sie im Nachhinein kaum beschreiben konnte: »eine Beengung, eine Bedrückung und so spürbare Bedrängnis, mit einem so verzweifelten und deprimierenden Überdruss, dass ich nicht weiß, wie ich Worte dafür finden soll«.[4] Diese Enge, Verzweiflung und Dunkelheit standen im Gegensatz zu jenem Licht, jener Weite, Freiheit und Stärke, die Teresa verspürte, wenn ihr göttlicher Freund sich ihr zuwandte. Die Hölle, das war die Abwesenheit dieses Freundes, das war der völlige Verlust jenes Gefühls tiefer Geborgenheit, dankbaren Vertrauens und absoluter Sicherheit. Und ebenso, wie Teresa die Hölle sah und erlebte, so sah und erlebte sie Gott oder andere himmlische Wesen. Alle diese Bilder, die Teresa »sah«, die Worte, die sie »hörte«, stammten aus ihrem Umfeld, aus Büchern, die sie gelesen, aus Predigten, die sie gehört, von Kunstwerken, die sie gesehen hatte.

Modern gesprochen, bilden diese Worte und Bilder ein Reservoir im Unterbewusstsein[5], aus dem sie aufsteigen, wenn Teresas innerer Freund sie »zärtlich anrührt«[6]. Mit Hilfe dieser Worte und Bilder kann sie dann etwas ausdrücken, was, wie sie sagt, »nicht aus meinem Kopf ist«[7]. Im Licht der göttlichen Zuneigung werden diese kulturell bedingten Worte und Bilder sozusagen zum Strahlen gebracht. Das kleine Ich Teresas oder, anders gesagt, ihre Seele wird zum Fenster, durch das ein Licht von außen hereinbrechen kann. Teresa vergleicht die Seele eines Menschen mit einem Spiegel, in dem sich Gott mehr oder weniger deutlich abbildet, je nachdem, ob dieser Spiegel klar, beschlagen oder ganz »mit dichtem Dunst überzogen« ist.[8]

Dieser Spiegel ist nicht Gott selbst. Es sind unsere Bilder und Vorstellungen, in denen sich Gott spiegelt, und diese Bilder können sich mit den Zeiten ändern. Gleichwohl bleibt allerdings hinter diesen Visionen die immergleiche Versicherung bestehen, nämlich: dass mitten in all unserer Angst und Ohnmacht Gott will, dass wir leben und wir auf unserem Lebensweg seines Vertrauens sicher sein können. Das ist die Botschaft, von der Teresa ganz existentiell durchdrungen wurde, wenn sie die Worte hörte: »Ich bin es, hab keine Angst!«[9]

Einige Stunden lang hatte Teresa unter ihren Gewissensbissen und Zweifeln gelitten, ehe sie über ihren Kleinmut lachen und wieder Zutrauen zu sich selbst fassen konnte. Sie wollte sich gerade übermüdet hinlegen, als von der Straße Lärm und Schreie zu hören waren. Eine Menschenmenge war vor dem Haus versammelt. Steine flogen gegen die Tür, und einige Schreier riefen dazu auf, sie einzuschlagen oder gleich das ganze Haus anzuzünden.[10] Jemand überbrachte Teresa den Befehl der Oberin, »auf der Stelle« in ihr altes Kloster zurückzukehren. Teresa musste gehorchen. Im Kloster zur Menschwerdung war die Empörung über sie groß. Die Schwestern fühlten sich brüskiert. Teresa musste sich die altbekannten Vorwürfe anhören, dass sie sich wichtigmachen und überall bekannt sein wolle.

Der alarmierte Provinzial Ángel de Salazar traf ein und über Teresa wurde Gericht gehalten. In Anwesenheit aller Schwestern sollte sie ihre Schuld bekennen, wie es bei solchen Versammlungen üblich war, aber für die ihr zur Last gelegten Verfehlungen wollte sie sich nicht entschuldigen. Salazar schien durchaus beeindruckt gewesen zu sein von Teresa, denn er erteilte ihr nur einen »scharfen Verweis«, obwohl in solchen Fällen ein Arrest in der klostereigenen Gefängniszelle angemessen gewesen wäre. Noch milder gestimmt wurde der Provinzial, als Teresa ihre Gründe für ihr Handeln darlegte und danach noch unter vier Augen mit ihm sprach. Salazar stellte ihr sogar in Aussicht, dass sie wieder in ihr neues Kloster zurückkehren könne, sobald sich die Aufregung in der Stadt gelegt habe.

In Ávila aber war die Hölle los. Beim Rat der Stadt gingen Anzeigen gegen Teresa und ihre Begleiterinnen ein. Man sah in ihnen fromme Hungerleiderinnen, die den rechtschaffenen Christen das letzte Geld aus der Tasche ziehen wollten. Und nicht wenige anständige Bewohner Ávilas fürchteten, dass die von Teresa geforderte strenge Abgeschlossenheit nur dazu diene, eine suspekte Frauenkommune einzurichten, die recht unsittliche Pläne hege, um sich ihren Unterhalt zu sichern. Die Oberen der Stadt beschlossen, eine Versammlung einzuberufen, zu der kirchliche Würdenträger, die Vorsteher der Männerorden, bekannte Theologen und die Vertreter der Stände eingeladen wurden, um über den Fall des neuen Klosters zu beraten. Teresa selbst wurde nicht eingeladen, ebenso wenig die Leiterinnen der Frauenklöster.

Teresa wunderte sich nicht wenig darüber, dass man um die »paar Weiblein«[11] eine so große Affäre machte. Doch ihre Pläne bedeuteten in mehrfacher Hinsicht eine Gefahr für das gewohnte Zusammenleben. Viele mächtige und einflussreiche adlige Familien hatten ihre Töchter im Menschwerdungskloster untergebracht und versorgten sie mit einer großzügigen Mitgift, die auch dem Kloster zugutekam. Mit dem Geld erhielten sie Einfluss auf das Kloster. Im Gegenzug nämlich wurde erwartet, dass die Nonnen von ihren Wohltätern bestellte und bezahlte Gebete verrichteten und bei Bedarf freigestellt wurden, um in den Familien als Vertraute, als Haushälterinnen oder Krankenpflegerinnen zum Einsatz zu kommen.[12] So gesehen, war es im Interesse vieler adliger Familien und auch des Klosters, dass dieses System des Gebens und Nehmens aufrechterhalten wurde.

Teresa dagegen wollte ein unabhängiges Kloster, das nur auf religiösen Grundsätzen gebaut war. Keine Einmischung mehr von außen, weder finanzieller noch ideeller Art. Es sei für sie eine große Erleichterung, so schrieb sie an ihren Bruder Lorenzo, dass sie von hohen Herren kein Geld annehmen müsse, denn sie behalte sich lieber ihre Freiheit, »um ihnen meine Meinung sagen zu können«[13]. Das war die Art von »Souveränität«, die sie erstrebte und über die sie schrieb: »Was kümmern mich die Könige und Herren, solange ich von ihnen we-

der Einkünfte, noch ihnen zu Gefallen sein möchte [...]«[14].
Um diese Souveränität zu gewährleisten, durfte ihr Kloster
nicht über finanzielle Mittel verfügen, und es musste strenge
Klausur eingehalten werden. In der Folge hätte das bedeutet,
dass Töchter aus reichem Hause eventuell in Armut leben
mussten und nicht mehr für Dienste in den Familien her-
angezogen werden konnten. Hätten Teresas Ideen Schule gemacht, wäre der bisher gut funktionierende Austausch zwischen Kloster und Stadt, zwischen Religion und Gesellschaft
nicht mehr möglich gewesen.

Diese Überlegungen kamen aber nicht zur Sprache, als am
30. August 1562 die große Versammlung stattfand. Stattdessen hielt der vom König eingesetzte Bürgermeister eine Rede,
die so ziemlich alle Vorurteile enthielt, die man gegen etwas
Neues und Unbekanntes ins Feld führen kann: dass das Kloster ohne Genehmigung der Stadt und des Provinzials gegründet worden sei; dass diese »Neuerung« nur die »Ruhe und Ordnung« in der Stadt störe und »Abscheu« hervorrufe; dass die
religiösen Abenteuer einiger weniger Frauen auf Kosten der
ehrenwerten Bürger gingen, ihnen das Geld aus der Tasche gezogen und das »Brot vom Munde« genommen werde; und –
schließlich – dass man nicht wisse, ob die Offenbarungen dieser Nonne nicht »Vorspiegelungen des Teufels« seien. Das zu
beurteilen überließ der Bürgermeister allerdings den anwesen-
den Ordensleuten und Theologen.[15]

Diese Experten teilten offenbar die Sorgen und Befürchtun-
gen des Bürgermeisters, denn nachdem alle ihre Meinung ge-
äußert hatten, kam man zu dem Schluss, dass das neue Kloster
möglichst bald wieder aufzulösen sei. Das wäre das Aus für
Teresas Traum gewesen – wenn nicht ein junger Dominikanerpater das Wort für Teresa ergriffen hätte. Domingo Báñez, so
hieß er, kannte Teresa nicht, aber sie zu verurteilen, nur weil
sie etwas Neues gewagt hatte, schien ihm ungerecht. Er erin-

nerte die versammelten »bedeutenden Männer« daran, dass nicht alles, was neu ist, gleich schlecht sein müsse. Hatte nicht auch Jesus von Nazareth etwas Neues gebracht und wurde dafür angefeindet und hingerichtet? Verhinderte die Angst vor Neuerungen nicht jede Entwicklung? Und mussten sich nicht auch die Christen immer wieder auf ihre Wurzeln besinnen und bereit sein, Reformen anzugehen? »Was ist schlimmer für eine religiöse Gemeinschaft«, so fragte Báñez in die Runde, »den alten Glanz zu verlieren oder ihn wiederzugewinnen? Wenn uns das erstere nicht schreckt, warum ereifern wir uns dann über das letztere?«[16] Báñez verlangte von den Stadtoberen, Teresa zu fördern, weil sie der altehrwürdigen Institution Kirche wieder eine verlorengegangene Stärke zurückgeben könne.

Die Rede des Dominikaners zeigte Wirkung. Die Stadtoberen waren, zumindest vorläufig, in ihrem Eifer gegen das Kloster gebremst. Sie beschlossen, einen Vertreter nach Madrid zu senden, um dort den Fall dem königlichen Rat vorzulegen. Teresa hatte kein Geld, um jemanden nach Madrid zu schicken, der ihr Anliegen vertrat. Aber sie hatte Freunde, die sich auch ohne Lohn für sie am Königshof einsetzten. Während der diplomatische Kampf um Teresas Kloster im Gange war, blieb die Stimmung in Ávila explosiv. Teresa musste weiter im Menschwerdungskloster bleiben und war dort den Sticheleien und Vorwürfen ihrer Mitschwestern ausgesetzt. Ihre Freundinnen im neugegründeten Kloster San José harrten weiter ohne sie dort aus und waren dem Zorn der Bewohner ausgesetzt. Wer in Ávila Sympathie mit der eigenwilligen Nonne zeigte oder ihr sogar half, wie Donna Guiomar de Ulloa, Gaspar Daza oder Franciso de Salcedo, verlor an Ansehen und durchlebte schwere Tage. »Es war der Aufruhr so groß«, berichtet Teresa, »dass man über nichts anderes mehr sprach, und so gab es nichts, als mich zu verurteilen und zum Provinzial und zum Kloster zu rennen!«[17]

Mit der Zeit wurde Teresa des Ärgers um ihr Kloster so überdrüssig, dass sie bereit war, einen Kompromiss einzugehen und das Kloster mit einem festen Einkommen auszustatten. Kurz bevor eine Entscheidung darüber getroffen werden sollte, erschien Teresa der bereits verstorbene Pedro de Alcántara im Traum und forderte sie auf, nicht von ihrer ursprünglichen Haltung abzurücken. Daraufhin blieb Teresa stur, und es zeigte sich, dass sich die ganzen Einwände und Bedenken gegen ihre Pläne wie von selbst auflösten, wenn sie beharrlich genug blieb. Nach monatelangem Kampf und Streit gaben die führenden Männer der Stadt ihren Widerstand auf. Nachdem sich allmählich auch die Aufregung unter den Bewohnern Ávilas gelegt hatte, erteilte der Provinzial Ángel de Salazar Teresa die Erlaubnis, in ihr Kloster zurückzukehren. Vier Schwestern aus dem Menschwerdungskloster schlossen sich ihr an.

Es war ein großer Moment, als Teresa im Frühjahr 1563 wieder das Kloster San José betrat. Endlich konnte sie das Leben beginnen, das sie immer erträumt hatte. Ein Leben in Stille, ganz auf das Wesentliche konzentriert, den Einsichten folgend, die sie im inneren Gebet erfahren hatte, äußerlich an den Regeln orientiert, nach denen die Eremiten vom Berg Karmel gelebt hatten. Nach den Jahren im Menschwerdungskloster wusste Teresa um die Probleme, die es im Zusammenleben vieler Frauen mit unterschiedlicher Bildung und Herkunft gab. Sie wisse aus Erfahrung, so schrieb sie an einen befreundeten Priester, »wie das mit vielen Frauen auf einem Haufen ist: Bewahre uns Gott!«[18]

Im Kloster San José gab es nun strenge Klausur. Keine Besuche mehr von Verwandten oder sonstigen Laien; keine Klassengesellschaft mehr unter den Schwestern mit komfortablen Wohnungen und Bediensteten für die einen und gemeinsamen Schlafräumen für die anderen. Jede Schwester bekam eine eigene, notdürftig eingerichtete kleine Zelle. Ein Strohsack mit

Wolldecke diente als Bett, daneben ein Wasserkrug mit Becher, eine Waschschüssel und ein schmales Brett mit einigen Büchern darauf. Das war alles. Neben allem Überflüssigen legten die Schwestern auch ihre Familiennamen ab, in denen ihre soziale Herkunft zum Ausdruck kam. Der Vorname genügte, und dazu ein geistlicher Adelstitel. Aus Teresa Sánchez de Cepeda y Ahumada wurde Teresa de Jesús, Teresa von Jesus.

Die übergroße Zahl von Frauen im Menschwerdungskloster hatte dazu geführt, dass gerade die einfachen Schwestern oft Not litten und hungern mussten. Das wollte Teresa vermeiden, indem sie die Zahl der Schwestern im Kloster San José auf dreizehn oder höchstens fünfzehn begrenzte. So war es einfacher, finanziell unabhängig zu bleiben. Die Schwestern brauchten nicht zu betteln, sie mussten niemanden belästigen oder um Almosen bedrängen. Das Kloster war mit der Zeit so angesehen, dass die Leute in Ávila gerne etwas spendeten. Außerdem fertigten die Schwestern kleine Web- und Näharbeiten an, die sie an der Pforte feilboten. So fehlte es nicht am Notwendigsten, auch wenn es manchmal nur trocken Brot zu essen gab.

Mit dem Läuten der Glocke um fünf Uhr morgens im Sommer und um sechs Uhr im Winter begann für die Schwestern im Kloster San José der Tag. Die Stundengebete gaben dem Tagesablauf Struktur und Halt, beginnend mit den Laudes, dem Lob der aufgehenden Sonne, am Morgen, über die Sext zu Mittag, bis zu den Vesper- und Kompletgebeten am Abend. Zum Mittagessen gab es eine fleischlose Mahlzeit mit Gemüse, Fisch oder Eiern. Abends einen kleinen Imbiss. Alles hatte seine Zeit. Eine Zeit des Schweigens und der inneren Einkehr, eine Zeit des Sprechens und der Arbeit, eine Zeit des Alleinseins und eine Zeit der Gemeinschaft.

Das Kloster San José war für Teresa weniger ein Rückzugsort von der Welt als ein Schutzraum vor der Welt oder, wie Teresa es selbst formulierte, ein »Schlupfwinkel« oder ein »Winkelchen Gottes«[19]. Es bot den Schwestern einen Freiraum, in dem sie, geschützt vor Bevormundung, ein eigenes, sinnvolles, kontemplatives Leben in Würde führen konnten – während sie »draußen«, unter den Bedingungen der spanischen Gesellschaft, vor der Wahl standen zu heiraten, also sich einem Mann zu unterwerfen, oder zum Sozialfall zu werden. Verglichen mit dem Leben im Menschwerdungskloster war der Alltag in San José hart. Doch diese Härte galt es für Teresa zu akzeptieren, wenn man einen Ort schaffen wollte, wo Frauen sowohl räumlich als auch spirituell abgeschirmt und frei waren. Und wer den richtigen »Geist« hatte, der empfand das karge, einfache Leben im Kloster nicht als hart, sondern als »Glück« und »Freude«[20]. Armut im Sinne Teresas bedeutet Freiheit, Freiheit von Abhängigkeiten und Freiheit von Sorge. »Denn Leben heißt«, schrieb Teresa an die Adresse ihrer Mitschwestern, »dass man weder den Tod noch die Wechselfälle des Lebens fürchtet und normalerweise in der Freude lebt, wie ihr sie jetzt habt, und in jenem Wohlergehen, das gar nicht größer sein kann: die Armut nämlich nicht zu fürchten, sondern sie zu ersehnen.«[21]

Zu dieser Freude und diesem Glück gehörte es auch, dass jeder Zwang vermieden wurde. Keine der Frauen sollte sich »an Leib und Seele bedrängt«[22] fühlen. Mit diesem Grundsatz wollte Teresa im Zusammenleben der Schwestern eine »Sanftheit« verwirklichen, die sie im Umgang mit ihrem inneren Gott erlebte. Dieser Gott, der ihr begegnete wie ein Freund, zwang sie nie zu etwas noch konnte sie ihn zu etwas zwingen. Alles geschah aus Gnade, freiwillig, als Geschenk. Das alles überwiegende Gefühl ihm gegenüber war daher eines unendlicher Dankbarkeit. Trotz »Trockenzeiten«, trotz Phasen tiefster Depression, trotz Zweifel und Verzweiflung, gewann diese Dankbarkeit bei Teresa immer wieder die Oberhand.

Und diese Dankbarkeit war die Quelle für ein Glück, das der mittelalterliche Mystiker Meister Eckhart ein Glück »ohne Warum« nannte. So wie man Gott suchen soll, »ohne Warum«, also ohne einen Nutzen wie Trost, Gesundheit oder Reichtum zu erwarten oder gar zu verlangen, so sollte man auch reden und handeln, ohne etwas erreichen oder etwas bekommen zu wollen. Dazu schrieb Eckhart: »Wer das Leben fragte tausend Jahre lang: ›Warum lebst du?‹ – könnte es antworten, es spräche nichts anderes als: ›Ich lebe darum, *dass* ich lebe.‹ Das kommt daher, weil das Leben aus seinem eigenen Grund lebt und aus seinem Eigenen quillt; darum lebt es ohne Warum eben darin, dass es (für) sich selbst lebt.«[23]

Dieses Glück ohne Warum, ohne Verdienst, ohne Hintergedanken sollte die Atmosphäre im Kloster San José bestimmen. Darum sah Teresa es nicht gerne, wenn eine Mitschwester »bedrückt herumläuft«[24]. »Gott bewahre mich vor Heiligen mit verdrießlichen Mienen«, schrieb sie einmal. Die Stunde nach dem Mittagessen diente der Rekreation, der Erholung. Die Schwestern saßen dann zusammen und plauderten entspannt und vergnügt. Bei festlichen Anlässen machten sie Musik mit Flöten und Trommeln, sangen und tanzten. Manchmal entstand dabei ein lustiges Lied, wie einmal im Jahr 1563, als man entdeckte, dass sich in manche der Wollkutten ungebetene Gäste wie Flöhe und Läuse eingenistet hatten. Teresa erfand dazu spontan Reime wie: »Stören tut dies Viehzeug nur das Gebet / und des flatterhaften Geistes Frömmigkeit. / Trotzdem Gott in Herzen habt allgemach.« Und die Schwestern sangen im Chor nach jeder Strophe:

»Librad de la mala gente este sayal.«
»Mache von Gesindel frei dieses Tuch!«[25]

IX. DER DRANG DER SEELE NACH
DEM PARADIES

Meist zog sich Teresa erst lange nach Einbruch der Dunkelheit in ihr Zimmer in San José zurück. Sie setzte oder kniete sich in der Ecke unterhalb des Fensters vor einen Mauersockel auf den Boden. Der Mauersockel war ihr Schreibtisch, auf dem ein Stapel Papier lag. Nun rührte sie noch die Tinte an und spitzte den Federkiel, dann begann sie im Lichtschein der Kerze mit dem Schreiben. Teresa schrieb schnell und flüssig, als ob die Einfälle in ihrem Kopf sie vorantrieben. Ihre Handschrift war schwungvoll, regelmäßig und gut lesbar. Ein Graphologe meinte später, diese Handschrift lasse auf »eine eigenständig gereifte und nicht immer bequeme Persönlichkeit« schließen.[1]

Das Geschriebene las Teresa nicht mehr durch. Sie verbesserte oder korrigierte nichts, selbst wenn sie den Faden verlor, einen Satz nicht richtig zu Ende brachte oder ein Thema nach einer langen Abschweifung erst Seiten später wieder aufgriff. Manches könne man, so meinte sie, besser verstehen, wenn es in einer »unbeholfenen Sprache« ausgedrückt sei als in einer eleganten und »geschliffenen«.[2]

Was Teresa tat, war verboten oder zumindest eine ziemlich riskante Sache. Schriften über geistliche Themen waren nach dem Index des Großinquisitors Fernando de Valdés eine Gefahr für den rechten Glauben, und diese Gefahr war noch größer, wenn diese Schriften in der Volkssprache, von einer nichtstudierten Person und noch dazu von einer Frau verfasst wurden. Teresa konnte sich allerdings darauf berufen, dass sie das Einverständnis namhafter Theologen hatte. Der Inquisitor Don Francisco de Soto y Salazar war bei einem Besuch in Ávila von ihrer Persönlichkeit so beeindruckt gewesen, dass er sie aufgefordert hatte, ihr Leben aufzuschreiben – die äußeren Ereignisse und, mehr noch, die inneren Erlebnisse. Diese Lebensgeschichte fand ihren vorläufigen Höhepunkt in der Gründung des Klosters San José.

Hier war der Ort, wo Teresa glücklich war, wo man ein »sehr gutes Leben« führen konnte. »Dieses Haus ist ein Himmel«, schrieb sie überschwänglich, »wenn es je einen auf Erden geben kann.«[3] Ein Himmel war dieses Kloster allerdings nur für diejenigen, die ihr altes Leben mit seinen Werten hinter sich lassen konnten, oder, wie Teresa es ausdrückte, die sich »im Absterben« übten. Nicht müde wurde sie, ihre Mitschwestern davor zu warnen, zu meinen, dass alles schon getan sei, nur weil sie einem Orden beigetreten waren und in einem Kloster lebten. Mehr als einmal hatte es Teresa erlebt, dass eine Schwester vor der Welt in das Kloster geflohen war, ohne zu merken, dass sie diese Welt in Form von vielerlei Abhängigkeiten mit hinein in das Kloster genommen hatte. Das Hindernis sei, so sagt sie, »in uns selbst«[4].

In einem ihrer Bücher vergleicht sie die Seele mit einer Burg, deren Räume oder Wohnungen man durchschreiten muss, um bis ins Innerste zu gelangen, wo eine vollkommene Gottbegegnung und damit echte Freiheit erreicht wird. Die äußeren Räume stehen für die ersten Schritte einer Befreiung, die noch von ichfremden Einflüsterungen belastet wird. Teresa zählt eine ganze Litanei von Einreden, Zweifeln, Besorgnissen, Gewissensbissen, Vorhaltungen und Warnungen auf, die uns Menschen daran hindern, innerlich die Flügel auszubreiten: »Wenn wir immer im Elend unserer Erde stecken bleiben, wird die Strömung nie aus dem Schlamm der Ängste, des Kleinmuts und der Feigheit herauskommen, aus dem Schauen, ob man auf mich schaut oder nicht auf mich schaut; ob es, wenn ich diesen Weg einschlage, danebengehen wird; ob ich es wagen darf, dieses Werk anzugehen; ob es nicht Hochmut ist; ob es gut ist, dass ein so armseliger Mensch wie ich sich mit etwas so Hohem wie dem inneren Beten befasst; ob man mich für etwas Besseres hält, wenn ich nicht den allgemeinen Weg gehe; dass Übertreibungen nicht gut sind, und sei es in der Tugend; dass ich als eine solche Sünderin nur umso tiefer stürze; dass ich vielleicht nicht vorankomme und dadurch den Guten schade; dass so eine wie ich doch keine Sonderwege braucht.«[5]

Teresa wusste, wovon sie spricht. All diese Vorwürfe und Bedenken hat sie sich anhören müssen, als sie es wagte, aus ihrem früheren Leben und aus der festgeschriebenen Rolle als Frau auszubrechen. Tief hatten diese sich als Zweifel und Hemmungen in ihr eingegraben und waren zu Anklagen geworden, die sie gegen sich selbst richtete. Den Warnungen und Selbstzweifeln wäre sie hilflos ausgeliefert gewesen und vermutlich erlegen, hätte sie nicht im inneren Beten die Kraft gefunden, sich jeder Fremdbestimmung zu erwehren und die eigenen Ängste zu überwinden. Diese Erfahrung wollte Teresa weitergeben und für andere zugänglich machen, in erster Linie natürlich ihren Mitschwestern in San José.

Ein Kloster zu gründen, das vor äußeren Einflüssen geschützt war, ist eine Sache, das Zusammenleben dort zu gestalten, eine andere. Teresa war als Lehrerin und Erzieherin gefragt. Immer wieder sammelte sie ihre Mitschwestern um sich, um ihnen (vielleicht auch sich selber) zu erklären, um was es ihr eigentlich ging, was der tiefere Sinn ihrer Gemeinschaft war: »Mein Gott! Was tun wir Ordensleute in den Klöstern? Wozu verlassen wir die Welt? Wozu kommen wir hierher?«[6]

Auf keinen Fall sollte das Leben der Frauen bestimmt werden von Askese und Buße, wie es in anderen Klöstern der Fall war, wo Mönche nach dem Ideal »Je strenger, desto besser« lebten und blutige Selbstkasteiungen an der Tagesordnung waren. Im Mittelpunkt des geistlichen Lebens von San José sollte die innere Einkehr stehen und damit die Begegnung mit einem freundlichen Gott, der keine Strafen verlangt, sondern Vertrauen und Stärke schenkt. Diese innere Einkehr lässt sich jedoch nicht verordnen und schon gar nicht mit festen Regeln vorschreiben. Den Weg ins eigene Innere zu gehen, das ist eine Aufgabe, die jeder alleine bewältigen muss, die einem niemand abnehmen kann. Ein Lehrer muss hier auf rigorose Eingriffe verzichten, Freiheiten einräumen, in der Lenkung behutsam und flexibel sein. Teresa kannte bald Stärken und Schwächen jeder der Schwestern von San José und wusste, wie sie jede behandeln musste. Alles, was sie tun konnte, war, von eigenen Erfahrungen zu berichten, vor Gefahren zu warnen und Missstände zu beseitigen.

Teresa achtete darauf, dass sich unter den Schwestern keine »Sonderfreundschaften«[7] bildeten, wie es im Menschwerdungskloster gang und gäbe war. Solche engen Beziehungen führten nach ihrer Erfahrung dazu, dass sich Grüppchen bildeten, von denen andere ausgeschlossen waren, was jede Gemeinschaft zerstörte. Je ausschließlicher man seine Zuneigung an einen Menschen band, desto mehr entzog man sie anderen. In San José sollte es keine Cliquen und keine Außenseiter geben. Und Teresa konnte durchaus einen strengen Ton anschlagen, wenn sie von ihren Mitschwestern forderte: »Hier haben alle einander Freundinnen zu sein, alle einander zu lieben, alle sich zu mögen und alle sich zu helfen.«[8] Abgesehen vom Schaden für die Gemeinschaft, hielt Teresa »dicke Freundschaften«[9] für gefährlich, weil sie dazu neigen, egoistisch zu werden. Nicht mehr der andere sei dann im Blick, sondern die Vorteile und Gefühle, die sich für einen selber aus einer solchen Zuneigung ergeben. Eine solche eigennützige Liebe schaffte nicht nur eine emotionale Abhängigkeit, machte eifersüchtig und empfindlich für Kränkungen, sie verhinderte auch, den anderen kritisch zu sehen.

Teresa wünschte sich eine »Liebe ohne Eigeninteresse«[10], eine Liebe also, in die sich Zärtlichkeit mischen darf, die aber nicht auf den eigenen Vorteil bedacht ist, sondern sich daran freut, wenn der oder die Andere sich entwickelt, Fortschritte macht – Fortschritte auch im inneren Beten. Wer so liebt, dem bleiben an seinen Freunden auch die Fehler nicht verborgen. Ja, er sieht die »kleinsten Flecken« an ihnen und hat keine Scheu, sie darauf hinzuweisen. Teresa schockierte oft Freundinnen, die sie besonders mochte, mit Briefen voller Vorwürfe, und bat dann im selben Atemzug um Verzeihung, »denn gegenüber einem Menschen, den ich gern habe, bin ich unausstehlich, da ich möchte, dass er ohne Fehler sei.«[11]

Auch gegenüber ihren Mitschwestern in San José war Teresa nicht zimperlich, wenn es galt, Fehler oder Gefahren anzusprechen. Zu frisch noch waren ihre Erinnerungen an die Zustände im Menschwerdungskloster. Aus den Erfahrungen dieser Zeit glaubte sie zu wissen, dass gerade Frauen anfällig sind für »Liebeleien« und übertriebene Herzensfreundschaften. Sosehr sie den Wert von Frauen betonte und sogar meinte, dass sie oft mehr von Gott verstehen als studierte Männer, so wollte sie doch ihren Geschlechtsgenossinnen diese sentimentale Seite lieber abgewöhnen und sie ein bisschen »männlicher« machen: »Das ist sehr nach Art von Weibern, wo ich doch nicht möchte, dass meine Schwestern ihnen gleichen, sondern starken Männern! Denn wenn sie vollbringen, was in ihnen steckt, dann wird der Herr sie so männlich machen, dass sie die Männer in Erstaunen versetzen.«[12]

Das beste Mittel gegen Kungeleien und Gefühlsduseleien

war ihrer Ansicht nach die Einsamkeit. Eine eigene Zelle für jede Schwester war ihr offenbar nicht genug. Sie wollte auf dem Gelände, das zum Kloster gehörte, kleine Hütten oder Eremitagen errichten, wie sie es schon als kleines Mädchen auf dem Landsitz ihrer Eltern getan hatte. Dorthin sollten sich die Schwestern zurückziehen können, wenn sie alleine sein wollten. Der Antrag, den sie in dieser Sache an die »Herren des Stadtrats« stellte[13], wurde jedoch abgelehnt, mit der Begründung, dass die städtischen Wasserquellen beeinträchtigt würden. Offenbar wollten die Stadtväter, die sich schon mit dem neuen Kloster abfinden mussten, Teresa nicht noch mehr Zugeständnisse machen. Teresa verhandelte daraufhin mit dem Nachbarn und kaufte ihm ein kleines, angrenzendes Grundstück ab, auf dem sie eine Einsiedelei bauen ließ.

Das Geld für den Erwerb hatte sie vermutlich von ihrem Bruder Lorenzo, der auch seine anderen in Spanien lebenden Geschwister großzügig unterstützte. Vor allem Teresas Schwager Juan de Ovalle hatte das bitter nötig. Er war ständig in Geldschwierigkeiten und brachte damit den einigermaßen zurechtgerückten Familienfrieden wieder durcheinander. Er wollte nicht akzeptieren, dass die Kinder aus Don Alonsos zweiter Ehe den Prozess um das mütterliche Erbe gegen María, die Tochter aus erster Ehe, verloren hatten, und drohte, erneut vor Gericht zu ziehen. Er verlangte sogar, dass das Geld, welches Don Alonso durch den Verkauf von Grundstücken und Häusern eingenommen hatte, zurückerstattet wird. Dass er damit María, die seit einigen Jahren Witwe war und mit ihren Kindern alleine dastand, in den Ruin treiben würde, schien ihn wenig zu kümmern.

Teresa konnte eine solche Rücksichtslosigkeit gegenüber den eigenen Verwandten nicht fassen, und nur ihrem Einfluss war es zu verdanken, dass Juan de Ovalle zunächst von seinen Plänen abließ. Teresa war ihrem Schwager dankbar für die Hilfe bei der Gründung von San José, aber sein schwieriger Charakter kostete sie viele Nerven. Manchmal bedauerte sie ihre kleine Schwester Juana, dass diese mit solch einem Mann verheiratet war. »Gott hat ihm eben nicht mehr gegeben«, schrieb sie an ihren Bruder Lorenzo. »Daher stattet er andere mit den Voraussetzungen aus, um solche Leute zu ertragen [...].«[14]

Teresa wusste wenig über ihren Lieblingsbruders Lorenzo, der mit seiner Familie in Quito lebte, das damals zum Königreich Peru gehörte, auch nicht, wie er zu seinem Reichtum gekommen war. Erst als im Juni 1566 ein Franziskanermönch nach Ávila kam und dem Kloster San José einen kurzen Besuch abstattete, erfuhr sie mehr über das, was in den spanischen Kolonien vor sich ging. Pater Alonso Maldonado war eine faszinierende, aber auch umstrittene Gestalt. Er hatte zehn Jahre lang als Missionar in Peru und Mexiko gewirkt und galt in Kirchenkreisen als »verrückt«, was wohl damit zusammenhing, dass er die Christianisierung der Urbevölkerung in den eroberten Ländern auch kritisch sah und beim Papst und dem König für einen anderen Umgang mit den Indios eintrat. Seine Schilderungen müssen Teresa tief erschüttert haben. Jedenfalls bekannte sie später, dass das »Unheil« in den Kolonien sie sprachlos mache und sie den Eindruck hatte, »dass wir schlimmer sind als Bestien«[15].

Andererseits war Teresa auf Männer wie Pater Alonso »sehr neidisch«[16], weil sie in der Welt wirken und ihren Glauben weitergeben konnten. War Teresa unzufrieden mit ihrem ruhigen Leben in San José? Reichte es ihr nicht mehr, ein kontemplatives, weltabgeschiedenes Dasein zu führen? Oder weitete sich, wie einige Interpreten meinen, ihr Drang, Seelen zu retten, nun zu einem »Heilsuniversalismus«[17], um die katholische Kirche vor Häretikern wie den »Protestanten« zu retten?

Sicher ist, dass Teresa mit ihrer Rolle als Frau in der spanischen Gesellschaft unzufrieden war. Als Frau reibe sie sich

»wund an der Fessel«, die ihr durch ihre Natur auferlegt sei.[18] Teresa hatte sich zwar Freiheiten erkämpft, durfte Bücher schreiben und genoss das Ansehen gebildeter Theologen. Trotzdem fühlte sie sich als Mensch zweiter Klasse. Sie litt unter ihrer frauenfeindlichen Umwelt; am liebsten hätte sie »laut aufschreien«[19] mögen, wenn sie daran dachte, dass es als gefährlich erachtet wurde, wenn Frauen lesen konnten, und es ihr als Frau verwehrt war, aktiv in der Kirche und in der Gesellschaft mitzuwirken.

Das war für Teresa umso empörender und ungerechter, als sie für sich längst ein männliches Vorbild gefunden hatte, nämlich Jesus von Nazareth. »Du, Herr meiner Seele«, wandte sie sich mit ihrer Klage direkt an ihn, »dir hat vor den Frauen nicht gegraut, als du durch diese Welt zogst, im Gegenteil, du hast sie immer mit großem Mitgefühl bevorzugt und hast bei ihnen genauso viel Liebe und mehr Glauben gefunden als bei den Männern [...]. Reicht es denn nicht, Herr, dass die Welt uns einpfercht und für unfähig hält, in der Öffentlichkeit auch nur irgend etwas für dich zu tun, was etwas wert wäre, oder es nur zu wagen, ein paar Wahrheiten auszusprechen, über die wir im Verborgenen weinen [...]? Das glaube ich nicht, Herr, bei deiner Güte und Gerechtigkeit, denn du bist ein gerechter Richter und nicht wie die Richter dieser Welt, für die, da sie Söhne Adams und schließlich lauter Männer sind, es keine Tugend einer Frau gibt, die sie nicht für verdächtig halten.«[20]

Teresa wollte etwas tun, obgleich sie es ablehnte, andere mit Gewalt zu missionieren. Sie sah keinen Grund, warum andere Menschen den gleichen Weg gehen sollten wie man selbst. Ihrer Meinung nach konnten großer Schaden und »Irrtümer«[21] entstehen, wenn jemand die Seelen sogenannter Heiden retten will, der selbst innerlich noch nicht gefestigt ist. Es war kein Ungenügen oder Überdruss am kontemplativen Leben, die in Teresa den Wunsch zum Handeln aufkeimen ließen. Vielmehr erwuchs dieser Wunsch gerade aus ihrem tiefsten spirituellen Erleben. Sind also mystische Versenkung und der Drang zu handeln nicht so unvereinbar, wie man glauben möchte? Wie führt der Weg ins Innere zurück in die Welt?

Die Jahre im Kloster San José waren für Teresa die ruhigsten ihres Lebens – jedenfalls äußerlich. Was ihr Innenleben betraf, waren es wohl die stürmischsten. Mit ihren eigenen Bildern ausgedrückt, drang sie in die innersten Räume ihrer Seele vor. Ein Fortschritt im inneren Beten ist für Teresa nur möglich durch Konzentration und Reduktion. Jede Form von Ablenkung gilt es zu vermeiden. Und jene Kräfte, die in unserem Kopf für Unruhe sorgen – wie der Verstand, der unbedingt begreifen will und »umherirrt«, oder das Gedächtnis mit seinen Bildern –, gilt es zu sammeln und ruhigzustellen.

Teresa vergleicht diesen Prozess mit der Bewässerung eines Gartens. Solange wir selber Brunnen ausheben, Gräben ziehen und Röhren legen, um das Wasser in diesen Garten zu leiten, ist wenig gewonnen und wir plagen uns vergeblich ab. Erst wenn wir unsere Anstrengungen einstellen, wenn wir loslassen und alles Gott überlassen, wird dieser Garten reichlich mit Wasser versorgt. Jede Mühe, jeder Eifer, und sind sie noch so ehrlich und gut gemeint, nützen wenig, oder wie Teresa sagt: »Wie sehr wir auch Meditation halten und uns sogar ausquetschen und Tränen hervorpressen mögen, es quillt von da kein Wasser hervor; es wird nur geschenkt, wem Gott will, oft gerade dann, wenn die Seele am achtlosesten ist.«[22]

Teresa wurde oft beschenkt. In ihren Ekstasen erlebte sie zeitweise todesähnliche Zustände. In jenen Momenten, in denen Teresa ganz willenlos, ganz »leer« war, wurde ihre Seele von einer Kraft ergriffen, ganz so, wie die Feuchtigkeit der Erde von der Sonne anzogen wird und nach oben zum Himmel steigt.[23] Was dann passieren konnte, darüber berichtet Teresa äußerst zurückhaltend, weil es ihr selbst peinlich war: Dieser Sog konnte so gewaltig sein, dass ihr Körper schwerelos wurde und zu schweben anfing. Einmal musste sie sich an einem Gitter festhalten, ein andermal wurde sie von ihren Mitschwestern zurückgehalten, damit sie nicht abhob.[24]

Wüsste man nicht, wie offen und dennoch vorsichtig und selbstkritisch Teresa über ihre Ekstasen berichtet, und spürte man nicht, wie ungern sie von diesen kleinen Himmelfahrten redet, würde man als moderner Mensch über diese Phänomene, in der theologischen Fachsprache »Levitationen« genannt, nur ungläubig den Kopf schütteln. Ist uns Heutigen da etwas verlorengegangen? Fehlt uns das Verständnis für diese exzessive Religiosität? Konnte ein Zeitgenosse Teresas wie der Maler El Greco mehr von diesen Dingen verstehen? Anscheinend, denn er hat sie auf seine Weise dargestellt. Er, ein gebürtiger Grieche, hielt sich zu Lebzeiten Teresas einige Jahre in Spanien auf und ist von der leidenschaftlichen Gottsuche der Mystiker wohl tief beeinflusst worden. In seinen von magischen Farben leuchtenden Bildern sind die Menschen, vor allem die Heiligen, langgezogene Gestalten mit nervösen Gebärden, die in ihrer hingebungsvollen Haltung erscheinen wie Flammen, die gegen den Himmel züngeln. Sind sie von dem erfüllt, was Teresa »Ruf«, »Gezogensein«, »Sehnsucht« nennt?

Man kann auch Teresas Rat folgen und diese spektakulären Auswirkungen ihrer inneren Schau nicht so wichtig nehmen. Nicht übergehen sollte man jedoch, was Teresa über die Zwangslage sagt, in die sie in den höchsten Momenten ihrer Gottesbegegnung geriet. Einerseits empfand sie ein unermessliches Glücksgefühl, andererseits einen abgrundtiefen Schmerz. Wieder versagten ihr die Worte, und wieder fand sie ein sprachliches Bild, das besser als abstrakte Worte zeigen sollte, was in ihr vorging. Es ist das Bild des Engels, der einen

Pfeil mit glühender Spitze in ihr Herz stößt – und wieder herauszieht.[25]

Ärzte haben nach Teresas Tod ihr Herz untersucht, um Spuren dieser Verwundung zu finden. Dabei hätten sie nur Teresas Texte genau lesen müssen, um zu verstehen, dass es sich hier um ein Bild für einen geistigen Vorgang handelt, den sie vielleicht sogar an sich selbst hätten nachvollziehen können. Teresa versucht zu erfassen, wie es ist, wenn eine höchste Sehnsucht augenblicksweise und ahnungsweise erfüllt ist und diese Sehnsucht im nächsten Augenblick wieder in sich zusammenfällt und nur der Schmerz darüber bleibt, dass man eben doch nur ein Mensch und an das Leben mit seinen Beschwerlichkeiten gebunden ist. Dieser »köstliche Schmerz«[26] und diese »süße Qual« schwingen noch nach in der Klage Goethes, dass »nur wer die Sehnsucht kennt, weiß, was ich leide«[27].

Teresa wusste nicht nur, welches Ausmaß an Glück und Qual ein Mensch erleben und ertragen kann, sie erkannte auch, dass dies eine Zerreißprobe war, die eine Entscheidung notwendig machte. Sie fühlte sich »wie zwischen Himmel und Erde aufgehängt«[28]. Und schier übermächtig war die Versuchung, die Erde hinter sich zu lassen, der Sehnsucht nachzugeben und mit der Welt nichts mehr zu tun zu haben. An diesem entscheidenden Punkt war es der Gedanke an den Menschen Jesus von Nazareth, an seine Niedrigkeit, an seine Liebe zu den Menschen, der sie heilte. Was blieb, war der »Wunsch weiterzuleben«, »noch ganz viele Jahre am Leben« zu bleiben.[29]

Nicht auf großartige Visionen komme es an, so Teresa, sondern darauf, dass diese inneren Erfahrungen zu handfesten und dauerhaften »Tugenden« werden, die einen zum Dienst am Nächsten befähigen, entweder indem man ihm seelischen Beistand leistet oder ihm hilft, wenn er krank oder hilfsbedürftig ist. Und hart ins Gericht ging sie mit jenen Mitschwestern, denen es genügte, in Andachten ihre süßen Gefühle auszukosten. »Aber nein, Schwestern, nein!«, hielt sie ihnen entgegen, »Werke will der Herr!«[30]

Sehnsucht war für Teresa die Brücke zum Göttlichen. Doch habe der Teufel die Finger im Spiel, wenn diese Sehnsucht zu stark werde. Er wolle, dass diese Sehnsucht tödlich wird und wir nicht am Leben bleiben, damit wir nicht durch unser eigenes Leben anderen helfen. »Ich sage nicht«, so schreibt Teresa, »dass man mit der Sehnsucht Schluss mache, wohl aber, dass man sie eindämme, und vielleicht wird man durch eine andere ebenso viel Verdienste haben.« Eine andere Sehnsucht wäre für Teresa eine verwandelte – verwandelt durch die Einsicht, »dass man Gott mit dem Leben mehr dienen wird, und es ja sein könnte, dass man einer Seele, die sonst verlorengehen müsste, Licht gibt«.[31]

Von diesen Gedanken könnten sich auch moderne Menschen angesprochen fühlen. Nach Peter Sloterdijk gibt es ein »Gesetz der Erhaltung weltfluchthafter Energien«[32]. Demnach waren die Menschen immer schon und sind immer noch weltfremd, in dem Sinn, dass ihnen die Welt nicht genug ist. Nur rede man heute eher seltener von einer Sehnsucht nach Gott, sondern eher von einer Weltflucht, die in verschiedene Richtungen geht. Einer Flucht in eine utopische Zukunft oder sogar von einer Flucht »in die Welt hinein«, in die Arbeit, in den Konsum oder in eine Kultur, die durch Unterhaltung und Amüsement Distanz und Erleichterung von den Härten des Daseins ermöglicht. Der Fluchtcharakter dieser Sehnsucht wird vielleicht dort am sichtbarsten, wo wirksame und oft verbotene Mittel eingesetzt werden, um der Realität zu entkommen, etwa mit Drogen. Dass hier immer noch Reste einer mystischen Sehnsucht wirksam sind, hat der Theologe und spätere Papst Josef Ratzinger angedeutet, wenn er schrieb: »Die Droge ist eine Form des Protestes gegen die Tatsachen. Der sie nimmt, weigert sich, sich mit der Welt der Tatsachen abzufinden. Er sucht eine bessere Welt. Die Droge resultiert aus der Verzweiflung an einer Welt, die als Kerker der Tatsachen empfunden wird, in dem der Mensch es auf Dauer nicht aushalten kann. [...] Die Droge ist die Pseudomystik einer Welt, die nicht glaubt, aber den Drang der Seele nach dem Paradies dennoch nicht abschütteln kann.«[33]

Teresa von Ávila kannte »den Drang der Seele nach dem Paradies«. Aber sie wusste auch um die Gefahren einer zu starken Sehnsucht. Kann es sein, dass Menschen immer anfälliger werden, diesen Gefahren zu erliegen, je weniger durchlässig sie sind für das Göttliche? Auch die Konsumenten von Drogen und Ersatzdrogen kennen das Gefühl, dass etwas stärker ist als sie. Wird die Versuchung, sich diesem Stärkeren zu überlassen, also sich auszulöschen, fast unwiderstehlich, wenn ein Gott fehlt, und ein Mensch sozusagen ungeschützt, ohne Rituale, und allein auf sich gestellt, diesem »Sog« ausgeliefert ist? In dem Film *Einer flog über das Kuckucksnest* ist es ein hünenhafter Indianer, »Häuptling« genannt, der erzählt, wie es ihm am Ende seiner Alkoholikerlaufbahn ergangen ist. Er hatte das Gefühl, dass es nicht mehr er war, der aus der Flasche trank, sondern »die Flasche aus mir«. Ein Satz, der wie kein anderer auf den Punkt bringt, wie Sehn-Sucht in Selbstaufgabe und Selbstzerstörung enden kann.

Teresa hat den Versuchungen einer falschen Sehnsucht widerstanden. In ihrer Gottesbeziehung behielt sie ihre »Souveränität«. Obwohl sie sich ganz ihrem inneren Gott hingab, verlor sie nicht ihre Individualität. Mehr noch: Je mehr sie ihr Prestigedenken und ihre Egoismen aufgab, desto stärker wurde ihre Persönlichkeit. Teresa wählte das Leben. Allerdings ein verwandeltes Leben, das getragen war von einem unerschöpflichen Vertrauen.

Im April 1567 erhielten Teresa und ihre Schwestern hohen Besuch. Der in Rom residierende Ordensgeneral der Karmeliten, Giovanni Battista Rossi, kam auf seiner Visitationsreise durch Spanien auch nach Ávila. Teresa befürchtete, dass er sehr verärgert über sie sein würde, weil sie ohne Erlaubnis des Provinzoberen San José gegründet und dem Bischof von Ávila unterstellt hatte. Rossi, ein kluger und hochgebildeter Mann, führte lange Gespräche mit ihr. Und als er wieder nach Rom zurückkehrte, hatte Teresa ihn »sehr lieb gewonnen«[34], und der Generalobere seinerseits war Teresas Charme verfallen. Er war begeistert von ihren Idealen und ermunterte sie, weitere Klöster nach dem Vorbild von San José zu gründen. Er stellte ihr umfangreiche Vollmachten aus und drohte jenen mit Strafen, die versuchen sollten, Teresas Pläne zu verhindern.

Nun hatte Teresa nicht nur den Wunsch und den Willen, in der Welt zu wirken, sie hatte auch die offizielle Erlaubnis dazu. Aber was sollte sie tun? Sie kam sich klein vor wie eine »Ameise«[35], eine Ameise allerdings mit gewaltigem Mut. Teresa erinnerte sich daran, dass ihr früherer Beichtvater und alter Wegbegleiter, der Jesuit Balthasar Álvarez, inzwischen der Rektor des Jesuitenkollegs in Medina del Campo war, einer Stadt etwa achtzig Kilometer nördlich von Ávila. Teresa bat ihn in einem Brief, bei den Ortsbehörden die Erlaubnis für eine Klostergründung einzuholen. Gleichzeitig schrieb sie einem Karmelitenpater in Medina, Antonio de Heredia, sich nach einem geeigneten Haus umzusehen.

Als Teresas Pläne in Ávila bekannt wurden, waren viele überzeugt, dass sie nun endgültig verrückt geworden sei. Eine Nonne, die herumreisen und an anderen Orten Klöster gründen wollte, das hatte es noch nie gegeben. Teresa kümmerte sich nicht darum. Im Morgengrauen des 13. August brachen drei von Maultieren gezogene Karren von Ávila Richtung Norden auf. Voran ritt Julian von Ávila, ein treuer Freund Teresas.

und Beichtvater der Schwestern von San José. In den Wagen befanden sich acht Nonnen. Vier aus San José und vier Schwestern, die gegen große Widerstände das Menschwerdungskloster verlassen und sich Teresa angeschlossen hatten.

Am Abend des ersten Reisetages hatten die Frauen die Hälfte der Strecke hinter sich gebracht und kamen müde und erschöpft im Ort Arévalo an. Dort erfuhr Teresa, dass sie in Medina del Campo mit Widerstand rechnen musste. Außerdem war unsicher, wo sie in der Stadt eine dauerhafte Bleibe finden würden. Teresa verbrachte eine schlaflose Nacht und zog in Erwägung, wieder nach Ávila zurückzukehren. Immerhin bestand die vage Aussicht auf ein Haus, das Pater Antonio ausfindig gemacht hatte. Am nächsten Morgen beschloss Teresa, die Reise fortzusetzen. Sie sei eine »Draufgängerin«, meinte sie einmal, wenn auch eine »armselige«.[36]

X. GEH DORTHIN, WO DU NICHTS BIST

Die französische Zeichnerin Claire Bretécher hat in den acht-
ziger Jahren des letzten Jahrhunderts ein Comic über Teresa
von Ávila veröffentlicht mit dem Titel *La vie passionnée de
Thérèse d'Ávila*, »Die eilige Heilige«.[1] Die »Madre«, wie Teresa
genannt wird, reitet darin hustend und mit Kreuzschmerzen
auf einem Maultier übers Land, zieht arrogante Männer bei
Verhandlungen über den Tisch, scheucht mit aufgekrempel-
ten Ärmeln auf Baustellen Handwerker herum, setzt hysteri-
schen Mitschwestern wieder den Kopf zurecht, mokiert sich
über lustfeindliche Asketen wie Pedro de Alcántara, nimmt ihre Schwestern in Schutz vor selbstherrlichen Kirchenmännern,
unterhält sich bei jeder Gelegenheit mit ihrem inneren Freund
und muss ab und zu festgehalten werden, wenn sie in der Ekstase vom Boden abhebt.

Das Buch von Claire Bretécher zählt nicht zu der seriöser
Literatur über die spanische Heilige. Trotzdem kommen darir
Teresas Menschlichkeit, ihre Bodenständigkeit, ihre Tatkraft
ihr Humor und Witz zum Ausdruck – alles Eigenschaften
die auch ihre Bücher und vor allem ihre Briefe auszeichnen
Teresa hat oft und viel gelacht. Und sie hätte, da bin ich mir
sicher, auch herzlich über diesen Comic gelacht.

Am 15. August 1567 gegen Mitternacht kam die Gruppe un
Teresa in Medina del Campo an. Teresa wollte kein Aufseher
erregen und möglichst schnell und unbemerkt in das verspro-

chene Haus einziehen. Sie ließen deshalb das Fuhrwerk am Stadtrand, im Männerkloster der Karmeliten, zurück und gingen zu Fuß weiter durch die nächtlichen, menschenleeren Straßen. Pater Antonio de Heredia zeigte ihnen den Weg. Jeder musste etwas tragen: einen Besen, eine Leiter, einen Wandbehang oder eine Glocke. Sie hätten, so erinnerte sich Julian von Ávila später, ausgesehen wie »Zigeuner und Räuber«[2], und wenn sie der Stadtwache begegnet wären, hätten sie vermutlich den Rest der Nacht im Gefängnis verbracht. Dabei war es unnötig, dass Teresa und ihre Begleiter so still und leise durch die Straßen schlichen. Denn in diesen Nachtstunden kam es zu einem Spektakel, das einen Höllenlärm verursachte und alle Aufmerksamkeit auf sich zog. Stiere wurden durch die Stadt zur Arena getrieben, wo am nächsten Tag eine »corrida«, ein Stierkampf, stattfinden sollte.

Auf Umwegen erreichte die Gruppe ihr Ziel. Obwohl es noch dunkel war, konnte man erahnen, dass es sich bei dem Haus eher um eine Ruine handelte. Teresa zweifelte an der Sehkraft des guten Pater Antonio, der sich eine solche Bruchbude hatte andrehen lassen. Zunächst standen die Frauen ratlos herum. Dann begannen sie, den einigermaßen intakten Vorraum herzurichten. Im Kerzenlicht räumten sie den Schutt weg, drapierten die Wände mit farbigen Tüchern und hängten die Glocke auf.

Im Morgengrauen konnten die übermüdeten Schwestern eine erste Messe feiern. Im zunehmenden Tageslicht wagte Teresa einen Blick in den Innenhof des Hauses und sah erschrocken, wo sie da gelandet waren. Kaum eine Mauer des Gebäudes stand noch aufrecht. Man konnte meinen, mehr auf der Straße zu leben als in einem Haus. Beim Anblick dieser erbärmlichen Unterkunft verließ Teresa jeder Mut. Sie bekam eine »Riesenangst«[3] und fragte sich, ob sie nicht eine große Dummheit begangen habe.

Lange dauerte Teresas Verzagtheit nicht an. Wieder einmal zeigte sich, dass sie mit ihrem Wesen Sympathien hervorrief und schnell Freunde und Unterstützer fand. Menschen aus der Nachbarschaft brachten den Schwestern Essen und gaben Almosen. Baltasar Álvarez, Teresas alter Freund und Rektor des Jesuitenkollegs in Medina, wollte ihr helfen, eine andere Unterkunft zu finden, in der sie mit ihren Schwestern bleiben konnte, solange die Klosterruine bewohnbar gemacht wurde. Eine vornehme Dame erklärte sich bereit, Kosten für die Bauarbeiten zu übernehmen. Und nach acht Tagen meldete sich ein reicher Kaufmann, der den Frauen aus Ávila anbot, in seinem Haus zu wohnen, bis ihr Kloster fertig war. Dieser Kaufmann, Blas de Medina, war ein Converso. Teresa, die eine ähnlich belastende Vergangenheit hatte, schien auf gesellschaftliche Tabus wenig zu geben und nahm das Angebot an.

Zwei Monate lang lebten die Nonnen im oberen Stockwerk des palastähnlichen Hauses. In dieser Zeit schmiedete Teresa neue Pläne. Sie hatte vom Generaloberen Rossi die Erlaubnis erhalten, auch Männerklöster nach ihren neuen Regeln zu gründen, was höchst erstaunlich war, denn dass dies einer Frau zugestanden wurde, war gegen jede Tradition.[4] Teresa wollte diese Chance nicht ungenutzt lassen, zumal sie sich erhoffte, auf diese Weise passende Seelsorger für ihre Schwestern zu finden. Aber wie sollte sie das anstellen? Sie hatte weder ein Haus noch geeignete Kandidaten? Pater Antonio, dem sie ihre Gedanken mitteilte, war sofort Feuer und Flamme und wollte der erste Mönch im neuen Kloster sein. Teresa hielt das eher für einen Scherz. Antonio war schon fast sechzig Jahre alt, und Teresa hatte ihre Zweifel, ob er sich noch in ein Leben, wie ihr es vorschwebte, einfinden könne. Abgesehen davon war er für ihren Geschmack etwas zu willensschwach und unbeholfen. Sie hatte ja erlebt, wie wenig praktischen Sinn er bei der Haussuche in Medina bewiesen hatte.

Schon besser gefiel Teresa, was ihr über einen jungen Karmeliten zu Ohren kam, der in Salamanca bei den Jesuiten studiert hatte und sich seit kurzem in Medina aufhielt. Wahre Wunderdinge erzählten die Leute von seiner Lebensweise und dass er zu den Kartäusern, einem überaus strengen Orden, gehen wolle. Teresa fädelte ein Treffen mit dem fünfundzwanzigjährigen Mann ein, der sich Juan de Santo Matía nannte, und war überrascht. Vor ihr stand ein Männlein, kaum anderthalb Meter groß, mit kahlem Kopf und schmächtigem Körper. Aber er hatte eine ungeheure Ausstrahlung und spirituelle Begabung. Teresa war augenblicklich begeistert. Er sei zwar »klein an Gestalt«, schrieb sie in einem Brief, aber »in den Augen Gottes doch groß«[5]. Bei ihm hatte sie keine Bedenken wie bei Pater Antonio. Mit ihm verstand sie sich auf Anhieb, und alles, was sie über ihre Vorstellungen von einem Klosterleben erzählte, entsprach auch seinen eigenen Ideen. Juan de Santo Matía, der sich später Juan de la Cruz, Johannes vom Kreuz, nannte, war bereit, sich auf dieses Leben einzulassen. Allerdings sollte es nicht zu lange dauern, bis Teresa ein Haus gefunden hätte.

Seit es sich herumgesprochen hatte, dass Teresa Klöster gründen durfte, meldeten sich reiche und einflussreiche Leute bei ihr, die ihr entsprechende Orte vorschlugen und ihre Unterstützung zusagten. Oft waren diese Mäzene schwer krank und wollten vor ihrem Tod noch eine gute Tat vollbringen. Der Bruder des Bischofs von Ávila, Bernardino de Mendoza, wollte ihr ein Haus vermachen in Valladolid, einem Ort nicht weit von Medina del Campo. Es hätte für Teresa nahegelegen, sich gleich dorthin zu begeben. Aber schon seit Monaten drängte sie ihre Freundin Luisa de la Cerda, nach Toledo zu kommen. Doña Luisa hatte von ihrem verstorbenen Mann den kleinen Ort Malagón geerbt, auch dort sollte eines von Teresas Klöstern entstehen. Teresa hatte wenig Lust, die weite

Reise auf sich zu nehmen, zumal Malagón ein unbedeutendes Nest war und sich die Frage stellte, ob und wie die Schwestern dort das Armutsgelübde einhalten konnten.

Ein Leben in Armut war Teresas Ideal. Aber nun traf sie mit diesem Ideal auf die Wirklichkeit, und sie musste Kompromisse eingehen. Arm, also besitzlos, konnten die Schwestern nur leben, wenn sie genügend Almosen bekamen. Und die bekamen sie nur dort, wo ein gewisser Wohlstand herrschte, also in größeren Orten. Sie brauchten eine Grundversorgung, abseits gelegene Klöster konnten nicht mit genügend Zuwendungen rechnen.

Im Gegensatz zu Malagón war Medina del Campo eine wohlhabende Handelsstadt. Reiche Gönner sorgten dafür, dass das baufällige Haus hergerichtet wurde und die Descalzas im Herbst in ihr Kloster einziehen konnten. An Almosen und Zuwendungen fehlte es nie, und die Unbeschuhten Schwestern genossen großes Ansehen, so dass sie bald neue Eintritte verzeichnen konnten. Als alle Formalitäten geregelt waren und das Leben im Kloster zu Teresas Zufriedenheit verlief, brach sie Anfang 1568 zu ihrer Reise in den Süden auf. Im ungefederten Planwagen fuhr sie über die winterkalte Sierra und hatte schon nach dem ersten Tag starke Rückenschmerzen.

In Alcalá de Henares, nahe Madrid, machte sie einen längeren Zwischenhalt. Dort hatte die fromme Beatin María de Jesús, die Teresa vor sechs Jahren im Palast der Luisa de la Cerda kennengelernt hatte, ein eigenes Kloster gegründet. Wie Teresa wollte sie nach den ursprünglichen Regeln des Karmelordens leben, legte diese Regeln aber ganz anders aus. Sie verordnete sich und ihren Mitschwestern das strengste Büßerleben. Bücher und Studien waren verpönt, von Erholung, Tanz und Musik ganz zu schweigen. Tagelang wurde gefastet, und wenn es etwas zu essen gab, war es kärglich und oft schon verdorben. Die Frauen erlaubten sich nur einige Stunden Schlaf und unterzogen sich maßlosen körperlichen Kasteiungen.

So hatte sich Teresa eine Reform des Klosterlebens nicht vorgestellt. Und gewiss stand sie noch unter dem Eindruck der Zustände im Kloster in Alcalá, als sie in Toledo mit Doña Luisa de la Cerda wegen des neuen Klosters in Malagón verhandelte. Die selbstquälerische Strenge der Frauen in Alcalá war Teresa fremd. Und auch deren Armut fand sie mehr als fraglich. Armut war für Teresa grundsätzlich erstrebenswert. Aber ohne Besitz zu sein bedeutete für Teresa noch lange nicht, arm zu sein. Erst wenn diese Armut von Sorgen befreit, ist man wirklich arm. Eine Armut, die Sorgen hervorruft, weil man dauernd daran denken muss, woher man die nötigen Almosen bekommt, lehnte sie ab.

Materielle Armut war für Teresa wertlos, wenn sie nicht zugleich eine geistige war. Jedoch kannte sie ihre Schwestern gut genug, um zu wissen, dass ihnen diese geistige Armut oft fehlte. Jeder kleine Besitz, und waren es nur Almosen, löste bei ihnen sofort das Bedürfnis aus, mehr zu haben und sich ein kleines »Polster« zuzulegen. »Gibt ihnen aber jemand etwas, dann wäre es ein Wunder, wenn es ihnen überflüssig vorkäme. Immer gefällt es ihnen, etwas auf der Seite zu haben, und wenn sie einen Habit aus feinem Tuch haben können, bitten sie nicht um einen schlechten; oder irgendetwas Kleines, was sie verpfänden oder verkaufen können – selbst wenn es Bücher sind –, denn wenn sie einmal krank werden sollten, brauchen sie mehr Bequemlichkeit als sonst. Ich Sünderin! Wie? War es das, was du versprochen hattest? Sei unbesorgt um dich und überlass dich Gott, komme, was mag. Denn wenn du ständig für die Zukunft vorsorgst, dann wäre es besser, ein gesichertes Einkommen zu haben, ohne dich ablenken zu lassen.«[6]

Teresa wollte in ihren Klöstern weder die Sorgen der Besitzenden noch die Sorgen der Armen. Deshalb war es ihr wichtig, dass die Schwestern auch in einem Haus wie in Malagón, welches abgelegen war und nicht mit verlässlichen Almosen rechnen konnte, sorgenlos leben konnten, das heißt ohne persönlichen Besitz, aber mit einem festen Einkommen, auf das sich das Kloster stützen konnte.

Die Verhandlungen mit Luisa de la Cerda in Toledo müssen ziemlich zäh gewesen sein. Und letztlich einigten sie sich darauf, dass Doña Luisa zur Absicherung des Klosters eine Rente gewährte. Dieses Ergebnis scheint Doña Luisa etwas missmutig akzeptiert zu haben. Offenbar war sie nicht frei von Standesdünkel, und es verletzte ihre Ehre, wenn eine gesellschaftlich weit unter ihr stehende Nonne ihr solche Zugeständnisse abtrotzte. Teresa hielt trotz dieser Misstöne an ihrer Freundschaft fest. Ja, es gehörte für sie zu dieser Freundschaft, Doña Luisa in liebevollem Ton auf gewisse Charakterschwächen hinzuweisen. »Ich bin erstaunt, dass Euer Hochwürden betrübt sind«, schrieb sie ihr einige Wochen später, wie immer etwas unsicher über die richtige Ansprache, »ich hatte schon begriffen, dass Sie reichlich zu leiden haben würden, als ich ihre Veranlagung sah, denn die ist nicht dazu angetan, um sich mit allen zu verstehen; da es aber darum geht, dem Herrn zu dienen, möge es Euer Durchlaucht gut sein lassen und sich mit ihm gut verstehen, denn er wird sie nicht im Stich lassen.«[7]

Vielleicht sollte es nach den harten Verhandlungen ein Zeichen der Verbundenheit und des Vertrauens sein, als Teresa ihrer Freundin die Hefte mit ihrer Lebensgeschichte anvertraute – allerdings mit der dringenden Bitte, diese an Juan de Àvila weiterzuleiten, einen berühmten Gelehrten und Prediger, an dessen Urteil Teresa viel lag. Doña Luisa kam dieser Bitte lange nicht nach, und erst als Teresa richtig wütend wurde, rückte Doña Luisa die Aufzeichnungen wieder heraus. Vielleicht lässt sich diese Verzögerung damit erklären, dass Doña Luisa eine Abschrift anfertigen ließ, die sie an Freunde und Verwandte geben wollte. Später jedenfalls landeten die Hefte in Händen, die nicht sehr sorgsam und verständnisvoll mit ihnen umgingen.

All das tat der Freundschaft keinen Abbruch. Anfang April 1568 reisten beide gemeinsam, dieses Mal in einer bequemen Karosse Doña Luisas, in das etwa hundert Kilometer entfernte Malagón. In dem Haus, das ein Kloster beherbergen sollte, waren noch die Handwerker tätig. Erst am 11. April, am Palmsonntag, wurde es feierlich eingeweiht. Sieben Schwestern aus Ávila und Malagón waren angereist und nahmen hier das Leben von unbeschuhten Nonnen auf. Auch diesmal blieb Teresa einige Wochen, bis sich alles eingespielt hatte. Dann wollte sie weiter, über Ávila nach Valladolid. Die Stadt war bis 1531 Hauptstadt des Königreiches Kastilien gewesen und hatte eine berühmte Universität, bot also optimale Bedingungen für ein Kloster, wie Teresa es sich wünschte. Auch ein Haus war ihr dort schon versprochen.

Doña Luisa war mit ihrem Wagen nach Andalusien weitergereist. Teresa musste mit einem Maultier vorliebnehmen. Wegen ihrer Rückenschmerzen hatte ihr Doña Luisa einen bequemen Sattel besorgt. Doch der nutzte nicht viel. In der prallen Maisonne wurden Teresas Schmerzen so unerträglich, dass sie ihre Reise unterbrechen und in Toledo, im Haus ihrer abwesenden Freundin, bleiben musste. Mehrere Tage lag sie bewegungslos im Bett und konnte sich auch der Besucher nicht erwehren, von denen ihr einige, wie sie ihrer fernen Freundin berichtete, »sehr auf die Nerven gegangen sind«[8]. Als Teresa wieder auf ihr Maultier stieg, ging es mit ihrem Rücken besser, aber sie fühlte sich »schlapp«, weil dem Arzt gegen ihre Schmerzen nichts Besseres eingefallen war, als ihr viel Blut abzunehmen und Einläufe zu machen.

In Ávila wartete auf Teresa eine Überraschung. Ein ihr

bis dahin unbekannter Adliger bot ihr ein Haus zur Gründung eines Männerklosters an. Das war wie ein Geschenk des Himmels, hatte Teresa doch bereits zwei Kandidaten für ein solches Kloster, Pater Antonio und den Bruder Juan, »einen ganzen Mönch und einen halben«, wie Teresa einmal in Anspielung auf Juans Körpergröße scherzhaft meinte. Vor allem Juan de Santo Matía wartete in Medina del Campo ungeduldig darauf, dass Teresa ein passendes Haus finden würde. Sie musste sich beeilen, damit er es sich nicht noch einmal anders überlegte. Das kleine Dorf Duruelo, wo besagtes Haus stand, lag nördlich von Ávila, so konnte Teresa auf ihrer Reise nach Medina del Campo und Valladolid dort vorbeischauen und es begutachten.

Ende Juni 1568 saß sie wieder auf einem Eselsrücken, begleitet vom treuen Padre Julian und einer jungen Nonne. Die Sonne brannte vom Himmel, und sie kamen nur langsam voran. In Spanien waren nur die »königlichen Straßen« besser ausgebaut. Alles andere waren nur holprige Wege und Pfade. Wegweiser gab es nur selten, und Reisende konnten nie sicher sein, ob sie in die richtige Richtung zeigten. Auf der Suche nach dem Ort Duruelo verirrte sich die kleine Reisegesellschaft. Wenn sie Leute fragten, kannte keiner dieses gottverlassene Nest mit nicht einmal zwanzig Einwohnern. »Als wir schon glaubten, ganz nahe zu sein«, erinnerte sich Teresa Jahre später, »mussten wir noch einmal so weit laufen. Ich denke immer noch an die Müdigkeit und Orientierungslosigkeit, die wir auf jenem Weg erlebten.«[9]

Es dämmerte schon, als sie endlich vor dem Gebäude in Duruelo standen. Solch ein heruntergekommenes und verdrecktes Haus hatte Teresa bisher noch selten gesehen. Nicht einmal übernachten wollten sie darin. Padre Julian und die junge Nonne konnten es nicht fassen, dass Teresa allen Ernstes Pläne für einen Umbau machte. Sie bedrängten sie, diese

Geschenk nicht anzunehmen, da man keinem Menschen, und sei er noch so heilig und bedürfnislos, zumuten könne, hier zu leben.

In Medina del Campo sprach Teresa sofort mit ihren zwei Kandidaten und beschrieb ihnen in aller Deutlichkeit, was sie in Duruelo vorgefunden hatte. Zu ihrer Überraschung und Freude waren die beiden keineswegs geschockt. Im Gegenteil, sie konnten es kaum erwarten, nach Duruelo zu gehen. Er würde sogar in einem Schweinestall leben, meinte Antonio.[10] Während er alles besorgen sollte, was sie für das Kloster brauchten, begleitete Juan Teresa nach Valladolid. Der junge Pater sollte mit der Lebensweise der Unbeschuhten Schwestern vertraut gemacht werden, und Teresa wollte ihm noch einmal eindringlich erklären, worauf es ihr ankam.

Juan de Yepes y Álvarez, so sein Geburtsname, war ein Kind der Armut.[11] Seinen Vater hatte er früh verloren, und seine Mutter, eine Weberin, musste ihren Sohn zeitweise zu Verwandten und in ein Waisenhaus geben, weil sie das Brot für ihre Kinder nicht mehr verdienen konnte. Förderern hatte es der talentierte Juan zu verdanken, dass er eine gute Schulbildung bei den Jesuiten erhielt und später sogar an der berühmten Universität von Salamanca studieren durfte. Nebenbei arbeitete er als Handwerker oder als Krankenpfleger in einem Seuchenhospital. Mit einundzwanzig Jahren war er bei den Karmeliten eingetreten und vier Jahre später zum Priester geweiht worden. Neben seinen wissenschaftlichen Studien hatte sich Juan eingehend mit Mystik beschäftigt. Nun hatte er es mit einer leibhaftigen Mystikerin zu tun. Er war ein gelehriger Schüler, umgekehrt profitierte aber auch Teresa von seinem großen Wissen. »Er war so gut«, erinnerte sie sich, »dass zumindest ich viel mehr von ihm lernen konnte als er von mir.«[12]

Das Haus in Valladolid bot genügend Platz, war in gutem Zustand und hatte einen wunderschönen Garten. Teresa und die Schwestern, die für das Kloster bestimmt waren, wurden aber schon nach wenigen Tagen krank und bekamen hohes Fieber, was Teresa auf die ungünstige Lage des Hauses direkt an einem Fluss zurückführte. Abgesehen davon lag das Haus zu weit abseits, als dass man von Almosen hätte leben können. Bernardino de Mendoza, der Teresa das Haus vermacht hatte, war erst kürzlich verstorben. Aber seine Schwester, Doña María de Mendoza, lebte noch in Valladolid. Sie teilte Teresas Bedenken, und nur zu gern ließ sich Teresa von ihr überreden, dieses Haus aufzugeben und in ein anderes, besser gelegenes zu ziehen, welches Doña María erwerben wollte. Am 3. Februar 1569 wurde das neue Kloster mit einer feierlichen Prozession eingeweiht.

In Valladolid konnte Pater Juan seine »Madre«, wie er Teresa nannte, in voller Aktion erleben: wie sie wegen des Hauses verhandelte, wie sie den Umbau leitete und die Schwestern einwies. Teresa, obwohl vom Fieber geschwächt, war erst zufrieden und überließ das Kloster sich selbst, wenn die äußeren Bedingungen stimmten und wenn die Schwestern auch im geistlichen Leben auf dem richtigen Weg waren oder, wie Teresa es ausdrückt, wenn sie sich im »Ich-Sterben« einübten.

Das bedeutet nicht, dass die Nonnen zu willenlosen Geschöpfen werden sollten. Dann hätten sie im Kloster die gleiche Unterdrückung und die gleiche Entmündigung erfahren wie außerhalb. Unverheiratet waren sie in der spanischen Gesellschaft dem Willen des Vaters oder eines Bruders unterworfen. Als verheiratete Frauen mussten sie dem Ehemann gehorchen und sich dessen Gefühlen und Launen anpassen. War dieser traurig, wurde von ihnen erwartet, mit ihm zu leiden und ihn zu bedauern, und hatte dieser gute Laune, durften die Ehefrauen ihm nicht mit trüben Gedanken die Stimmung verderben.[13]

Diese Art von völliger Unterwerfung war nicht im Sinne Teresas. Befreiung vom Ich war für sie Befreiung von allem, was abhängig und unfrei macht: von Prestigedenken, von Standesdünkeln, von Titeln, vom Stammbaum, von der Ehre, von zugewiesenen Rollen, von verinnerlichten Konventionen. Diese »schöne Ichlosigkeit«, wie Dorothee Sölle sie nennt[14], darf nicht zur Verleugnung des Selbst führen. Im Gegenteil, im »Ich-Sterben« soll das Selbstbewusstsein gestärkt werden. Darum hielt Teresa nichts vom Kadavergehorsam, der in vielen Klöstern herrschte, wo es als Zeichen einer vorbildlichen Frömmigkeit galt, wenn ein Bruder oder eine Schwester die Anweisungen der Oberen umstandslos befolgten, egal wie undurchführbar oder absurd diese Befehle waren.

Teresa verlangte auch in ihren Klöstern Gehorsam. Er war für sie eine wichtige Lektion, Demut zu lernen. Er durfte jedoch nicht so weit gehen, dass die Schwestern ihren gesunden Menschenverstand und ihre »natürliche Vernunft« ausschalteten und »abwegiges Zeug« taten.[15] Einige waren offensichtlich immer dazu bereit, »abwegiges Zeug« zu tun. Teresa musste sehr vorsichtig sein mit dem, was sie sagte, denn manche Schwestern schienen geradezu darauf zu lauern, jede unbedacht oder scherzhaft dahingeworfene Bemerkung als Befehl zu verstehen und ihn ohne zu Zögern auszuführen. Einmal stand Teresa mit Schwestern in einem Klosterhof, in dem es ein Wasserloch gab. Scherzhaft meinte sie, was wohl wäre, wenn sie einer befehlen würde, hineinzuspringen. Sie hatte diese rhetorische Frage noch nicht zu Ende gesprochen, als eine junge Nonne schon in dem Dreckloch lag.[16] In einem anderen Fall hatte eine Schwester einen Regenwurm gefunden, den sie ihrer Priorin zeigte, weil er so »niedlich« sei, worauf die Priorin, halb spöttisch, halb genervt, meinte: »Dann essen Sie ihn doch.« Sofort ging die Nonne in die Küche, um den Wurm zu braten und aufzuessen.[17]

Über so viel Naivität konnte Teresa nur den Kopf schütteln.

Gleichwohl schätzte sie es an ihren Schwestern, wenn sie in einem gewissen Maße weltfremd waren und Dinge taten oder für möglich hielten, die nüchterne Tatsachenmenschen aussichtslos oder gar für dumm hielten. Auch Pater Antonio aus Medina del Campo schloss sie in ihr Herz, obwohl oder gerade weil er zwei linke Hände hatte und ein kindliches Gemüt. Sie bewunderte ihn und war gleichzeitig amüsiert, als er zur ihr nach Valladolid kam und ihr stolz präsentierte, was er alles für das Leben in Duruelo organisiert hatte. Nicht ein Bett, nicht eine Lampe, nicht Kleider gegen die Kälte, sondern Uhren, gleich fünf Stück.[18] Auf keinen Fall wollte er nämlich seine Stundengebete versäumen. Sein Gefährte Pater Juan war schon nach Duruelo vorausgereist, um alles vorzubereiten. Antonio folgte ihm mit seinen Uhren im November 1568.

Zu dieser Zeit erhielt Teresa einen Brief aus Toledo. Martín Ramírez, ein reicher Kaufmann, hatte in seinem Testament sein Geld für einen guten Zweck bestimmt. Sein Bruder forderte Teresa auf, möglichst schnell nach Toledo zu kommen. Teresa begab sich am 22. Februar 1569 auf die Reise. Sie wollte zuvor in Duruelo vorbeischauen, um zu sehen, wie es ihren ersten beiden Unbeschuhten Brüdern erging. Als sie eines Morgens dort ankam, kehrte Antonio gerade vor der Tür des Hauses und Teresa fragte ihn schäkernd, wo denn seine Ehre geblieben sei, worauf Antonio fröhlich antwortete, er habe sie aus dem Haus gekehrt.

Teresa war beeindruckt, wie bedürfnislos die beiden Brüder lebten. Jeder hatte eine winzige Kammer. Sie schliefen auf Heu, ein Stein diente als Kopfkissen. Zum inneren Beten begaben sie sich auf den Dachboden, der so niedrig war, dass sie nur in der Mitte aufrecht stehen konnten. Das Dach war undicht, und manchmal hatten sie nach langen Stunden der Meditation eine Haube aus Schnee auf ihren Kapuzen. Trotz der Kälte gingen sie barfuß zu den Orten ringsum, um zu predigen

1. *Teresa auf Tour. Ausschnitt aus einem Wandgemälde im Menschwerdungs-kloster*

2. *Ávila, Fernsicht auf die Stadt von Westen*

3. Die Mauern von Ávila

4. Konvent der heiligen Teresa, der an der Stelle ihres Geburtshauses errichtet
   und 1636 eingeweiht wurde

5. Das Kloster »Santa María de la Encarnación« (Kloster der Menschwerdung), von der Stadtmauer aus gesehen

6. Das Kloster Encarnación, in dem Teresa fast dreißig Jahre ihres Lebens
   verbrachte

7. Innenhof des Menschwerdungsklosters

8. Die Küche im Kloster der Menschwerdung: »Denke daran, dass selbst wenn du in der Küche bist, sich Gott zwischen den Töpfen bewegt.«

9. Besucherzimmer im Kloster Encarnación, mit Sprechgitter und Drehwinde (links)

10. Das Kloster San José in Ávila, Teresas erste Gründung. Die Klosterkirche wurde erst nach ihrem Tod erbaut

11. Toledo

12. Pastrana

*13. Innenhof des Klosters in Salamanca, das Teresa im November 1570 grün-
dete: »Es war feucht und sehr kalt, weil es so groß war.«*

14. Segovia

*15. Die Region Mancha bei Consuegra, eine Landschaft, die Teresa auf ihren
Reisen durchquerte*

und seelsorgerlich zu wirken. Sie waren in der Gegend bekannt und beliebt, und die Leute versorgten sie mit Almosen, so dass sie immer genügend zu essen hatten. Was aber Teresa noch lange im Gedächtnis blieb, war ein kleines, selbstgeschnitztes Holzkreuz, mit einem Jesus, den die Brüder notdürftig aus Papier ausgeschnitten hatten. Dieser Jesus aus Papier auf dem groben Stück Holz machte sie andächtiger als es jedes Kunstwerk vermocht hätte.[19]

Dem ersten Bruderkloster der Unbeschuhten Karmeliten wurde erlaubt, Novizen aufzunehmen, und bald wurde das Haus zu klein. Der Grundherr bot ihnen eine Kirche und ein Haus in dem nur fünf Kilometer entfernten Mancera de Abajo an. Und im Sommer 1570 zog die kleine Schar von reformierten Brüdern mit ihren wenigen Habseligkeiten in das neue Kloster um.

Bruder Johannes wurde unter dem Namen Johannes vom Kreuz zu einem der größten Mystiker und Poeten des Christentums. In einem seiner Gedichte fordert er die Leser dazu auf, dorthin zu gehen, »wo du nichts bist«. Duruelo war solch ein Ort, wo man nichts war, wo man im Sinne Teresas lernen konnte, »demütig« zu werden, auf alle Ablenkungen zu verzichten, alle Scheinsicherheiten abzulegen, sich ohne Angst anzunehmen, wie man ist, mit allen Zweifeln und Fehlern.

Das Leben, das Johannes in Duruelo geführt hatte, fußte auf dem Glauben, dass Begrenzung der Weg zum richtigen Leben und schließlich zu Gott ist. Dieser Glaube hat über die Jahrhunderte hinweg nichts von seiner Faszination verloren und ist vielleicht gerade in einer Zeit wieder besonders heilsam, in der in vielen Ländern der sogenannten Ersten Welt Überfluss herrscht. Ein Überfluss auch an Möglichkeiten, den Menschen Bedürfnisse zu suggerieren, die mehr dem Konsum dienen als ihnen selbst. Der Schriftsteller Reinhold Schneider nannte diese falschen Bedürfnisse »Narkose«[20], weil sie uns von einer oft schmerzhaften Realität, von störenden Zweifeln fernhalten und uns mit Versprechungen von Glück, Zufriedenheit, Gesundheit, Schönheit und Größe locken. Askese, Beschränkung wäre es unter diesen Verhältnissen schon, nicht auf alle Möglichkeiten, die uns angeboten werden, einzugehen, zu riskieren, nicht »in« zu sein, das Schwere zu wählen statt des Bequemen, das Unbeachtete statt des Angesehenen.

Immer wieder haben mystisch begabte Menschen auf diese »Narkose« verzichtet und sind dorthin gegangen, »wo du nichts bist«. Der Dichter und Versicherungsangestellte Franz Kafka wollte nicht mehr länger ein behütetes Dasein mit einem gut bezahlten, aber verhassten Beruf führen. Er sah keinen Sinn darin, die »Gehaltsleiter« weiter hochzusteigen. Er ging nach Berlin, wo ihn keiner kannte und er krank und fast mittellos lebte. Dietrich Bonhoeffer blieb nicht im sicheren Exil in den USA, sondern kehrte zurück in ein Nazi-Deutschland, wo Gefängnis und Tod auf ihn warteten. Der Philosoph Ludwig Wittgenstein verzichtete auf eine wissenschaftliche Karriere und das Vermögen seiner Familie und ging als Lehrer in eine Dorfschule. Simone Weil gab ihre feste Anstellung als Pädagogin auf, um als ungelernte Hilfskraft in einer Autofabrik am Fließband im Akkord zu arbeiten.[21]

Die Klöster, die Teresa gründete, sollten für die Frauen und die Männer, die dort lebten, Orte sein, wo sie »nichts sind«. Inseln der Armut, der Besitzlosigkeit, der Bedeutungslosigkeit. Im inneren Gebet und in der Askese sollten sie sich von allem befreien, was sie nicht sind – auch von dem Verlangen, sich selbst zu erlösen. Diese Askese führt für Teresa nicht zu einer Flucht vor der Welt, sondern zu einer Rückkehr in die Welt, in eine dann verwandelte Welt, die angenommen werden kann mit ihren hellen und dunklen Seiten. Denn Gott wolle, so schreibt sie, »dass wir das Bittere genauso freudig annehmen wie das Köstliche«[22].

XI. DIE GRÜNDERIN ODER MARTA UND MARIA

Toledo gehörte neben Sevilla und Madrid zu den Metropolen auf der iberischen Halbinsel. Die wegen ihrer steinigen Gebirgslage das »spanische Rom«[1] genannte Stadt konnte auf eine ruhmreiche Vergangenheit zurückblicken. Doch seitdem Philipp II. um 1560 die Residenz nach Madrid verlegt hatte und ihm Tausende von Hof- und Staatsbeamten gefolgt waren, verlor die Stadt zunehmend an Bedeutung. Noch immer aber war Toledo die Hochburg der spanischen Religiosität. Die Stadt war voll von Kirchen und Kapellen, von Klöstern, frommen Bruderschaften und Stiftungen. Überall stieß man auf religiöse Malereien. Und in den Straßen gab es unzählige Christus-, Madonnen- und Heiligenfiguren, die des Nachts von einem Meer von Öllämpchen beleuchtet wurden. Die Feste und Umzüge waren zahlreich, ob eines Heiligen gedacht wurde oder die spanischen Truppen einen Sieg über ungläubige Heiden vermelden konnten. Dann zogen die in ganz Spanien berühmten prächtigen Prozessionen durch die steilen, krummen Gassen.

In Toledo befand sich das oberste Tribunal der Inquisition. Vom Domkapitel waren auch die »estatutos de limpienza de sangre« erlassen worden, die Statuten zur Reinheit des Blutes, nach denen Ämter nur an reinblütige Christen vergeben werden durften. Teresas Großvater war diesen Verordnungen zum Opfer gefallen. Im Büßerhemd hatte er durch die Straßen gehen und letztlich aus Toledo wegziehen müssen. Aber nicht nur Bürger mit jüdischen Wurzeln gerieten ins Visier der Inquisition. Die Kirchenbehörden machten auch vor hochgestellten Kirchenmännern nicht Halt. Als Teresa in Toledo ankam, saß der beim Volk sehr beliebte Erzbischof Bartolomé Carranza in den Kerkern der Inquisition. Man hatte ihm vorgeworfen, »häretischer als Luther«[2] zu sein, und ihn zu einer langjährigen Gefängnisstrafe verurteilt.

Der Argwohn gegenüber Conversos war groß, wie überhaupt gegen alles Fremde. Reisende berichteten, dass sie auf offener Straße als »lutheranos« beschimpft wurden[3], was der Inbegriff war für alles, was man mit dem deutschen Mönch in Verbindung brachte und für gefährlichen Irrglauben hielt. Nicht selten kam es vor, dass Fremde, die schon durch ihre Kleidung auffielen, auf eine sehr unappetitliche Art getauft wurden, indem man aus einem Fenster einen Nachttopf auf ihre Köpfe entleerte. Überhaupt war es mit der Hygiene in Toledo wie auch in den anderen Städten Spaniens schlecht bestellt. Abfälle und Fäkalien wurden, wie es in einem Reisebericht heißt, »insgeheim bei nächtlicher Zeit zu den Fensterläden hinaus geschüttet.«[4] Und da es in den krummen und winkligen Gassen sehr eng war, mussten Fußgänger ständig darauf achten, wohin sie traten oder ob nicht aus einem Haus ein Schwall Unrat entsorgt wurde.

In den Morgenstunden des 14. Mai 1569 geschahen im ehemaligen Judenviertel von Toledo seltsame Dinge.[5] Zwei alte Frauen, die in einem der verschachtelten Häuser lebten, wurden von dumpfen Hammerschlägen aus dem Schlaf gerissen. Verwirrt standen sie auf und sahen mit Entsetzen, dass im winzigen Innenhof des Hauses der Putz in großen Brocken von der Wand fiel. Schließlich brach die halbe Wand zusammen, und durch das Mauerloch stiegen verstaubte schwarze Gestalten und ein Mann. Die Frauen waren außer sich vor Angst und schrien hysterisch. Vermutlich dachten sie, dass der Leibhaftige vor ihnen stand. Es war Teresa mit zwei Schwestern und einem Handwerker.

Sie hatte wieder eine ihrer überraschenden Hausbesetzungen durchgeführt. Die ganze Nacht hindurch hatte die Gruppe die Zimmer im Nebengebäude hergerichtet. Aber um in den Raum zu gelangen, der für die Kapelle vorgesehen war, mussten sie eine zugemauerte Tür durchstoßen. Teresa hatte die Nachbarn vorher nicht informiert, um nicht verraten zu werden. Jetzt waren die Frauen kaum zu beruhigen, und Teresa hatte Mühe, ihnen zu erklären, dass sie Nonnen waren und hier ein Kloster gründen wollten.

Der Ärger ging weiter. Die Besitzerin des Hauses kam und regte sich, wie Teresa in ihrem Bericht schreibt, »fürchterlich auf«[6]. Erst als Teresa durchblicken ließ, dass sie das Haus für einen guten Preis kaufen würden, wurde die Dame umgänglicher. Kaum war diese Aufregung überstanden, drohte schon die nächste. Die Herren vom Stadtrat waren entrüstet über die Frechheit einer kleinen Nonne, die ohne ihre Erlaubnis ein Kloster gegründet hatte. Sie drohten mit einem großen »Donnerwetter« und erklärten Teresa sogar für exkommuniziert, obwohl sie dazu nicht befugt waren. Teresa ließ das alles »seelenruhig« über sich ergehen. Konnte sie doch den Freibrief ihres Ordensoberen vorzeigen und auch die Erlaubnis des Diözesanverwalters, der in Toledo den inhaftierten Bischof vertrat.

Die Schwestern ließen sich nicht mehr aus dem eroberten Haus vertreiben und richteten sich notdürftig ein. Zu dieser Jahreszeit war es in Toledo bitterkalt, und alles, was die Frauen besaßen, waren zwei Strohsäcke und nur eine Decke. »Einige Tage verbrachten wir mit den Strohsäcken und der Decke, ohne weitere Wäsche«, erinnerte sich später Teresa, »und selbst an jenem Tag hatten wir nicht einmal ein dürres Blatt, um eine

Sardine zu braten.«[7] Eine mitleidige Seele erbarmte sich der Schwestern und warf ein Reisigbündel in das Haus, damit sie sich an einem kleinen Feuer wärmen und ihre Sardine braten konnten. Aber wo war Teresas Freundin Luise de la Cerda, die doch in Toledo wohnte und in deren Palast sie die erste Zeit in Toledo untergekommen waren? Warum half sie nicht? »Ich bin bei ihr nicht vorstellig geworden«, schreibt Teresa in ihrem Buch über die Gründungen, »denn es widerstrebt mir, lästig zu fallen, und sie merkte es vielleicht nicht; ich stehe bei ihr ohnehin mehr in Schuld, als sie uns hätte geben können.«[8] Das ist eine sehr taktvolle Entschuldigung für die vornehme Zurückhaltung der Doña Luisa. Die wahren Gründe waren jedoch andere.

Teresas Aufenthalt in Toledo stand von Anfang an unter einem schlechten Stern. In der Stadt war die Verbindung von religiöser Tradition und sozialer Ehre noch enger als anderswo. Teresa wurde in einen alten Konflikt hineingezogen, der ihre eigene Familie seit Generationen belastete – den Konflikt zwischen den Conversos und den altkatholischen Bürgern. Die Familie des verstorbenen Stifters Martín Ramírez waren Conversos, also Abkömmlinge jüdischer Vorfahren. Die adligen Familien in Toledo sahen es nicht gerne, dass ein Converso als frommer Stifter auftrat und Teresa sich in seinen Dienst stellte.

Zum Skandal aber wurde diese Stiftung, als die Familie Ramírez darauf bestand, im neuen Kloster eine Grabstelle für den Verstorbenen einzurichten. Eine eigene Familiengruft, das war ein Privileg, das die adligen, altkatholischen Familien für sich beanspruchten und neureichen »Emporkömmlingen«[9] nicht zugestehen wollten. Von allen Seiten wurde Teresa dringend geraten, auf diese Forderung nicht einzugehen. Auch Luisa de la Cerda dürfte unter diesen warnenden Stimmen gewesen sein. Sosehr sie Teresa bewunderte und mochte, so war sie doch auch Angehörige ihrer Klasse, und als solche schien es ihr geraten, zu Teresa auf Distanz zu gehen.

Teresa wusste nicht, wie sie sich in diesem Konflikt verhalten sollte. Fast drohte die ganze Gründung zu scheitern. Die Familie Martínez konnte sich mit Teresa weder auf einen Vertrag einigen noch ihr ein Haus bieten. Teresa wollte aber auf alle Fälle in Toledo ein Kloster gründen, ob mit oder ohne die Hilfe der Stifter. Dazu brauchte sie das Einverständnis des Diözesanverwalters, der den inhaftierten Erzbischof vertrat. Doch der war wieder einer von jenen Männern, die dünnen Zweiglein glichen und einknickten, sobald Widerstände auftraten. Ständig änderte er seine Meinung und konnte nicht dazu bewegt werden, klar Stellung zu beziehen. Teresa war schließlich so aufgebracht über dieses ständige Hin und Her, dass sie zum Diözesanverwalter ging und ihn – man kann es nicht anders sagen – zur Schnecke machte: »Als ich mich ihm gegenüber sah, sagte ich ihm, dass es unerträglich sei, wenn es da Frauen gebe, die in großer Strenge und Vollkommenheit und Zurückgezogenheit leben wollten, und diejenigen, die nichts dergleichen am Hut hätten, sondern sich in Behaglichkeit ergingen, Werke behelligen wollten, die für unseren Herrn ein so großer Dienst sind.«[10] Teresa sagte ihm noch andere Dinge mit, wie sie schreibt, »großer Entschlossenheit«, und noch ehe sie mit ihrem Vortrag fertig war, hatte sie die Einwilligung des Kirchenmannes in der Tasche. Der Diözesanvertreter wird es als Glück betrachtet haben, dass er gleich nach dem Gespräch auf Dienstreise gehen konnte. So brauchte er die Folgen seiner Nachgiebigkeit nicht persönlich zu erleben.

Teresa verlor keine Zeit. Kaum hatte ein junger Mann für sie ein geeignetes Haus ausfindig gemacht und ihr die Schlüssel besorgt, holte sie sich einen Handwerker und gab das Signal zur »Besitzergreifung« nach bewährter Manier. Und so kam es zu der geschilderten Hausbesetzung mit Mauerdurchbruch am 14. Mai 1569.

Die Ereignisse in Toledo zeigen, wie umstritten Teresa war und wie sehr sich an ihr die Geister schieden. Helfer und Sympathisanten fand sie immer, vor allem in Conversos-Kreisen. Ebenso sicher konnte sie damit rechnen, dass ihr Kirchenleute und politische Vertreter Steine in den Weg legten, wo sie nur konnten. Einige Adlige unterstützten sie finanziell und stellten ihr Häuser zur Verfügung, andere ächteten sie wegen ihrer Nähe zu den Conversos. Es gab berühmte Theologen, die Teresa rückhaltlos bewunderten. Und es gab solche wie den Bischof Sega, der Teresa als »unruhiges, herumvagabundierendes Weibsbild, das unter dem Vorwand von Frömmigkeit falsche Lehren erfand [...]«[11], bezeichnete.

Wie konträr auch immer die Meinungen zu Teresa waren, zweifelsohne hatte sie zu der Zeit, als sie in Toledo ein neues Kloster gründete, schon in ganz Spanien einen Namen. Sie war berühmt und berüchtigt. Vor allem adlige Damen suchten Kontakt zu ihr, teils, weil sie jene Nonne kennenlernen wollten, über deren Ekstasen die unglaublichsten Geschichten kursierten, teils, weil sie in ihren Besitztümern ein Kloster dieser Unbeschuhten haben wollten. In Madrid wartete man in adligen Kreisen schon auf einen Besuch Teresas. Besonders ungeduldig war eine der mächtigsten Frauen des Reiches, Doña Ana de Mendoza y de la Cerda, die Prinzessin von Eboli. Sie war eine Nichte der Doña Luisa de la Cerda, und seit sie erfahren hatte, dass ihre Tante in Malagón ein Kloster von Teresa erhalten hatte, wollte sie ihr nicht nachstehen und Teresa nach Pastrana holen, einem ererbten Marktflecken, wo es zwar eine Stiftskirche gab, aber noch kein Kloster.

Zwei Wochen nach der spektakulären Klostergründung in

Toledo suchte ein Bote der Prinzessin Teresa auf, und vor dem Haus stand eine vornehme Karosse, um sie nach Pastrana zu bringen. Teresa war erschöpft von den Umbauarbeiten und wollte sich eigentlich eine Ruhepause gönnen. Doch der Bote ließ sich nicht abwimmeln und wollte auch keinen vertröstenden Brief annehmen. Einer Prinzessin von Eboli schlug man keine Bitte ab, man ließ sie auch nicht warten. Sie war die Tochter des peruanischen Vizekönigs und Ehefrau des Fürsten von Eboli, Ruy Gómez de Silva, eines engen Vertrauten des Königs. Ihre Schönheit war, trotz einer Augenklappe, legendär. Und ebenso viele Geschichten rankten sich um den Ruf der »einäugigen Fürstin«, zwar klug, aber auch herrschsüchtig und intrigant zu sein. Manche nannten die neunundzwanzigjährige Schönheit gar eine »Furie« mit einem »schrecklichen Temperament«[12]. Friedrich Schiller hat ihr später in seinem Drama *Don Carlos* ein wenig schmeichelhaftes Denkmal gesetzt.

Am 30. Mai 1569 bestieg Teresa die Kutsche der Prinzessin. Sie ließ es sich gern gefallen, einmal komfortabel befördert zu werden. Die Reise ging über Madrid, wo ein mehrtägiger Halt eingeplant war, nach Pastrana. Vor ihr lag eine Begegnung, bei der zwei völlig unterschiedliche Welten aufeinanderprallten. Auf der einen Seite die machtbewusste Prinzessin, die über ihren Mann Einfluss auf die Politik des Königs ausübte. Auf der anderen Seite eine Nonne, die in Armut leben wollte und Klöster gründete, in denen Frauen und Männer in stiller Kontemplation Gott im eigenen Inneren erfahren wollten. Weiter voneinander entfernt konnten Lebensformen nicht sein. Auch die beiderseitigen Erwartungen waren höchst unterschiedlich.

Vieles spricht dafür, dass es für die Prinzessin einfach nur schick war, sich mit einer berühmten Mystikerin wie Teresa zu umgeben und sich mit einem ihrer Klöster zu schmücken. Für sie gehörte vermutlich das »innere Beten« zu jenen Dingen wie Kunst, Literatur und Religion, die im Grunde verzichtbar sind, solange sie nicht dem eigenen Prestige nutzen oder sich für das Erreichen politischer Ziele verwenden lassen.

Für Teresa war das »innere Beten«, das Gespräch mit ihrem Gott, der Sinn ihres Lebens. Keineswegs aber betrachtete sie diese Lebensform als private Angelegenheit von religiösen Aussteigern. Ihre Vorstellung war vielmehr, dass die Klöster zu geistigen Kraftzentren werden, die auf ihre Umgebung ausstrahlen. In einem Kloster zu leben, das Ich-Sterben zu lernen und den gesellschaftlichen Erwartungen und Verpflichtungen enthoben zu sein, hielt Teresa für ein ungeheures Privileg. Die wahren Helden aber waren für sie jene, die ihren Halt außerhalb der Welt gefunden haben und dann, wie sie sagt, »aus ihren Zellen herausgehen«[13], um Leute zu stärken und gerade die Schwachen zu ermutigen. Diese »Anführer«, wie Teresa sie nennt, sind immun gegenüber den Verlockungen der Macht und des Geldes. Sie sind nicht mehr korrumpierbar, weil sie den Geist des Klosters in sich tragen und selbst in den turbulentesten Zeiten ihre innere Ruhe bewahren.

Zweifellos dachte Teresa auch an sich, als sie ihren Schwestern vor Augen hielt, wie schwer es ist, solch ein »Anführer« zu sein, innerlich Nonne oder Mönch zu bleiben und in der Welt zu leben: »Sie müssen unter den Menschen leben, mit ihnen verkehren, in den Palästen sein und sich äußerlich denen in den Palästen manchmal sogar anbequemen. Meint ihr, meine Töchter, es gehöre nur wenig dazu, mit der Welt zu verkehren, in der Welt zu leben, sich mit den Geschäften der Welt zu befassen und sich, wie ich gesagt habe, den Gepflogenheiten der Welt anzubequemen, innerlich aber der Welt fremd und Feind der Welt und wie einer zu sein, der die Verbannung lebt, kurz gesagt, nicht Mensch, sondern Engel zu sein?«[14]

Teresa verkehrte in Palästen, aber dort wurde oft nur ihre engelsgleiche, weltflüchtige Seite wahrgenommen. In Madrid stand sie in ihrem grobwollenen Habit inmitten einer Runde sehr vornehmer Damen, die von ihr fromme Sprüche erwarteten, Zeugen einer visionären Ekstase werden wollten oder sie nach der Zukunft befragten. Wie enttäuscht waren sie, als Teresa ganz profan von den Straßen Madrids schwärmte, die ihr so sehr gefielen.

Gefallen fand Teresa auch an einem Mann, der ihr als Einsiedler vorgestellt wurde und den sie gleich als weiteren Kandidaten für ein Männerkloster ins Auge fasste. Anders als der kleine Johannes vom Kreuz, der Teresa manchmal zu vergeistigt vorkam, war dieser Mariano de Azzaro ein Mann, der fest im Leben stand. Der ausgebildete Theologe, der fünf Jahre älter war als Teresa, war ein Experte für Hydraulik und Flussregulierungen. Im Auftrag Philipps II. hatte er den Guadalquivir zwischen Cordoba und Sevilla für Schiffe befahrbar gemacht und in Aránjuez, dem Sommersitz der Königsfamilie, Kanäle zur Bewässerung angelegt. Nachdem er Opfer einer Intrige geworden, der Anstiftung zu einem Mord angeklagt und schuldlos ins Gefängnis geworfen worden war, hatte er, tief enttäuscht von den Menschen, sein früheres Leben aufgegeben und sich zurückgezogen, um besitzlos und von seiner Hände Arbeit zu leben. Zusammen mit seinem Gefährten, dem Maler Giovanni Narducci, den Teresa für einen »Einfaltspinsel« hielt, war Mariano ebenfalls auf dem Weg nach Pastrana, wo der Fürst von Eboli ihnen eine Klause versprochen hatte.

Teresa hatte wenig Mühe, den Fray Mariano davon zu überzeugen, dass die Lebensweise der Unbeschuhten genau das war, wonach er suchte. Er willigte ein, der Gemeinschaft beizutreten und in Pastrana ein Kloster für Unbeschuhte Brüder zu errichten. Teresa war beeindruckt von Marianos zupackender Art und seiner Sehnsucht nach Askese. Sie hielt ihn für »genial und äußerst begabt«[15] und glaubte, einen Bruder im Geiste gefunden zu haben.

Sie täuschte sich. Mariano sollte ihr noch viel Ärger bereiten, seine Gedankenlosigkeit und sein ungestümes Temperament brachten sie in Rage. Es zeigte sich, dass Mariano offenbar nicht verstanden hatte, worauf es Teresa ankam. Sein
Tatendrang endete oft in purem Aktivismus. Und vor allem
glaubte er, ein umso besserer Mensch zu sein, je mehr Gewalt
er sich antat und je mehr er seine natürlichen Bedürfnisse
unterdrückte. Jener Sanftmut gegen sich selbst und gegenüber anderen, wie ihn Teresa forderte, war ihm fremd. Offenbar war ihm die Erfahrung versagt, dass Gott keine Opfer
braucht, sondern die gesuchte Anerkennung ohne alle Gegenleistung verschenkt. Diese erfahrene Liebe ist für Teresa das
»Fundament«, das ein jeder Mensch allerdings nur im inneren
Beten, von Angesicht zu Angesicht mit seinem Gott, gewinnen kann.

Handlungen waren für sie deshalb nicht die Voraussetzung
dafür, vor Gott zu bestehen, sondern sie sollten die Folgen göttlicher Liebe sein. Diese Liebe in den eigenen Taten weiterzu-
geben, darauf kommt es nach Teresa an. Und ist diese Liebe
vorhanden, bringt sie wie von selbst richtige Taten hervor oder
wie Teresa sagt: Liebe »ist immer am Werk«.[16] Darum warnte
Teresa ihre Schwestern eindringlich davor, nie ohne Liebe zu
handeln, oder, mit anderen Worten, »keine Türme ohne Fundament« zu bauen, »denn der Herr schaut nicht so sehr auf die
Größe der Werke als vielmehr auf die Liebe, mit der sie getan
werden«[17].

Für Teresa waren die Motive, aus denen Menschen handel-
ten, entscheidend. Auf die Frage, was eine Frau wie die Prinzessin von Eboli dazu bewogen haben mag, als Stifterin und
Wohltäterin der Descaldos aufzutreten, erhielt sie bald eine
Antwort. Das Kloster war für diese ein Prestigeobjekt, das sie
wenig kosten, aber ihr viel Ansehen einbringen sollte. Nach
einem herzlichen Empfang durch das fürstliche Ehepaar in

Pastrana gerieten Teresa und die Prinzessin schnell aneinander. Teresa wollte für das Kloster eine finanzielle Absicherung, weil die meisten Bewohner von Pastrana abhängige Bauern waren, die ohnehin schon unter ihrer Abgabelast stöhnten. Doña Anna war nicht dazu bereit, wollte aber die Aufnahme einiger Frauen in das Kloster erzwingen, die Teresa für ungeeignet hielt. Unnachgiebig wie beide waren, drohte ein Eklat. Und Teresa wäre wieder abgereist, hätte nicht der Fürst Ruy Gómez vermittelnd eingegriffen.

Die Prinzessin gab nach, Teresa blieb. Nicht zuletzt deswegen, weil sie die Gründung des Männerklosters nicht gefährden wollte. Der vom Fürsten gestiftete Konvent lag auf einem Hügel außerhalb Pastranas. Mariano nutzte seine technischen Kenntnisse, leitete Quellwasser auf die Hänge und legte Terrassen für Obst- und Gemüsegärten an. Marianos Gefährte, der Maler Giovanni, übte weiter seinen Beruf aus. Für Teresa blieb er ein »Einfaltspinsel«, auch von seinem Können hielt sie nicht viel. Als er sie sieben Jahre später porträtierte, machte sie es ihm allerdings nicht leicht, weil sie dauernd lachen musste und nicht stillhielt. Kein Wunder, dass sie mit dem Ergebnis nicht zufrieden war. »Gott verzeih dir, Fray Juan!«, meinte sie, »erst hast du mich wahrhaftig genug geplagt, und am Ende hast Du mich so hässlich und triefäugig gemalt!«[18]

Anfangs entwickelten sich beide Klöster gut. Aber das Unheil nahm langsam seinen Lauf und begann damit, dass die Prinzessin in den Besitz von Teresas Lebensbeschreibung kam. Woher sie die Schrift hatte, lässt sich nicht mehr sagen. Schwer vorstellbar, dass Teresa selbst ihr das Buch gegeben hat, konnte sie doch wissen, dass die Prinzessin keinen Sinn für den Inhalt hatte und dieses brisante Material bei ihr nicht sicher war. Wahrscheinlich hat die Prinzessin über ihre Tante, Doña Luisa de la Cerda, von diesen Aufzeichnungen gehört und von ihr eine Abschrift erhalten. Hatte die Prinzessin von Anfang an eine Abneigung gegen Teresa oder wollte sie sich dafür rächen, dass sich Teresa bei den Verhandlungen über das Kloster durchgesetzt hatte? Jedenfalls ließ sie die Blätter überall offen herumliegen, so dass sie unter ihren Bediensteten, den Dienern, Zofen und Küchenangestellten, herumgereicht wurden und deren spöttische Kommentare bis nach Madrid drangen.[19] Doch nach dem Tod des Fürsten von Eboli im Juli 1573 sollten die Schwierigkeiten mit der Prinzessin erst richtig losgehen.

Nach zweieinhalb Monaten in Pastrana, die ihr allerdings wegen des ganzen Ärgers wie eine halbe Ewigkeit vorkamen, kehrte Teresa nach Toledo zurück. Die Familie Ramírez hatte ihre Pläne nicht aufgegeben und wollte erneut mit Teresa verhandeln. Teresa tadelte sich nun dafür, dass sie sich von den adligen Familien hatte unter Druck setzen und von »Stammbäumen und Standesdünkel«[20] beeindrucken lassen. Obwohl sich auch eine bedeutende Persönlichkeit aus Adelskreisen für ein Familiengrab in Teresas Kloster interessierte, gab Teresa den Ramírez den Vorzug. In einem komplizierten Vertrag wurde der Familie die Hauptkapelle zur Verfügung gestellt, auf das Kloster selbst aber sollte sie keinerlei Einfluss haben. Die Ramírez erwiesen sich als dankbare Stifter und besorgten Teresa und ihren Schwestern ein neues Haus, das sie im Mai 1570 bezogen.

Ob Luisa de la Cerda ihrer Freundin diesen Pakt mit den Conversos übelgenommen hat? Wenn ja, dürfte das Teresa kaum gestört haben. Denn gegenüber hochgestellten Damen fühle sie sich, so meinte sie einmal, so frei, »wie wenn ich ihresgleichen wäre«[21]. Teresas Adel war ein anderer. Es war ihre durch Selbsterkenntnis, Demut und Gotteserfahrung gewonnene Freiheit, die sie unabhängig machte. Diese Freiheit war die Grundlage ihres Handelns. Ohne diese Freiheit komme es zwangsläufig zu Ungerechtigkeiten und Gewalt. Insofern hat die kontemplative Versenkung, wie Teresa sie beschreibt, auch eine soziale und politische Dimension. Teresa scheute nicht davor zurück, den Mächtigen ihre Fehler vorzuhalten und darauf hinzuweisen, woran es ihnen mangelt. Es liest sich wie ein Traum oder wie eine Utopie, eine sehr ernst gemeinte Utopie, wenn sie in ihrer *Vida* schreibt: »Glücklich die Seele, die der Herr dazu bringt, Wahrheiten zu erkennen. Wie gut täte dieser Zustand den Königen! Wie sehr viel mehr brächte es ihnen, danach zu streben als nach Gewaltherrschaft. Wie ginge es dann rechtschaffen zu im Königreich! Wie viele Missstände würden vermieden und wären schon vermieden worden! Hier fürchtet man aus Liebe zu Gott nicht, Leben oder Ansehen zu verlieren.«[22]

Indirekt weist Teresa in diesen Sätzen sich und ihren gleichgesinnten Schwestern und Brüdern einen Platz in der Welt zu. Sie sind diejenigen, die das kontemplative Leben pflegen müssen. Sie sind dafür verantwortlich, dass das »Fundament« allen Handelns weiterbesteht. Selbst wenn sie ohnmächtig, scheinbar inaktiv und weltfremd wirken, dürfen sie sich nicht dazu hinreißen lassen, ihre Lebensweise gering zu achten und um die Anerkennung derer zu buhlen, die vorgeblich die Geschicke der Welt bestimmen. Teresa selbst hat ihre Aufgabe einmal als die eines Bannerträgers geschildert, der nur dann in der Schlacht eine wichtige Rolle spielen kann, wenn er seine Fahne, das kontemplative Leben, festhält.

»Wenn in einer Schlacht der Bannerträger auch nicht selbst kämpft«, so schreibt sie, »so steht er deswegen doch in keiner geringeren Gefahr, im Gegenteil, in seinem Innersten muss er mehr durchstehen als alle anderen. Da er das Banner trägt, kann er sich nämlich nicht verteidigen; und selbst wenn sie ihn in Stücke reißen, darf er es nicht aus den Händen lassen. So ergeht es den Kontemplativen: sie müssen das Banner der Demut hoch vor sich her tragen und alle Schläge aushalten, die auf sie niedergehen, ohne auch nur einmal zurückzuschlagen. Ihr Anteil ist, [...] es trotz aller Gefahren nicht aus den Händen zu lassen und beim Ertragen der Leiden keine Schwäche zu zeigen; deshalb werden sie für eine so ehrenvolle Aufgabe ausgewählt. Der Bannerträger muss auf das, was er tut, gut achten, denn wenn er das Banner aus den Händen gibt, ist die Schlacht verloren.«[23]

Teresa wurde nach ihrem Tod der Titel einer »madre fundadora«, der Mutter Gründerin, streitig gemacht, weil es für bestimmte kirchliche Kreise unerträglich war, dass eine Frau Klöster, vor allem Männerklöster gegründet hat. Doch selbst wenn man Teresa diesen Titel, völlig zu Recht, zugesteht, sollte man die Nonne in der zweiten Phase ihres Lebens nicht nur als Macherin, Organisatorin, rastlos Reisende sehen. Ihre oft ruhelose Aktivität zielte einzig und allein darauf hin, Orte der Ruhe, der Kontemplation zu schaffen. »Gründerin« war sie in dem Sinn, dass sie den Grund oder, wie sie selbst sagt, das »Fundament« für alles Handeln legen wollte.

Um ihr Anliegen deutlich zu machen, bediente sie sich gern der biblischen Geschichte von den beiden Schwestern Marta und Maria, bei denen Jesus zu Gast war.[24] Während Marta Jesus emsig bewirtet, lauscht Maria ruhig seinen Worten. Das Verhalten der Schwestern ist zum Sinnbild geworden für zwei unterschiedliche Lebensformen, für das kontemplative und das tätige Leben, die vita contemplativa und die vita activa. Eine Tradition der Auslegung dieser Geschichte hat die beiden Schwestern einander entgegengestellt. Entweder so, dass Maria die feinere, vergeistigte ist, die Jesus versteht, und Marta die tumbere, die vor lauter Werkeln keinen Sinn für das Höhere hat. Oder umgekehrt, dass Maria nur in ihrer Andacht schwelgt und darüber das Handeln versäumt, wie es Marta vorbildlich und tatkräftig vorführt.

Teresa wollte Marta und Maria nicht gegeneinander ausspielen, vielmehr wollte sie die Einteilung der Menschen in Macher und Träumer, Aktive und Passive überwinden. Oder mit ihren Worten: »Glaubt mir: Marta und Maria müssen zusammengehen, um den Herrn zu bewirten und immer bei sich zu haben [...]«[25]. Zusammengehen müssen Marta und Maria aber nicht in der Weise, dass die kontemplative Besinnung nützlich ist für das Handeln, so wie Freizeit nützlich ist, um wieder Kraft für die Arbeit zu sammeln. Inneres Beten ist keine Wellness-Übung. Vielmehr hat für Teresa inneres Beten seinen eigenen Sinn und seine eigene Rechtfertigung, man darf nicht »die Sicherheit irgendeines Nutzens«[26] von ihm erwarten. Indem ein Mensch in der Versenkung die unfassbare Zuwendung eines freundlichen Gottes erfährt, wird er zugleich ein Gebender. »Was wir eingenommen haben in der Kontemplation«, so beschreibt es Meister Eckhart, »das geben wir aus in der Liebe.«[27]

Ist diese Liebe vorhanden, geschieht das Gute mühelos und wie selbstverständlich. Fehlt sie, wird das Handeln angestrengt, verbissen, gewaltsam – und bewirkt letztlich nichts Gutes. Darum, so Teresa, dürften »Marta und Maria nie aufhören zusammenzuarbeiten, denn im aktiven, das das äußere zu sein scheint, arbeitet das innere, und wenn die Werke aus dieser Wurzel hervorgehen, sind die Blumen wunderbar und äußerst wohlriechend. Denn sie gehen von diesem Baum der Liebe Gottes – und aus ihm – hervor, ohne jegliches Eigeninteresse, und es verbreitet sich der Duft dieser Blumen, um vielen von Nutzen zu sein, und es ist ein Duft, der anhält, also nicht schnell vorbeigeht, sondern sich gewaltig auswirkt.«[28]

XII. LACHEN UND LEIDEN

Neue Nachrichten von Teresas Bruder Lorenzo aus Quito. Seine Frau Juana ist verstorben, und er plant, mit seinen vier Kindern in den nächsten Jahren nach Spanien zurückzukehren. Geld hat er schon vorausgeschickt, das sein Schwager Juan de Ovalle in Sevilla beim »staatlichen Handelshaus für Westindien« abholen und für ihn anlegen soll. Lorenzo hat bestimmt, dass von den insgesamt 2020 Silbertalern Juan de Ovalle und Teresa jeweils hundert bekommen.

Auf seiner Rückreise von Sevilla kam Juan de Ovalle Mitte Dezember 1569 nach Toledo, wo sich Teresa gerade aufhielt, und übergab ihr die Münzen, deren Wert nach dem Silbergehalt berechnet wurde und die in einheimische Währung umgewechselt werden mussten. Teresa fühlte sich verantwortlich für das Geld ihres Bruders und ließ es sich nicht nehmen dabei zu sein, als die Steuern für die Transaktion berechnet wurden. Nicht ohne Stolz berichtete sie Lorenzo, dass sie bei dieser Gelegenheit durchaus nicht unbedarft war und mitreden konnte. »Ich tat nämlich nicht wenig, um bei diesen Geschäften durchzublicken, doch bin ich jetzt eine so gute Geldwechslerin und Unterhändlerin, dass ich mich bei diesen Gottes- und Ordenshäusern in all dem auskenne […].«[1]

Es bereitete Teresa Unbehagen, so viel Geld zu haben. Anscheinend wolle Gott nicht, dass sie arm sei, schrieb sie an ihre Schwester Juana, »auch wenn ich mir noch so viel Mühe gebe«[2]. Teresa war den »Augen der Welt« ausgesetzt und wollte auf keinen Fall den Verdacht aufkommen lassen, dass sie sich persönlich bereichere. Jeglicher private Besitz war ihr verboten, und das Geld übergab sie dem Orden. Das war nicht allen verständlich, auch nicht ihrer Schwester Juana und deren Mann Juan de Ovalle, die wieder in finanziellen Schwierigkeiten steckten und sich Hilfe von Teresa erwarteten. Teresa musste sie enttäuschen und empfahl ihrem Schwager, keine riskanten Geldgeschäfte zu machen, sondern darauf zu achten, nicht mehr auszugeben als einzunehmen.

An diese einfache und doch goldene Regel hielt sich Teresa sehr gewissenhaft. Von den Priorinnen ihrer Klöster verlangte sie, genauestens Buch zu führen über Einnahmen und Ausgaben, auch um Rechenschaft darüber geben zu können, was mit dem Geld geschah, das manche Schwestern bei ihrem Eintritt in das Kloster als Mitgift mitbrachten. Man müsse mit so weltlichen Dingen wie den Ausgabebüchern beginnen, so meinte sie einmal, »damit das Geistliche immer mehr gefördert werde«[3]. Teresa selber führte ebenfalls Buch, vor allem, um weniger Skrupel zu haben, wenn sie, wie sie sagte, »etwas unternehmen muss«[4] – mit anderen Worten, wenn sie Geld brauchte für ihre Reisen und Gründungen.

Es sah so aus, als ob Teresa bald wieder »etwas unternehmen« müsste. Eigentlich wollte sie von Toledo aus zurück nach Ávila, wo sie Priorin von San José war. Im Januar 1570 teilte sie ihrem Bruder Lorenzo mit, dass sie ein Angebot aus Salamanca, der berühmten Universitätsstadt, vorliegen habe. »Ich weiß nicht, was der Herr mit mir machen wird, ob ich vielleicht nach Salamanca gehe, wo man mir ein Haus anbietet, denn auch wenn es für mich ermüdend ist, so ist der Nutzen, den diese Häuser für den Ort haben, an dem sie sich befinden, so groß, dass es mich im Gewissen verpflichtet, so viele zu gründen, wie ich nur kann.«[5]

Nicht alle waren von Teresas Eifer angetan, und nicht alle

betrachteten ihre Klöster als einen Segen. Vor allem jene Nonnen und Mönche des Karmelordens, die nicht nach den reformierten Regeln lebten, empfanden sie zunehmend als Gefahr. Verstärkt wurde der Argwohn dieser sogenannten Beschuhten noch dadurch, dass der Papst Pius V. mit dem Dominikanerpater Pedro Fernández einen Mann zum Apostolischen Visitator der Karmeliten in Kastilien ernannt hatte, der Teresas Reformen unterstützte. Dabei war dieser Pedro Fernández Teresa gegenüber anfangs sehr skeptisch gewesen. Aber es erging ihm wie vielen anderen Männern, die ihre Vorurteile aufgaben, nachdem sie Teresa persönlich kennengelernt hatten. Sie sei doch »eine gute Frau«[6], meinte er nach einem Gespräch mit ihr, was aus dem Mund von Pedro Fernández, der als übervorsichtiger, trockener und frauenfeindlicher »Prinzipienreiter« galt, fast schon ein überschwängliches Lob war.

In Salamanca, wohin Teresa schließlich im Herbst 1570 reiste, wirkte ein bekannter Theologe, der öffentlich vor Teresa warnte. Bartolomé de Medina war Professor an der Universität und bezeichnete Teresa in einer Vorlesung vor Studenten als eine jener »dummen Weiber«, für die es typisch sei, »von einem Ort zum anderen zu laufen, während es viel besser wäre, wenn sie zu Hause blieben, um zu beten und zu spinnen«[7]. Als Teresa davon hörte, bat sie Pedro Fernández, ihr ein Treffen mit dem Professor zu ermöglichen. Es kam zu mehreren Begegnungen, und nach jedem Gespräch hatte Teresa den Gelehrten mehr liebgewonnen, und der Professor wurde ein Freund Teresas.

Bartolomé de Medina unterstützte auch die Klostergründung in Salamanca. Teresa hatte bei diesem Unternehmen schon eine gewisse Routine. Sie war »gewitzt«[8], wie sie meinte, und wusste, wie sie vorzugehen hatte, um unnötige Probleme zu vermeiden. Um eine sichere Ausgangslage zu haben und nicht mehr vertrieben werden zu können, wurde zuerst in einer Nacht- und Nebelaktion ein Haus besetzt und zum Kloster erklärt. War dies gelungen, hielt sie Ausschau nach einem geeigneteren Gebäude, in das die Schwestern früher oder später umzogen.

Das weitläufige, aber heruntergekommene Haus, das Teresa zusammen mit ihrer Mitschwester María del Sacramento am 1. November 1570 bei Anbruch der Dunkelheit in Besitz nahm, war wenige Stunden zuvor noch von Studenten bewohnt gewesen, die ein ziemliches Chaos hinterlassen hatten. Die beiden Nonnen verbrachten die kalte Nacht auf Stroh, nur mit zwei Decken ausgestattet. María del Sacramento, die älter als Teresa und furchtbar ängstlich war, konnte kein Auge zutun. Ständig schreckte sie hoch, weil sie glaubte, in dem verlassenen, verwinkelten Gebäude Geräusche zu hören und Schatten zu sehen. In ihrer Panik fragte sie Teresa, was diese tun würde, wenn sie, María, jetzt stürbe, worauf Teresa antwortete: »Schwester, wenn es so weit ist, denke ich darüber nach, was zu tun ist, doch lassen Sie mich jetzt schlafen.«[9]

Bei jeder Klostergründung stürzte sich Teresa in ein unabsehbares Abenteuer. Sobald die ersten Schritte getan waren, regelte Teresa alles »bis ins Kleinste«, um sicher zu sein, dass ihre Schwestern gut untergebracht waren. In Salamanca gelang ihr das nicht, vorerst jedenfalls. Zwar sorgte sie dafür, dass das Kloster ein festes Einkommen hatte. Aber das große Haus war feucht und kalt und auf Dauer eigentlich unbewohnbar. Die Nonnen litten sehr, aber eine andere, bessere Unterkunft war nicht zu finden. Hinzu kam, dass Teresa oft von Salamanca wegmusste. Wie nebenbei gründete sie im Januar 1571 ein weiteres Kloster in Alba des Tormes, das nur knapp dreißig Kilometer von Salamanca entfernt lag; und zwischendurch musste sie sich auch wieder in Ávila sehen lassen.

Als Teresa sich im Juli 1571 in ihrer Geburtsstadt aufhielt, erreichte sie eine überraschende Aufforderung. Der vom Papst eingesetzte und mit der Kontrolle der Klöster beauftragte Apostolische Visitator Pedro Fernández wollte, dass sie Priorin des Menschwerdungsklosters wird. Teresa hatte die Hälfte ihres Lebens an diesem Ort verbracht, und die Zustände dort hatten sie dazu getrieben, ihr eigenes Kloster zu gründen. Freiwillig wäre sie nie in dieses »Babylon«[10], wo eine so große Unruhe herrschte und ein kontemplatives Leben kaum möglich war, zurückgekehrt. Aber durfte und konnte sie sich dieser Aufgabe entziehen? Was steckte hinter dem Auftrag des päpstlichen Visitators?

Die Idee, Teresa zur Priorin des Menschwerdungsklosters zu machen, hatte der Provinzial Ángel de Salazar Pedro Fernández nahegebracht. Salazar hatte sich schon bei der Gründung von San José nicht gerade als bedingungsloser Anhänger Teresas gezeigt, offenbar wollte er sie nun an Ávila binden und so von weiteren Gründungen abhalten. Und Pedro Fernández? Zweifellos war es auch ihm nicht ganz geheuer, dass eine Nonne kreuz und quer durchs Land reiste und überall neue Klöster errichtete. Aber er war ein Befürworter ihrer Reformen, und vermutlich hegte er die Hoffnung, dass Teresa in das Menschwerdungskloster wieder etwas vom ursprünglichen Geist des Ordens bringen könne und sich so die Unbeschuhten und die Beschuhten Karmeliter wieder einander annähern.

Als die neu ernannte Priorin am 6. Oktober 1571 in feierlicher Prozession mit geistlichen und politischen Würdenträgern in das Kloster zur Menschwerdung einzog, bereiteten ihr die Schwestern keinen herzlichen Empfang. Das war zu erwarten gewesen. Teresas Ernennung war gegen den Willen der Mehrheit im Kloster geschehen, und diese Nonnen, in deren Augen Teresa eine Verräterin und Abtrünnige war, taten ihren Unwillen kund. Die wenigen Stimmen, die Teresa freudig begrüßten, gingen fast unter, ließen sich aber nicht einschüchtern. Es soll sogar zu einer handfesten Auseinandersetzung bekommen sein.[11]

Die Atmosphäre entspannte sich erst, als Teresa in den Kapitelsaal geführt wurde. Statt sich auf den Platz für die Priorin zu setzen, steuerte sie, ihre neue Position vergessend, auf den Stuhl zu, wo sie früher als einfache Nonne gesessen hatte, und nahm dort Platz. Als sie ihren Irrtum bemerkte, lachte sie hell auf. Und dem Lachen Teresas hatte sich, wie ihre Mitschwester und Freundin María de San José berichtet, noch niemand entziehen können. Auch am nächsten Tag nahm Teresa nicht den Chorsitz der Priorin ein, sondern stellte zur Verblüffung aller eine hölzerne Marienstatue darauf. Das war eine Geste der Demut, um zu sagen, dass es nicht um ihre Person ging, sondern um etwas Größeres.[12]

Viele Schwestern im Menschwerdungskloster schätzten Teresas Klugheit und ihr freundliches Wesen, aber das Wort »Reform« war für sie des Teufels. Wer befürchtet hatte, dass sie mit eisernem Besen die Zustände im Kloster verändern würde, sah sich bald getäuscht. Teresas Grundsatz war es, mit Liebe und Autorität vorzugehen. Behutsam, aber mit Nachdruck machte sie den Schwestern klar, dass sie in einem Kloster lebten und nicht in einem Wohnstift für junge Damen. Sie schränkte die Besuche ein und achtete darauf, dass die Nonnen nur in Notfällen das Kloster verließen. An ihre Freundin Doña Luisa de La Cerda schrieb sie: »Ach, Gnädige Frau, wenn man die Ruhe unserer Häuser erlebt hat und jetzt dieses Durcheinander erlebt, dann weiß ich nicht, wie man da am Leben bleiben kann, denn man hat auf jede erdenkliche Weise zu leiden. Trotz allem herrscht, gottlob, Frieden, was nicht wenig ist, wo ihnen doch nach und nach ihre Vergnügungen und ihre Freiheit genommen werden; denn auch wenn sie noch so gut sind – und es gibt in diesem Haus wirklich Tugenden –, so ist die Änderung von Gewohnheiten doch ein Tod, wie man so sagt. Sie tragen es mit Fassung und erweisen mir viel Respekt. Wo aber hundertdreißig sind, da werden Euer Hochwohlgeboren schon verstehen, wie viel Sorge es braucht, um Ordnung zu schaffen.«[13]

Teresa gestand ihrer Freundin auch, dass ihre »Natur« oft »schlapp« mache. Das ist eine sehr saloppe Umschreibung dafür, dass sie fast ständig krank war. Fieberanfälle, Schüttelfrost, Herzbeschwerden, Übelkeit, Halsentzündungen, Zahnschmerzen – liest man Teresas Briefe, kann man diese Liste beliebig verlängern. Gott gebe ihr insgesamt eine schlechte Gesundheit, meinte sie einmal fast entschuldigend, um gleich hinzuzufügen: »[…] und doch tue ich dabei alles, so dass ich manchmal lachen muss.«[14] Dass Teresa lachen konnte über ihre schlechte Gesundheit und dass sie ihre Pflichten nicht vernachlässigte und anstrengende Reisen unternahm, sagt viel oder eigentlich alles über ihre Einstellung zum Leiden. Teresa war kein Workaholic im heutigen Sinne, der sich keine Schwäche gestattete. Noch weniger war sie eine von jenen Heiligen, die Leiden suchten und im Ertragen dieser Leiden ein Verdienst sahen.

Wer innerlich betet, wer sich selbst erkennt und Demut lernt, gelangt zu einer realistischen Sicht der menschlichen Wirklichkeit, das war Teresas Überzeugung. Zu dieser Realität gehört es, dass Menschen schon in diesem Leben einen Vorgeschmack des Himmels erfahren können. Andererseits sind Menschen keine Engel, sie haben einen Körper, der erkranken und sterben kann. Auch diese leidvolle und schmerzliche Seite der menschlichen Existenz, Teresa nennt sie »Kreuz«, demütig und liebevoll anzunehmen, gehört zu den Tugenden, die sie in ihren Klöstern verwirklicht sehen wollte. Empfindlich und manchmal sehr streng reagierte sie auf jene Nonnen, die unangenehme Arbeit oder gesundheitliche Einschränkung als Zumutung und Ungerechtigkeit empfanden. »Meistens geht diesen Seelen alles, was man ihnen sagt, gegen den Strich, da sie das Kreuz nicht umarmen, sondern es hinter sich herschleppen, und so tut es ihnen weh, ermüdet und reißt sie in Stücke, denn wenn es geliebt wird, dann ist es leicht zu tragen, das ist sicher.«[15]

Teresa ermahnte ihre Schwestern, auf ihre Gesundheit zu achten, gut zu essen und genügend zu schlafen. Keine Frage war es, dass eine ernstlich erkrankte Schwester mit aller Liebe und Fürsorge gepflegt werden sollte. Aber ebenso erwartete sie von den Nonnen, schlechte Tage und leichtes Unwohlsein sozusagen mit einem Lachen zu ertragen und nicht gleich aus einem Schnupfen ein Drama zu machen. Partout nicht ausstehen konnte Teresa das »Gejammer unter Klosterschwestern«, das für sie meistens ein »Gejammer um nichts« war. Und richtig sarkastisch konnte Teresa werden, wenn sie an jene Fälle dachte, wo Schwestern gleich mehrere Tage wegen Kopfschmerzen nicht am klösterlichen Leben teilnahmen: einen Tag fielen sie aus, weil sie Kopfweh hatten, einen weiteren, weil sie es gehabt haben, und noch drei Tage, damit sie keines mehr bekommen. »Mir ist es einmal passiert, das zu erleben«, berichtet Teresa, »denn ich hatte da eine, die über Kopfweh klagte, und sie jammerte mir ständig die Ohren darüber voll; als ich aber kam, um nachzuschauen, hatte sie weder schlimme noch leichte Kopfschmerzen, sondern es tat ihr an anderer Stelle ein bisschen weh.«[16]

Viel ernster als mehr oder weniger eingebildete Krankheiten nahm Teresa seelische Störungen. Zu ihrer Zeit gab es noch keine wissenschaftliche Beschäftigung mit geistigen Krankheiten nach heutigen Maßstäben, es gab keine Psychologie oder Psychiatrie. Mediziner erklärten auffälliges Verhalten mit einem Ungleichgewicht im Säftehaushalt des Körpers.[17] Und im normalen Volksglauben war jemand, der sich verrückt benahm, vom Teufel besessen. Umso bemerkenswerter ist es, dass Teresa zwar ein Kind ihrer Zeit war, aber anderseits sich auf ihre eigenen Erfahrungen und Beobachtungen verließ und dabei zu erstaunlichen Einsichten kam, die sich auch mit einem modernen Wissen in Einklang bringen lassen.

So genau und plastisch sie ihre eigenen übernatürlichen Erfahrungen wie Ekstasen und Visionen beschrieb, so subtil konnte sie psychische Vorgänge erfassen und darstellen. Das Übernatürliche und das Natürliche, das Übersinnliche und das Sinnliche gehörten für Teresa zusammen. Das eine kann folglich nur beurteilen, wer auch das andere kennt. Oder umgekehrt: Blendet man das eine aus, geht auch das andere verloren, ganz im Sinne Friedrich Nietzsches, der davor warnte, was passiert, wenn die Menschen auf »Gott«, verstanden als Symbol für die übersinnliche oder »wahre« Welt, verzichten: »Die wahre Welt haben wir abgeschafft: welche Welt blieb übrig? Die scheinbare vielleicht? Aber nein! Mit der wahren Welt haben wir auch die scheinbare abgeschafft!«[18]

Nicht nur in ihren Klöstern, sondern auch außerhalb stieß Teresa immer wieder auf eine seelische Stimmung, die sie allgemein als »Melancholie« bezeichnete. Das ist ein Begriff, den sie der Tradition entnahm, den sie aber mit eigenen Erfahrungen füllte. Sie kannte sehr wohl die Schwermut, die jeden Menschen befällt, der, um es mit Teresas Worten zu sagen, empfänglich ist für den inneren »Ruf« und »wertfühlig« wird für die Mängel des Lebens, für Ungerechtigkeit und Not.[19] Unter Melancholie versteht sie jedoch in erster Linie eine Krankheit, die daran zu erkennen ist, dass ein Mensch antriebsschwach und pessimistisch ist, wenn er also, wie man heute sagen würde, depressiv veranlagt ist. Viel schwieriger auszumachen sei diese Krankheit jedoch, wenn man sie weiter fasse und als Störung eines seelischen Gleichgewichts verstehe. Dann könne es sein, dass jemand nach außen ganz normal erscheine, weil sich die Krankheit »tot stellt« oder viele »Finten«[20] entwickele, um sich in einem Menschen einzunisten.

Melancholie, verstanden als eine Störung des Gleichgewichts zwischen dem Innenleben eines Menschen und seiner Beziehung zur Außenwelt, führt dazu, dass Menschen die Realität verzerrt wahrnehmen, weil sie nur mehr um sich selbst kreisen oder, wie Teresa sagt, sich »in ihre Phantasiewelt verspinnen«[21]. Damit einher geht für Teresa der Verlust der Vernunft, was sich derart äußere, dass ein Melancholiker nicht mehr Herr über seine Gedanken und Einbildungen sei, sondern von diesen beherrscht werde. Er habe dann »in sich selbst niemanden, der ihm hilft«[22]. Im Grunde genommen ist diese Krankheit also ein Egoismus, aber ohne ein Ich. Teresa drückt es so aus: »Und so geht es ihnen, wenn wir genau hinschauen, vor allem darum, mit dem durchzukommen, was sie möchten, und alles zu sagen, was ihnen auf die Zunge kommt, und auf fremde Fehler zu achten, um damit die eigenen zu verschleiern, und sich an dem zu amüsieren, was ihnen Spaß macht, kurz, wie jemand, der in sich keinen hat, der ihm Paroli bietet.«[23]

Besonders anfällig für Melancholie hielt Teresa Menschen mit einem starken Innenleben. Ihre Begabung, sich Vorstellungen, Bildern und Ideen hingeben zu können, kann ihrer Auffassung nach dazu führen, dass sie sich in ihren eigenen Gedanken verfangen und an ihren Gefühlen berauschen. Anstatt über sich erhoben zu werden, wird ihre Seele wie im Schlaf eingelullt, sie verschließen sich in sich selbst und gleichen Menschen, die »auf etwas starren, ohne zu merken, was sie anstarren«[24]. Ihre Fantasie ist nicht befreiend, sondern einengend, bedrückend und zwanghaft. Was ihnen fehlt, ist jene Kraft des mystischen Erlebens, die für Dorothee Sölle jeder Mensch entwickeln muss, um die »Abgeschlossenheit des Selbst«[25] zu durchbrechen. Teresa kannte diese Phasen melancholischer Niedergeschlagenheit aus eigener Erfahrung. Sie fühlte sich dann wie in einem tiefen Loch. Ein untrügliches Zeichen dafür, aus diesem Loch wieder gerettet zu sein, war es für sie, wieder über sich lachen zu können.

In den Klöstern hatte Teresa mit schweren Fällen von Melancholie zu tun, die auch das Zusammenleben gefährden konnten. Die betroffenen Schwestern sollten sich nicht zu sehr mit sich selbst beschäftigen, sondern sich ablenken durch Spaziergänge oder praktische Tätigkeiten. »Beherzte Schwestern«[26] sollten sich um sie kümmern und dafür sorgen, dass sie sich deren Anweisungen nicht entziehen konnten. Der liebevolle Umgang mit den seelisch Erkrankten bestand für Teresa gerade darin, nicht zu mitleidig und verständnisvoll zu sein. In diesem Sinne ist es zu verstehen, wenn Teresa sich selbst manchmal als hartherzig bezeichnete. Sie sei, so schreibt sie einmal, »keineswegs zartbesaitet, sondern habe ein so hartes Herz, dass es mir gelegentlich weh tut«[27].

Im Mai 1572 holte Teresa Johannes vom Kreuz nach Ávila, um in der geistlichen Erziehung der Schwestern eine Unterstützung zu haben. Johannes wohnte in einer Hütte neben dem Menschwerdungskloster. Nach anfänglichem Misstrauen verloren die Nonnen ihre Scheu und vertrauten sich dem schmächtigen Pater mit dem sanften Gemüt an. Teresa setzte Johannes überall dort ein, wo sie ihre Reformen in Gefahr sah. Bald musste Johannes nach Pastrana, weil sich im dortigen Männerkloster Verhältnisse eingeschlichen hatten, die Teresa eigentlich hatte überwinden wollen. Ein junger Mönch, der vorübergehend die Leitung innehatte und den Teresa für einen gefährlichen Melancholiker hielt, hatte den Novizen Schläge auf den nackten Rücken verabreichen lassen, um ihre Leidensfähigkeit zu prüfen. Für Johannes waren das heidnische Methoden, und Leute wie dieser Obere »Tiere«, die Gefallen finden an perversen Bußübungen und aus jungen, hoffnungsvollen Menschen ängstliche Jasager machen.[28]

Die Missstände im Kloster Pastrana hätten fast dazu geführt, dass ein Novize den Orden wieder verlassen wollte. Der siebenundzwanzigjährige Mann hieß Jerónimo Gracián und sollte in Teresas Leben noch eine wichtige Rolle spielen. Gracián stammt aus einer sehr kinderreichen Familie. Sage und schreibe zwanzig Jungen und Mädchen soll seine Mutter zur Welt gebracht haben, von denen nur dreizehn überlebten. Graciáns Vater war Sekretär König Philipps II. und hatte für seinen überaus begabten Sohn eine juristische Laufbahn am Hof in Madrid vorgesehen. Aber den jungen Gracián zog es zu einem geistlichen Leben, und schließlich gab der Vater seinem Herzenswunsch nach und ließ ihn Theologie an der Universität von Alcalá studieren. Durch Zufall war ihm eine Schrift Teresas über die Regeln in ihren Klöstern in die Hände gefallen, und er war davon so beeindruckt gewesen, dass er der verehrten Madre einen Brief geschrieben hatte.

Im Frühjahr 1572 war Gracián nach Pastrana gekommen, eigentlich nur, um die Aufnahme einer Frau in das Kloster der Unbeschuhten Karmelitinnen zu unterstützen. Die Schwestern waren so verzaubert von dem freundlichen und einnehmenden Wesen dieses jungen Studenten, dass sie ihn bedrängten, in Pastrana zu bleiben. War Grácian schon von den Ideen Teresas angetan gewesen, so hatten nun die Eindrücke vom Leben der Schwestern in Pastrana den letzten Ausschlag gegeben für eine radikale Entscheidung. Grácian gab seine akademische Karriere auf und trat als Novize in das Männerkloster ein. Nachdem Johannes vom Kreuz die Missstände im Klosterleben wieder beseitigt hatte, blieb Jerónimo Gracián in Pastrana und legte 1573 sein Gelübde ab.[29]

An höherer Stelle hatte man den jungen, hoffnungsvollen Theologen nicht aus den Augen verloren und für besondere

Aufgaben vorgesehen. Im August 1573 wurde er zusammen mit Ambrosio Mariano, dem Wasseringenieur, nach Sevilla geschickt, um dort eine wilde, also unerlaubte Klostergründung wieder aufzulösen. Der so harmlos erscheinende Auftrag entpuppte sich für Gracián als ein Abenteuer, das ihn in ein gefährliches Kompetenzwirrwarr und letztendlich in einen Bruderkrieg der Karmeliten stürzte. Papst Pius hatte in Andalusien einen anderen Apostolischen Visitator für die Beschuhten Karmeliten eingesetzt als in Kastilien. Dieser Dominikaner, Francisco de Vargas, versah sein Amt sehr eigenwillig. Er hielt sich nicht an die Anordnung des Ordensgenerals Rossi, der keine Klöster der Unbeschuhten in Andalusien wollte, und erlaubte Gracián, in Sevilla ein kleines Männerkloster für Unbeschuhte Mönche zu gründen.

Nicht nur das: Vargas übertrug sein Amt des Apostolischen Visitators kurzerhand auf Gracián. Und somit war Gracián von einem Moment auf den anderen mit diesem wichtigen Amt betraut und unvermittelt zwischen die Fronten der reformierten und unreformierten Karmeliten geraten. »Da stand ich nun mit meinen 28 Jahren«, schrieb er später in seinen Erinnerungen, »ein unfertiger Mönch, und fand mich schon als Vorgesetzten der Beschuhten Karmeliten in Andalusien und zwangsläufiger Gegner des Ordensgenerals, wozu man auch noch wissen muss, dass die andalusische Provinz die ungezähmteste von allen war.«[30]

Teresa erfuhr von den Vorgängen in Sevilla, und Grácian suchte brieflich ihren Rat. Sie hatte aber zu dieser Zeit ihre eigenen Probleme. Den Schwestern in Salamanca ging es schlecht, es war ihnen nicht mehr zuzumuten, weiter in dem baufälligen Haus zu bleiben. Mit Erlaubnis des Visitators Pedro Fernández reiste Teresa im Juli 1573 nach Salamanca, um ein neues, besseres Haus zu finden. Während der schwierigen Verhandlungen erreichten sie beunruhigende Nachrichten aus Pastrana. Der Fürst von Eboli, Ruy Gómez da Silva, war Ende Juli gestorben, und kurz darauf hatte die hochschwangere Witwe, die Prinzessin von Eboli, in einer zerschlissenen Kutte, zusammen mit ihrer Mutter und Dienerinnen vor der Pforte des Karmelitinnenklosters gestanden und um Aufnahme als einfache Nonne gebeten. »Unser Kloster ist verloren!«, soll die Priorin ausgerufen haben. Und sie sollte recht behalten.

Anfangs fügte sich die einäugige Prinzessin in die Regeln des Klosterlebens. Bald schon aber gab es die ersten Streitigkeiten. Die Prinzessin wollte Besuche empfangen, und als die Priorin ihr dies untersagte, erwiderte sie erzürnt und stolz, sie habe sich ihrem Ehemann unterworfen, sonst aber werde sie niemandem gehorchen. Für Teresa war eine Nonne, wie sie die Prinzessin abgab, »zum Weinen«[31]. Die Situation in Pastrana wurde nicht besser, als die Prinzessin das Kloster wieder verließ und in ihren Palast zurückkehrte. Sie schikanierte die Schwestern, die wie Gefangene lebten. Als die Klagen aus Pastrana immer häufiger und lauter und die Launen der Prinzessin immer unerträglicher wurden, beschloss Teresa zu handeln.

Im März 1574 gründete Teresa in Segovia ein neues Kloster. Dorthin sollten die Schwestern aus Pastrana umsiedeln. In der Nacht vom 6. auf den 7. April 1574 war es so weit. Die Nonnen in Pastrana verließen heimlich das Kloster und drei Tage später trafen sie »sehr angeschlagen«[32], wie Teresa in einem Brief schreibt, aber erleichtert in Segovia ein. Sämtliche Schenkungen der Prinzessin hatten sie im Kloster zurückgelassen.

Die Prinzessin von Eboli empfand die Flucht der Schwestern als Verrat und das Ende des von ihr gestifteten Klosters als schwere Verletzung ihrer Ehre. Sie sann auf Rache. Teresas autobiographische Aufzeichnungen waren noch in ihrem Besitz, und sie zögerte nicht, die Blätter der Inquisition zuzuspielen und sie dort zu denunzieren mit dem Hinweis, diese Schrift enthalte eine gefährliche Lehre. Das Buch wurde schließlich vom Inquisitionsgericht in Madrid beschlagnahmt.

Von den Intrigen der Prinzessin wusste Teresa, die sich in Segovia aufhielt, noch nichts. Und hätte sie davon erfahren, es wäre ihr vermutlich gleichgültig gewesen. Denn sie glaubte, ihrem Ende nahe zu sein. Es ging ihr so schlecht wie selten zuvor. Sie fühlte sich »alt und verbraucht«[33]. Hohes Fieber und Übelkeit waren noch das Wenigste, was ihr zu schaffen machte. Aber eine »qualvolle Melancholie«[34] hatte von ihr Besitz ergriffen, mit »schwärzester Dunkelheit in der Seele«[35]. Dabei verging kein Tag, an dem sie sich nicht mit unzuverlässigen Kirchenleuten herumschlagen, Geld »zusammenkratzen«, Besuche empfangen und wegen besetzter Häuser Prozesse führen musste.

Und sie musste persönlich darüber entscheiden, welche neuen Schwestern in das Kloster in Segovia aufgenommen wurden. Mit den meisten war sie zufrieden, einige brachten auch eine stattliche Mitgift mit. Das war aber für Teresa nicht vorrangig. Entscheidend für die Aufnahme war, dass die Frauen charakterlich geeignet waren. Darum zögerte Terese auch bei einer Kandidatin, die sie für eine »Heulsuse«[36] hielt, weil diese bei jeder Gelegenheit in Tränen ausbrach.

Erst im Frühsommer 1574 ging es Teresa besser. Sie fühlte sich nicht mehr wie ein »lebloses Ding«[37] und kräftig genug, eine Reise zu planen, die sie eigentlich gar nicht machen wollte. Sie sollte ins weit entfernte Beas de Segura gehen, wo ein Geschwisterpaar nach dem Tod der Eltern ein Kloster stiften wollte. Zuvor musste sie in Valladolid und Medina nach dem Rechten sehen. Und sie musste zurück nach Ávila, weil ihr dreijähriges Priorat im Menschwerdungskloster zu Ende ging. Obwohl die Schwestern dort sie inzwischen respektierten, ja verehrten, wollte sich Teresa nicht mehr zur Wiederwahl stellen.

Teresa war nun fast sechzig Jahre alt, gemessen an der Lebenserwartung zu ihrer Zeit eine alte Frau. Trotzdem erging es ihr wie dem Apostel Paulus, der meinte, dass zwar der äußere Mensch aufgerieben, aber der innere »Tag für Tag erneuert« werde.[38] Dieser innere Mensch war bei Teresas täglich im Gespräch mit seinem Gott, der ihr Mut machte und ihr eine Freiheit gab, der auch Krankheit und Anfälle von Melancholie nichts anhaben konnte. Teresa hatte wieder Lust, etwas zu unternehmen, zumal der Ordensgeneral Giovanni Battista Rossi ihr erneut versichert hatte, sie könne in Kastilien so viele Klöster gründen, wie sie Haare auf dem Kopf habe.

Am 2. Februar 1575 brach Teresa in Begleitung von acht Schwestern und dem treuen Pater Julián von Valladolid nach Beas auf. Eine Strecke von fast fünfhundert Kilometern lag vor ihnen, durch die winterliche Hochebene der Mancha und über die Gebirgspässe der Sierra Morena. Über die Gefahren und Strapazen heißt es in ihrem *Buch der Gründungen*: »Ich schreibe bei diesen Gründungen nichts von den großen Beschwernissen der Reisen, bei Kälte, unter der Sonne, mit Schnee, der manchmal den ganzen Tag ununterbrochen fiel, andere Male verirrten wir uns, wieder andere Male litt ich an vielen anderen Plagen und Fieberanfällen, denn, zur Ehre Gottes sei es gesagt, normal ist, dass ich bei schlechter Gesundheit bin, doch klar sah, dass unser Herr mir Kraft gab.«[39]

Der von Maultieren gezogene Wagen kam am 16. Februar in Beas an, und schon eine Woche später konnte das neue Kloster eingeweiht werden. Überstrahlt wurde Teresas Aufenthalt von einer Begegnung, die sie in ungeahnte Aufregung versetzte. Jerónimo Grácian machte auf seinem Weg nach Madrid in Beas Halt, und die beiden lernten sich nach ihrem Briefkontakt nun persönlich kennen. Sie führten lange Gespräche, über die Gracián später berichtete: »Sie gab mir Rechenschaft über ihr ganzes Leben, ihre geistigen Erfahrungen und Absichten, und ich wurde ihr so ergeben, dass ich von nun an nichts Wichtiges unternehmen wollte, ohne ihren Rat einzuholen.« [40]

Teresa konnte es selber nicht fassen, in welcher »Hochstimmung und Seligkeit«[41] sie die Tage mit Gracián verbrachte. An ihre Mitschwester Isabel de Santo Domingo in Segovia schrieb sie: »O liebe Mutter, wie gern hätte ich Sie in diesen Tagen bei mir gehabt! Wissen Sie, meiner Meinung nach waren es, ohne Übertreibung, die besten meines Lebens. Länger als zwanzig Tage ist Pater Magister Gracián hier gewesen. Ich sage Ihnen, dass ich nach all dem, was ich mit ihm zu tun hatte, den Wert dieses Mannes noch nicht ganz erfasst habe. Er ist in meinen Augen wirklich fähig, und für uns Schwestern besser, als wir es uns von Gott hätten erbitten können. […] denn so viel Vollkommenheit gepaart mit so viel Sanftheit habe ich noch nie gesehen. Gott halte ihn an seiner Hand und behüte ihn, denn ich hätte es um nichts in der Welt versäumen wollen, ihn zu sehen und mit ihm so viel zusammen zu sein.«[42]

Kein Zweifel, Teresa war verliebt.

XIII. VON HIMMLISCHER UND
IRDISCHER LIEBE

Im linken Querschiff der Kirche Santa Maria della Vittoria in
Rom ist eine der berühmtesten und zugleich umstrittensten
Skulpturen der Kunstgeschichte zu sehen: »Die Ekstase der
heiligen Theresia« des Gian Lorenzo Bernini. Inspiriert wurde
der Künstler von Teresas Vision, in der ein Engel ihr einen goldenen Pfeil ins Herz stößt. Bernini hat diese Szene aus Mar-
mor gestaltet. Teresa liegt wie ohnmächtig mit zurückgeworfe-
nem Kopf auf einer Wolke, ihre linke Hand und ihr linker Fuß
hängen ins Leere. Im Hintergrund wie Speere die Strahlen des
göttlichen Lichts. Links von Teresa steht ein Engel, der mit seinem rechten Arm ausholt, in der Hand den goldenen Pfeil.

Die Szene versucht, den Höhepunkt von Teresas Vision ein-
zufangen, den Moment, in dem der Engel das Eisen in ihr
Herz stößt und Teresa vor Schmerz und Wonne stöhnt. Bei
Teresa heißt es: »Mir war, als stieße er es mir einige Male ins
Herz und als würde es mir bis in die Eingeweide vordrin-
gen. Als er es herauszog, war mir, als würde er sie mit her-
ausreißen und mich ganz und gar brennend vor Gottesliebe
zurücklassen. Der Schmerz war so stark, dass er mich diese
Klagen ausstoßen ließ, aber zugleich ist diese Zärtlichkeit,
die dieser ungemein große Schmerz bei mir auslöst, so über-
wältigend, dass noch nicht einmal der Wunsch hochkommt,
er möge vergehen, noch dass sich die Seele mit weniger als
Gott begnügt. Es ist dies kein leiblicher, sondern ein geistiger

Schmerz, auch wenn der Leib durchaus Anteil hat, und sogar ziemlich viel.«[1]

Was sich in ihrem Inneren abspielt, spiegelt sich bei Berninis Skulptur auf Teresas Gesicht mit den geschlossenen Augen und dem halb geöffneten Mund wider – ein Gesicht, das ganz in Schmerz und Lust aufgeht. Es ist dieser Ausdruck, der Berninis Kunstwerk so zweideutig und umstritten macht. Viele Betrachter störten sich und stören sich bis heute an der erotischen Ausstrahlung der Teresa-Figur. Darf man eine Heilige so zeigen? Manche Interpreten sparten nicht mit Spott und behaupteten, in diesem Abbild einer religiösen Ekstase nichts anderes zu sehen als eine Frau auf dem Höhepunkt ihrer sexuellen Erregung. Der Schriftsteller Giorgio Manganelli hält diese triviale Auslegung für ein Missverständnis und für eine »Verspottung des Orgasmus«.[2] Nur vordergründig zeige die Skulptur eine in Wollust versunkene Frau, in Wirklichkeit sei das Antlitz der Teresa der »Gipfelpunkt der Abwesenheit«. Manganelli leugnet nicht, dass Berninis Teresa alle Merkmale höchster Sinneslust aufweist, aber diese Ekstase ist für ihn nicht psychologisch erklärbar, sondern nur symbolisch »erreichbar«, denn das Gesicht dieser Teresa habe »die Abwesenheit eingefangen, wurde von ihr ergriffen, von etwas, das für uns nur als lichtes, blendendes Nichts denkbar ist, durchdrungen und verwandelt«. Sind also in der Skulptur Berninis Erotik, Sexualität und mystische Entrückung in einem »Schauspiel«, wie Manganelli sagt, miteinander verbunden? Wollte Bernini, der ein tiefgläubiger Mann war, mit seiner Darstellung der Teresa von Ávila zum Ausdruck bringen, dass menschliche Liebe und Sexualität auch eine mystische Dimension haben?

Es war im Frühjahr 1575, in jenen Tagen, als Teresa in Beas noch ganz unter dem Eindruck der Begegnung mit Gracián stand, als sie erneut eine Vision hatte. Gracián und sie standen zu beiden Seiten Gottes. Dann »nahm der Herr unsere rechten Hände und legte sie zusammen und sagte mir, dass er wolle, dass ich ihn an seiner Stelle nähme, solange ich lebe, und dass wir beide uns in allem abstimmen sollten, weil das so gut sei.«[3] Diese Szene erinnert natürlich an den Akt der Vermählung. Als diese Aufzeichnungen nach Teresas Tod bekannt wurden, sorgten sie für Aufregung. Manche wollten nicht glauben, dass Teresa so etwas geschrieben haben soll. Andere sahen in Teresas Zeilen den Beweis dafür, dass es zwischen der Nonne und dem dreißig Jahre jüngeren Mönch eine unerlaubte Liebe gegeben habe. Die Kommentare waren teilweise so hämisch und derb, dass sich Gracián tief beleidigt fühlte. Er selbst hat in seinen Lebenserinnerungen dazu geschrieben: »Meines Erachtens aber bedeutete das mit den Händen nur, dass die Madre prophezeite, was nachher geschah: denn seit ich sie in Beas besuchte und sie diese Offenbarung hatte, stimmten wir bis zu ihrem Tod alle Angelegenheiten, die sich für sie oder mich ergaben, mochte es nun den Orden oder Persönliches betreffen, miteinander ab.«[4]

Die Begegnung mit Gracián brachte Teresas Pläne durcheinander. Eigentlich hatte sie vorgehabt, ins nahe gelegene Caravanca zu reisen, wo drei Frauen lebten, die ungeduldig darauf warteten, dass sich auch dort die Descalzos niederließen. Nun aber eröffneten sich ganz neue Möglichkeiten, was mit der komplizierten Grenzlage Beas zusammenhing. Teresa hatte vom Ordensgeneral Rossi nur die Erlaubnis, in Kastilien Klöster zu gründen. Gracián fand heraus, dass die Stadt zwar zivilrechtlich zu Kastilien, kirchenrechtlich jedoch zu Andalusien gehörte. Und da Gracián kraft seiner Dokumente für die Klöster der Beschuhten und die der Unbeschuhten in Andalusien zuständig war, war er in Beas Teresas unmittelbarer Vorgesetzter. Dank dieser überraschenden Entdeckung fühlte sich Gracián nicht nur dazu berechtigt, das Kloster in Beas abzusegnen, er forderte Teresa auch auf, die Grenze nach Andalusien zu überschreiten und in Sevilla ein Kloster zu gründen.

Teresa zögerte. Sie wollte den Ordensgeneral Rossi, an dessen Freundschaft ihr lag, nicht verärgern. Schließlich aber war das Vertrauen zu Gracián größer als ihre Sorge vor einem möglichen Ärger mit Rossi. Damit trennten sich vorerst die Wege Teresas und Graciáns. Gracián reiste zum päpstlichen Nuntius Niccoló Ormaneto nach Madrid. Teresa brach am Mittwoch, den 18. Mai 1575 nach Sevilla auf. Drei Unbeschuhte Brüder begleiteten sie, einer von ihnen war ihr unermüdlicher Weggefährte Julián von Ávila. Außerdem hatte sie für diese Reise ins Ungewisse sechs Schwestern ausgesucht, von denen sie wusste, dass sie mit ihr durch dick und dünn gehen würden.

Die über dreihundert Kilometer lange Fahrt[5] unternahmen die Frauen in zwei geschlossenen Planwagen, denn auch auf Reisen wollten sie ihre klösterliche Abgeschiedenheit so weit als möglich wahren. Überdies galten im damaligen Spanien reisende Frauen als anrüchig. Auch darum wollten Teresa und ihre Mitschwestern sich den Blicken der Menschen entziehen und trugen einen Schleier, sobald sie den Wagen verließen. Die Stimmung in der Gruppe war ausgelassen. María de San José Salazar erzählte später davon, wie frei und unbelastet sie sich fühlten. Aus dem Kloster in Beas hatten die Nonnen nur ein paar Sachen mitgenommen. Decken, wenige Bücher, ein Heiligenbild – das war alles. Von den Schwestern in Malagón hatten sie etwas Geld geliehen. Für die Verpflegung der großen Gruppe reichte es bei weitem nicht. Wie sie unterwegs zu Essen kommen sollten, das war offen. Der guten Laune tat das aber keinen Abbruch. Die Frauen sangen und verfassten Gedichte. Teresa dankte immer wieder ihren Mitschwestern dafür, dass diese bei ihr waren, alles gemeinsam mit ihr durchstanden und trotz aller Mühen sie alle so viel Freude hatten.

Schon im Frühsommer war es in Andalusien sehr heiß. Die Sonne brannte vom Himmel, und zur Mittagszeit war die Hitze im geschlossenen Wagen unerträglich. Bei dem Ort Espeluy mussten sie den Guadalquivir überqueren. Als die Karren über den Fluss gebracht werden sollten, riss die Strömung die Fähre mit sich, und der Fährmann und seine schreienden Helfer konnten sie vom Ufer aus nicht mehr an den Seilen halten. Auch die Nonnen und ihre Begleiter mussten mit anpacken, doch die Strömung war so stark, dass sie fast alle ins Wasser gerissen wurden. Die führerlose Fähre lief weit flussabwärts glücklicherweise auf eine Sandbank auf. Dort war das Wasser seicht und die Wagen konnten ans Ufer gebracht werden. Ein Adliger, der von seinem Anwesen aus das Unglück beobachtet hatte, befahl seinem Knecht, den Nonnen zu helfen. Der Knecht tat es ungern. Er stieß erst unzählige Flüche gegen Nonnen und Mönche aus, ehe er umgänglicher wurde und die Frauen sogar ein Stück weit begleitete, damit sie sich nicht verirrten.

Am Pfingstsonntag erreichte die Reisegruppe den Stadtrand von Cordoba. Teresa hatte mittlerweile so hohes Fieber bekommen, das sie halluzinierte. Die Frauen schütteten ihr Wasser ins Gesicht, was bei der großen Hitze wenig half. In der Not brachten sie ihre geliebte Madre in eine Herberge. Dort wies man ihnen eine fensterlose, stickige Kammer zu, die aussah, als hätte man darin vorher Schweine gehalten. Der niedrige Raum, in dem man nicht aufrecht stehen konnte, war voller Spinnweben, überall krochen Wanzen und sonstiges Getier herum. Außerdem waren der Lärm und das Geschrei aus der Herberge zu hören. Die Schwestern legten Teresa auf ein Bett, das allerdings so kaputt und unbequem war, dass sie es nicht lange aushielt. »Wie schlimm ist es doch, krank zu sein«, schrieb sie in Erinnerung an diesen Tag, »denn bei Gesundheit ist alles leicht zu ertragen! Schließlich hielt ich es für besser, aufzustehen und weiterzureisen, denn die Sonne in freier Landschaft kam mir erträglicher vor als in diesem Kämmerchen.«[6]

Nach diesen Erfahrungen bevorzugten es die Schwestern, die Nacht im Freien, auf einem Feld zu verbringen. Ihre männlichen Begleiter bildeten einen Kreis um sie. Das Abendessen fiel spärlich aus. Alles, was sie aufgetrieben hatten, waren Bohnen, Brot und ein paar Kirschen. Als sie später einmal ein Ei bekamen, war das für sie fast ein Festessen.

Am nächsten Morgen, es war der Pfingstmontag, brachen sie in aller Frühe auf, um rechtzeitig zu einer Messe in Cordoba zu sein. Doch als sie an eine Brücke kamen, durften sie diese ohne eine Genehmigung des Bürgermeisters nicht passieren. Der Bürgermeister schlief aber noch, und es dauerte Stunden, bis die Erlaubnis endlich eintraf. Doch dann stellte sich heraus, dass die Karren nicht durch das Brückentor passten. Es musste von beiden Fahrzeugen erst ein Stück abgesägt werden. Die Stadt war an diesem Feiertag überfüllt von Menschen, und die Planwagen hatten schon die Neugier vieler geweckt. Manche versuchten, einen Blick ins Innere zu werfen. Als die Nonnen dann vor der Kirche ausstiegen, waren sie sogleich von einer neugierigen Menge umringt und bedrängt. Mit knapper Not flüchteten sie sich in den Seitenflügel der Kirche. Teresa war von dem Temperament und der Zudringlichkeit der Andalusier so geschockt, dass ihr Fieber augenblicklich zurückging.

Ruhe und Erholung fanden die Frauen erst, als sie in einer Einsiedelei in Ecija Station machten, einem Ort auf halber Strecke zwischen Cordoba und Sevilla. Dort war es auch, dass Teresa ein Gelübde ablegte, vor sich und vor Gott. Es war ein erneuter Beweis ihrer Verbundenheit mit Jerónimo Gracián. Sie versprach, ihm gegenüber nichts zu verbergen, eine Offenheit zu üben, wie sie sie es bisher nur vor Gott gewagt hatte, und dies bis ans Ende ihres Lebens.[7] Ihr Vertrauen zu Gracián war so groß, dass sie sogar gelobte, sich zukünftig seinem Urteil zu unterwerfen. Dieses Versprechen fiel ihr alles andere als leicht, war es ihr doch immer überaus wichtig, in ihren Gedanken unabhängig zu sein. Es sollte sich zeigen, dass Teresa durchaus die Kunst beherrschte, ihren Vorsatz einzuhalten und trotzdem ihren eigenen Kopf durchzusetzen. Gracián berichtet, dass er und Teresa häufig gegensätzlicher Ansicht waren, sie es aber irgendwie immer schaffte, ihn auf ihre Seite zu bringen. Auf seine verdutzte Frage, wie es komme, dass er seine Meinung ändere, gab sie ihm die durchaus hintersinnige Antwort, dass sie sich bei Meinungsverschiedenheiten immer an Gott wende mit der Bitte: »Herr, wenn du auch für richtig hältst, was ich möchte, so wende das Herz meines Vorgesetzten, auf dass er es befiehlt, so dass ich ihm Gehorsam leisten kann.«[8]

Zwischen Écija und Sevilla mussten die Schwestern noch einmal in einer Herberge Halt machen, was sie sehr ungern taten, denn diese »ventas«, wie sie genannt wurden, waren oft üble Spelunken, wo Fuhrleute und zwielichtiges Gesindel verkehrten und in denen es kaum etwas zu essen gab.[9] Die Wagen der Nonnen standen im Hinterhof, mitten zwischen Abfall und Unrat, der stechenden Sonne ausgesetzt. Alles, was die Begleiter der Nonnen ergattern konnten, waren salzige Sardinen, die einen höllischen Durst verursachten. Aus dem Wirtshaus drang ein solcher Schwall von Schimpfwörtern und Flüchen, dass sich die verängstigten Schwestern um den Wagen von Teresa scharten und sich die Ohren zuhielten. Als die betrunkenen Fuhrleute auch noch eine Prügelei anfingen, mit Schwertern aufeinander losgingen und Schüsse knallten, krochen die Schwestern zu Teresa in den Wagen, um dort Schutz zu finden, und wie erstaunt waren sie, als sie ihre Madre laut lachend vorfanden.

Nach neun beschwerlichen Tagen kam die Reisegesellschaft endlich am 26. Mai 1575 in Sevilla an. Die Stadt mit ihren dreißigtausend Einwohnern war eine blühende Metropole und Spaniens Tor zur Welt. Der gesamte Handel mit den Kolonien in Westindien wurde von hier aus betrieben. Sevilla lag zwar ziemlich weit im Landesinneren, doch der Guadalquivir war bis zur Stadt schiffbar gemacht. Im Hafen legten die Schiffe nach Übersee ab und kamen schwerbeladen mit Gold, Silber, Gewürzen und Sklaven wieder von dort zurück. Vom Reichtum der Stadt wurden Kaufleute angezogen, aber auch für Abenteurer, Gauner und Dirnen war Sevilla ein »Paradies«[10]. Sogar unter den Beschuhten Karmeliten gab es kriminelle Elemente und schwarze Schafe. Teresa berichtet davon, dass kurz nach ihrer Ankunft zwei Ordensbrüder in einem »verrufenen Haus« erwischt und von der Polizei in aller Öffentlichkeit abgeführt wurden.[11]

Nonnen in groben Kutten, mit Hanfsandalen an den Füßen und nur noch einer einzigen kleinen Münze in der Tasche schienen hier wie aus einer anderen Welt. Ambrosio Mariano, der italienische Ingenieur, nahm die Schwestern in Empfang und brachte sie zu einem Haus in der Calle de las Armas, das er für sie gemietet hatte. Die Unterkunft war in einem erbärmlichen Zustand; und die ganze Einrichtung bestand aus ein paar Matratzen, in die sich ein Heer von Ungeziefer eingenistet hatte. Teresa und ihre Begleiterinnen bekamen von den Nachbarn ein paar nützliche Dinge wie einen Eimer, eine Bratpfanne und einige Krüge. Nach und nach aber forderten die Leute die Sachen wieder zurück, so dass die Schwestern nach zwei Tagen wieder genauso mittellos waren wie am Anfang.

Über diese »komische kleine Farce«[12] konnten sie immerhin noch lachen. Nicht mehr zum Lachen zumute war Teresa, als Mariano langsam mit der Sprache herausrückte und gestand, dass der Erzbischof von Sevilla keine Genehmigung für ein neues Kloster geben wollte, schon gar nicht für eines ohne festes Einkommen. Dass es nicht möglich sein sollte, in einer reichen Stadt wie Sevilla ein armes Kloster zu gründen, konnte Teresa nicht verstehen, und sie war über die Haltung des Erzbischofs so enttäuscht und wütend, dass sie sofort wieder umkehren wollte. Nur der Gedanke an Gracián hielt sie zurück. Ihn wollte sie nicht enttäuschen. Und das umso weniger, als mittlerweile beide zum Ziel einer Kampagne der Beschuhten Brüder, der »Nachtvögel« wie Teresa sie nannte, geworden waren und mehr denn je zusammenhalten mussten.

Die Beschuhten Karmeliten mochten es nicht länger hinnehmen, dass eine Nonne und ein junger Mönch ihnen eine Reform aufdrängten, die sie nicht wollten. In ihrem Hass gegen diese neue Bewegung hatten sie auch den Ordensgeneral Rossi auf ihre Seite gebracht. Wie zu erwarten, war Rossi nicht erfreut über Teresas Reise nach Sevilla. Er verübelte es ihr sehr, dass sie nun auch in Andalusien wirkte. Auch auf Gracián war Rossi schlecht zu sprechen, weil dieser ohne seine Erlaubnis Klöster für Unbeschuhte Mönche gegründet und Teresa nach Sevilla geschickt hatte. Die Verärgerung des Generals nutzten die nicht reformierten Karmeliten, um Teresa und ihre Anhänger bei ihm in Misskredit zu bringen. Sie behaupteten, Teresa habe eine Spaltung des Ordens verursacht und sie und Gracián gehorchten nicht mehr dem Ordensgeneral, sondern hielten sich nur noch an die Anweisungen des Papstes und seiner Vertreter. Um zu klären, wie man auf diese Vorwürfe reagieren sollte, fand von Mai bis Juni 1557 in der italienischen Stadt Piacenza eine Versammlung der leitenden Männer des Karmeliterordens statt.

Noch bevor Teresa in Sevilla eintraf, erfuhr sie, dass auf diesem Generalkapitel weitreichende Entscheidungen gegen die Reformbewegung gefasst worden waren. Alle Männerklöster, die ohne die Erlaubnis der Ordensoberen gegründet worden waren, sollten aufgelöst werden. Deren Mönche sollten in die Konvente mit der milderen Regel zurückkehren. »Ungehorsame Söhne« wie Jerónimo Gracián, Ambrosio Mariano, Johannes vom Kreuz und Pater Antonio sollten ihrer Ämter enthoben und exkommuniziert werden. Teresa sollte sich in ein Kloster ihrer Wahl in Kastilien zurückziehen und es nicht mehr verlassen. All diese angedrohten Maßnahmen liefen auf ein Ende der karmelitischen Reformbewegung und eine allmähliche Zerstörung von Teresas Lebenswerk hinaus.

Als Teresa von diesen Beschlüssen erfuhr, konnte sie es nicht fassen, dass ihr verehrter und geliebter Pater General diese mitgetragen hatte. Sie schrieb ihm einen langen Brief, in dem sie mit allen Mitteln ihrer diplomatischen Kunst versuchte, Rossi versöhnlicher zu stimmen und sich zu verteidigen. Sie wies darauf hin, dass der General sie in einem späteren Schreiben aufgefordert hatte, »überall« neue Klöster zu gründen, und dass sowohl der päpstliche Nuntius in Spanien, Niccolò Ormaneto, als auch König Philipp II. ihre Reformen unterstützen. Vor allem wollte Teresa Gracián in Schutz nehmen. »Gracián ist wie ein Engel«, schrieb sie, und weiter: »Ich sage Euer Hochwohlgeboren: Würden sie ihn kennen, wären Sie froh, ihn als Sohn zu haben, denn das ist er meines Erachtens wirklich, und Mariano genau so.«[13]

Rossi legte offenbar keinen Wert auf solche Söhne. Er blieb unerbittlich und leitete Schritte ein, die Beschlüsse von Piacenza umzusetzen. Gleichzeitig steuerte der Konflikt auf einen Höhepunkt zu, weil von Seiten des Papstes und des spanischen Königs eigene Interessen verfolgt wurden, die den Absichten Rossis zuwiderliefen. Bei seinem Aufenthalt in Madrid hatte der Nuntius Ormaneto die Befugnisse Graciáns nicht nur bestätigt, sondern noch erweitert. Er war jetzt für alle Männer- und Frauenklöster der Unbeschuhten und der Beschuhten in Kastilien und Andalusien zuständig und durfte überall Visitationen durchführen. Gracián hatte lange gezögert, ob er diese Aufgaben übernehmen sollte. Er konnte sich ausmalen, wie die Beschuhten reagieren würden, wenn sie in dieser angespannten Situation ihn als Vorgesetzten akzeptieren sollten. Teresa machte ihm Mut. Bei allem Ärger, der Gracián erwartete, konnte er doch dank der päpstlichen Vollmachten seine schützende Hand über die Unbeschuhten halten und sie vor dem Untergang bewahren.

Teresa wollte ihren Ordensgeneral nicht noch mehr verärgern und sich seiner Anordnung, nach Kastilien zurückzukehren, beugen. Zuvor aber sollten ihre Schwestern gut untergebracht und versorgt sein. Das war bisher nicht der Fall. Die Schwestern führten ein kärgliches Dasein in Sevilla. Sie litten unter der quälenden Hitze. Und weil hier, anders als in Kastilien, niemand Teresa und ihre Descalzos kannte, erhielten sie keine Spenden. An den meisten Tagen mussten sie sich einen Laib Brot teilen. Manchmal bekamen sie ein paar Äpfel geschenkt. An einen Umzug in ein neues, besseres Haus war nicht zu denken. Teresa war pleite. Ihre einzige Hoffnung war ihr Bruder Lorenzo, der sich schon auf dem Schiff befand, das ihn, seine Kinder und seinen Bruder Pedro in die Heimat zurückbringen sollte.

Am 10. August 1575 erreichte dieses Schiff die Westküste Spaniens, im Mündungsgebiet des Guadalquivir. Lorenzos zwölfjähriger Sohn Esteban hatte die lange Reise nicht überlebt. Geblieben waren ihm sein fünfzehnjähriger Sohn Francisco, der zwei Jahre jüngere Lorenzo junior, und die kleine, achtjährige Teresa, von allen nur Teresita genannt. Von den sieben Brüdern Teresas, die ihr Glück in Westindien gesucht hatten, waren vier bereits gestorben oder bei Kämpfen ums Leben gekommen, zuletzt, im Mai 1575, Jerónimo de Cepeda in der Schlacht bei Nombre de Dios in Panama. Der Einzige, der sich nun noch in Westindien aufhielt, war der jüngste der Brüder, Agustín de Ahumada, der ein unstetes Leben führte, zwei uneheliche Töchter hatte und ständig in Kämpfen sein Leben riskierte. Mit Lorenzo war auch dessen Bruder Pedro in die Heimat zurückkehrt. Er war ein Pechvogel und ein schwieriger Charakter, der der Familie noch viele Sorgen bereiten sollte.

Lorenzo dagegen erwies sich als der erhoffte Retter in der Not. Er war bereit, Bürgschaften für Teresa zu übernehmen, und er machte sich sofort auf die Suche nach einem besseren Haus für die Schwestern. Da er gerade aus Übersee kam und zudem aus Kastilien stammte, begegneten ihm die Leute in Sevilla reserviert und argwöhnisch. Teresa hielt es deshalb für ziemlich töricht, dass Lorenzos Söhne sich mit »Don« anreden ließen, wie es nur Adligen zustand. Abgesehen davon, dass sie keine arroganten Schnösel als Neffen haben wollte, wusste sie von den jüdischen Wurzeln der Familie und empfahl den jungen Herren ein bescheideneres Auftreten.

In dieser Hinsicht musste sich Teresa bei ihrer Nichte keine Sorgen machen. Sie nahm die kleine Teresita in ihr Haus auf und war von Anfang an vernarrt in das fast neunjährige Mädchen. Teresa, die für alle ihre Schwestern die »Madre« war, wurde wie eine Mutter für die kleine Halbwaise. Jerónimo Gracián, der auf dem Weg nach Sevilla war, teilte sie mit, welches Glück ihr dieses Kind bereitete. Teresita sei »der Kobold des Hauses, und ihr Vater kann sich nicht fassen vor Freude, und alle finden viel Freude an ihr; dabei hat sie einen Charakter wie ein Engel und weiß uns in den Rekreationsstunden mit ihren Erzählungen über die Indios und das Meer bestens zu unterhalten, besser, als ich es selbst erzählen würde«.[14] Teresa wünschte sich in diesem Brief, dass Gracián Teresita bald kennenlernte. Dass sie selber es kaum erwarten konnte, Gracián wiederzusehen, das war in diesem Wunsch sicher enthalten.

Gracián kam im November 1575 nach Sevilla. Wie vergiftet das Verhältnis zwischen den Beschuhten und den Unbeschuhten war, das bekam er gleich zu spüren, als er sein Amt als Visitator ausüben wollte. Die nach den alten Regeln lebenden Brüder, die sich von Gracián keine Vorschriften machen lassen wollten, hatten sich bewaffnet, und als Gracián das Kloster betrat, wurden die Tore verriegelt. Lärm und Geschrei ertönte, Leute rannten zu Teresa und sagten ihr, dass Gracián umgebracht worden sei.[15] Doch Gracián verließ das Kloster lebendig. Er beharrte auf seinen Rechten und versuchte weiterhin, die Klöster maßvoll, aber nachdrücklich zu reformieren. Das machte ihn bei seinen Gegnern nur noch verhasster, und sie schreckten auch nicht vor Verleumdungen zurück, um Gracián bei den Ordensoberen anzuschwärzen.

Teresa hatte Angst um Gracián, obwohl sie selber in Schwierigkeiten steckte und allen Grund zur Sorge hatte. Eine Beatin war in ihren Konvent eingetreten, die angeblich in Sevilla als Heilige verehrt wurde. María de San José Salazar, die Teresa zur Priorin in Sevilla bestimmt hatte, glaubte allerdings, dass diese Frau nur nach eigener Meinung heilig war. Und Teresa hielt grundsätzlich nichts von dieser »Komödie mit der Heiligkeit«[16]. Im Haus der Descalzos war diese María del Corro nur eine unter vielen, und offensichtlich fehlte ihr die gewohnte Verehrung. Sie wurde unglücklich und kränklich und verließ schließlich heimlich den Konvent. Um davon abzulenken, dass sie das strenge Leben der Unbeschuhten nicht ausgehalten hatte, und um keinen Zweifel an ihrer Heiligkeit aufkommen zu lassen, klagte sie die Unbeschuhten Karmelitinnen bei der Inquisition an. Sie behauptete, Teresa und ihre Schwestern pflegten Riten, die sie von den abergläubischen Alumbrados, den Erleuchteten, übernommen hätten.

Dieser Hinweis reichte, um die Inquisition tätig werden zu lassen. Sie schickte Kontrolleure in das Haus der Descalzos.

Diese »Engel«, wie sie Teresa nannte, konnten zwar keine Verfehlungen feststellen, aber allein die Tatsache, dass Leute der Inquisition in Teresas Haus ein und aus gingen, sorgte für böse Gerüchte, die dem Ansehen der Schwestern sehr schadeten. Vielleicht hing die Nachsicht der Glaubenswächter in Sevilla auch damit zusammen, dass Teresas Schrift über ihr Leben vor kurzer Zeit vom zentralen Inquisitionsgericht in Toledo als unbedenklich erklärt worden war. Domingo Bañez, der Dominikanerpater und berühmte Theologe, der Teresa bei ihrer ersten Klostergründung in Ávila verteidigt hatte, war beauftragt worden, ein Gutachten zu erstellen. Darin bescheinigt er Teresa, dass sie »keine Betrügerin« sei und ihr Werk nichts enthalte, was der offiziellen Lehre widerspreche. Dennoch empfiehlt er, mit den Visionen und Offenbarungen, die darin beschrieben werden, vorsichtig umzugehen, gerade weil sie von einer Frau stammten. Er kommt zu dem Schluss, »dass dieses Buch nicht jedem Beliebigen weitergegeben werden soll, sondern nur gebildeten und mit christlicher Erfahrung und Unterscheidungsgabe ausgestatteten Männern«[17].

Mit solchen Männern hatte Teresa schon ihre Erfahrungen gemacht. Der Erzbischof von Sevilla war ein entschiedener Gegner von Schwesternklöstern ohne Einnahmen. Er verweigerte seine Einwilligung zur Klostergründung, bis er Teresa einen Besuch abstattete und er unter dem Eindruck ihrer Persönlichkeit seine Meinung änderte. Dass es auch einfacher gehen kann, zeigte Teresa dem Kirchenmann, als sie von Sevilla aus eine Klostergründung in Caravanca organisierte. Julian von Ávila hatte für sie alles erledigt, und schon am 1. Januar 1576 konnte das Kloster dort eingeweiht werden.

In Sevilla zog sich alles in die Länge. Es fand sich kein geeignetes Haus und die Lage für Teresa wurde immer prekärer. Der Ordensgeneral Rossi, dem sie zum Gehorsam verpflichtet war, drängte sie, aus Kastilien wegzugehen. Gracián befahl ihr, in Sevilla zu bleiben. Teresa blieb, auch weil ihr Bruder Lorenzo endlich ein Haus gefunden hatte, mit einem Obstgarten und schönem Blick auf den Fluss. Zusammen mit Handwerkern baute Lorenzo das Haus zu einem Kloster um. Als die Arbeiten Anfang Juni endlich abgeschlossen waren, wollte Teresa ohne großes Aufsehen einziehen. Das erlaubten ihre Freunde aber nicht. Der Umzug in das Kloster sollte in aller Öffentlichkeit vonstattengehen und so feierlich wie möglich begangen werden. So erlebte Sevilla am 3. Juni 1576 ein Einweihungsfest, wie es die Stadt noch selten erlebt hatte, mit einem langen Prozessionszug, mit Feuerwerk, Musik und einem prächtig geschmückten Kloster. Auch der Erzbischof nahm teil. Und wie groß war das Erstaunen, als er reumütig vor Teresa niederkniete und sich von ihr segnen ließ.[18]

Am darauffolgenden Tag verließ Teresa Sevilla, um sich an ihren selbstgewählten Verbannungsort, nach Toledo, zu begeben. Noch glaubte sie, mit ihrem freiwilligen Rückzug die aufgeheizte Stimmung beruhigen zu können. Sie ahnte nicht, welches Unheil sich über ihrem Orden zusammenbraute. Ihre Gegner taten alles, um Teresas Ruf zu schaden. Gerüchte waren im Umlauf, die Teresa jede Schändlichkeit unterstellten und sie als sexhungrige Nonne diffamierten. Manche behaupteten sogar, dass sie unter dem Vorwand, Klöster zu gründen, junge Mädchen von einem Ort zum anderen verfrachte, um sie zu verführen. »Diese Alte, auf den Strich sollte man sie schicken, damit sie von ihrem Laster genug kriegt«, lautete eine Forderung.[19]

Wie grotesk waren diese Vorwürfe und wie weit weg von den wirklichen Zuständen in ihren Klöstern! In ihrem Buch über die Klostergründungen berichtet Teresa an vielen Stellen über junge Frauen, die bei den Descalzos Schutz suchten, gerade weil sie Ehen entkommen wollten, in denen sie nicht nur körperlich zugrundegerichtet, sondern auch seelisch zerstört zu werden drohten. Manche dieser Frauen nahmen den Bruch mit ihrer Familie in Kauf oder verzichteten auf ihr Erbe. In einem Fall verunstaltete ein Mädchen sogar ihr Gesicht, um nicht heiraten zu müssen.

Teresa selbst war der Meinung, dass in Zwangsehen den Frauen die Würde genommen werde. Ihre Erfahrungen mit unglücklichen Ehen verleiteten sie einmal sogar zu der Bemerkung, dass das Heil eines Menschen vielleicht darin bestehe, »nicht verheiratet zu sein«.[20] Lieber wollte sie jedenfalls eine »Braut des Herrn« sein. Und eine »Braut« des Herrn zu sein, das hieß für Teresa selbstverständlich auch, in zärtlichen, ja leidenschaftlichen Worten über diese Beziehung zu reden. Damit steht Teresa in einer langen Tradition von Frauen, die ihre Gottesbeziehung in einer Fülle von erotisch geprägten Bildern und Worten zum Ausdruck brachten. Teresa schrieb sogar einen Kommentar zum Hohe Lied Salomons, jenem alttestamentarischen Text, in dem die Liebe zu Gott verglichen wird mit der Liebe zwischen einer jungen Frau und einem Mann und in dem sie ganz offen von Küssen, von Brüsten und duftenden Ölen spricht.

Solche Texte und die erotische Sprache von Mystikerinnen haben seit je den Verdacht auf sich gezogen, hier handele es sich um die Fantasien von Frauen, die ihre Sexualität nicht ausleben durften, oder, schlimmer noch, um die »Ersatzsprache verdrängter Wünsche mit allen nur denkbaren Symptombildungen sexualpathologischer und sadistischer Obsessionen«[21]. Das trifft zweifellos auf viele Gottesmänner und -frauen zu. Allerdings sollte man sich davor hüten, eine »Hermeneutik des Verdachts«[22] zu betreiben, die generell hinter allem, was mit Religion, Visionen und Offenbarungen zu tun hat, Verdrängung, Sublimation oder Täuschung vermutet. Diese Art von Kritik kommt nach Peter Sloterdijk entweder aus dem Ressentiment oder »aus unbewussten Lästerzwängen und einer unfreien Lust am Herabsetzen des Hohen«[23]. Offen lassen sollte man die Möglichkeit, dass Teresa mit ihrer leidenschaftlichen Gottesbeziehung eine Dimension von Gottesliebe aufzeigt, zu der unbedingt auch Erotik gehört, und die nicht völlig verschieden ist von der Liebe unter Menschen. Denn nach Teresa gibt es nur »eine Liebe«.

Wie hat in dieser hohen Liebe Teresas Liebe zu Jerónimo Gracián Platz? Wenn Teresa darüber spricht, wird deutlich, dass sie bei Gracián etwas gefunden hat, was sie auch im inneren Gespräch mit ihrem Gottes-Freund so überaus schätzt. Es ist ein grenzenloses Vertrauen, aber mehr noch das, was die mittelalterliche Mystikerin Marguerite Porète auszudrücken versuchte, wenn sie Gott »le Loingprés« nannte, was man am treffendsten mit »der Fernnahe« übersetzen kann.[24] Im inneren Gebet kommt Gott Teresa und sie Gott so nahe, dass sie diese Nähe nur mit den Worten einer Liebenden benennen kann. Andererseits nennt sie ihn ehrfurchtsvoll »Majestät«, weil Gott für sie ganz fern, unfassbar, unbegreiflich, unverfügbar ist. Es ist diese paradoxe Gleichzeitigkeit von intimster Nähe und unüberwindbarer Ferne, von rückhaltloser Hingabe und ehrfurchtsvoller Distanz, die Teresas Gottesliebe ausmacht.

Diese Fernnähe gibt in Teresas Briefen an Gracián den Ton an. Einerseits scheut sie sich nicht davor, ihm ihre Gefühle zu zeigen. Es bereite ihr keinerlei Unbehagen, so gesteht sie einer Mitschwester, »dass ich ihn so gerne mag«[25]. Andererseits ist sie sehr darauf bedacht, dass Gracián und sie respektvoll miteinander umgehen, beide gegeneinander eine notwendige Fremdheit bewahren und ihre »heilige Freiheit« nicht verlieren. »[…] denn diese andere Freundschaft«, so schreibt sie, »macht einen, wie ich Ihnen schon sagte, im Gegenteil frei.«[26] Weist Teresa also darauf hin, dass jene Fernnähe, die sie im Umgang mit ihrem Gott erlebt, eine unverzichtbare Qualität

jeder Liebe sein muss? Gilt es, die Andersheit des Anderen auszuhalten, ja, zu schützen? Bedeutet Liebe, immer auch das zu
lieben, was man am anderen nicht erfassen, nicht wissen,
nicht begreifen kann? Ist, umgekehrt gesagt, eine Liebe zum
Scheitern verurteilt, die diesen weiten Raum nicht zulässt
und die totale Nähe sucht? Muss Liebe immer einen Moment
des Mystischen haben?

Teresa war sich im Klaren darüber, dass ihre Liebe zu Gracián missverstanden werden konnte. Darum war sie um äu-
ßerste Diskretion bemüht und bat Gracián, ihre Briefe niemandem zu zeigen. Für den Fall, dass diese Briefe doch in
falsche Hände geraten sollten, benutzte sie Decknamen. Sie
selbst nannte sich »Angela« und Gracián »Elisio« oder »Pablo«
(Paulus). Von Toledo aus schrieb sie Gracián einen Brief, in
dem sie um die Frage kreist, warum diese Liebe, die für sie
ganz natürlich ist, nicht jeder ihrer Mitschwestern erlaubt ist
und warum sie, Teresa, nicht anderen Männern ihre Zuneigung in gleicher Weise zeigen kann: »Ich darf aus vielen Gründen Ihnen viel Liebe zeigen und erweisen, was aber nicht alle
dürfen; auch sind nicht alle Oberen so wie mein Pater, dass
ihnen gegenüber eine solche Arglosigkeit zulässig sei. [...]
Sie [die ihr anvertrauten Schwestern, A.P.] könnten meinen,
was sie mich sagen und tun sähen (da ich nämlich weiß, mit
wem ich es zu tun habe, und ich es inzwischen aufgrund meines Alters darf), auch dürften, und hätten sogar recht damit.
[...] Schauen Sie, nicht alle haben in gleicher Weise Verständnis dafür, und Vorgesetzte sollten über manche Dinge nicht
zu deutlich werden; es könnte ja sein, dass ich über eine dritte
Person oder auch über mich manches schreibe, es aber besser
ist, dass niemand davon erfährt, da es ein großer Unterschied
ist, mit meinem anderen Selbst zu sprechen (was Eure Paternität sind) oder aber mit anderen Personen, und sei es meine eigene Schwester. So wie ich nämlich nicht möchte, dass irgend-

jemand mithört, was ich mit Gott bespreche, oder mich daran hindert, mit ihm allein zu sein, genauso geht es mir auch mit Pablo [...].«[27]

XIV. DIE SIEBTE WOHNUNG

»Ich fühle mich besser, als ich es meinem Empfinden nach seit Jahren gewesen bin, und habe eine hübsche kleine Zelle, von der ein Fenster in den Garten geht, und ganz abgelegen. Mit Besuchen bin ich nur ganz selten beschäftigt. Wenn ich nur diese Briefe los wäre oder es nicht gar so viele wären, ginge es mir gut, […].«[1] Teresa schrieb diese Zeilen im Juli 1576 aus Toledo an ihren Bruder Lorenzo, der inzwischen in Ávila war und nach langen Jahren in Westindien unter der Kälte in der hochgelegenen Stadt litt. Lorenzo war vorübergehend bei seinem Cousin Pedro Álvarez Cimbrón untergekommen, was wieder zu Neidgefühlen bei der Verwandtschaft führte. Juan de Ovalle wollte zu seinem reichen Schwager gern ein freundschaftliches Verhältnis aufbauen und war nun gekränkt, weil sich Lorenzo so gut mit Pedro Álvarez vertrug. »Seine ganze Gefühlswelt besteht aus Eifersucht«, meinte Teresa, die mit ihrem Schwager schon einiges durchgemacht hatte.[2] Trotzdem bat sie Lorenzo, Ovalle unter die Arme zu greifen – allein schon wegen ihrer Schwester Juana, die unter den dauernden Geldsorgen und den Gefühlsschwankungen ihres Mannes am meisten zu leiden hatte.

Lorenzo musste sich in Ávila eine neue Existenz aufbauen, was nicht einfach war, denn er galt als »indiano«, eine abwertende Bezeichnung für alle, die aus Südamerika zurückgekehrt waren und von denen man nicht wusste, wie sie zu ihrem Reichtum gekommen waren.[3] Im Herbst kaufte sich Lorenzo das Landgut La Serna nahe Ávila, dessen Pacht seinen Lebensunterhalt sichern sollte. Dies war einem Adligen angemessen, und er konnte seine Converso-Herkunft verdecken, denn Juden war es verboten, Landbesitz zu erwerben. Seinen mittellosen Bruder Pedro nahm er bei sich auf. Die kleine Teresita wurde im Kloster San José untergebracht. Wie es mit den beiden Söhnen Francisco und Lorenzo jr. weitergehen sollte, war noch offen. Für Teresas Geschmack traten die jungen Herren etwas zu großspurig auf. Sie fürchtete, dass die beiden bald zu den »Gecken Àvilas«[4] gehören würden, wenn man nicht auf sie aufpasste. Jedenfalls war sie dagegen, dass Lorenzo ein teures Reittier für seine Söhne kaufen wollte. Die jungen Männer, so ihr Rat, sollten besser zu Fuß gehen, und Lorenzo sollte sie studieren lassen.

Jetzt, da Teresa nicht mehr reisen durfte, waren Briefe das einzige Mittel, um ihre vielfältigen Kontakte zu den Klöstern, ihren Freunden, zu Theologen und Unterstützern aufrechtzuerhalten. Und Teresa war eine sehr fleißige Briefeschreiberin. Etwa vierhundertachtzig ihrer Briefe sind erhalten, Schätzungen zufolge hat sie jedoch mindestens zehntausend geschrieben oder diktiert.[5] Manchmal blickte Teresa in dem ganzen »Wirrwarr«[6] ihrer Korrespondenz selbst nicht mehr durch. Niemand, der sich an sie wandte, blieb ohne Antwort, und kein Anliegen war zu unbedeutend, um nicht mit aller Sorgfalt behandelt zu werden. Teresa gab den Schwestern Anweisungen für das geistliche Leben und beriet die Priorinnen, wenn sie eine neue Schwester aufnahmen oder Zinszahlungen für ein Kloster zu leisten hatten. Immer wieder ermahnte sie ihre Briefpartner, auf ihre Gesundheit zu achten, gut zu essen und genügend zu schlafen, sie gab Ratschläge, welches Heilmittel und welches Abführmittel bei welcher Krankheit halfen.

Dabei konnte Teresa oft nicht wissen, wann oder ob überhaupt ihre Briefe ankamen. Ein modernes Postsystem gab es noch nicht. Man musste seinen Brief einem Fuhrmann oder einem Mauleseltreiber mitgeben. Zuverlässiger, aber auch teurer war ein Kurier. In jedem Fall musste der Empfänger das Geld zahlen, was ein erheblicher Anreiz für die Boten war, die Briefe auch wirklich an der richtigen Adresse abzuliefern. In Toledo hatte Teresa das Glück, den Postmeister der Stadt, Antonio de Figueredo, kennenzulernen. Er war verwandt mit einer Nonne aus dem Kloster in Segovia und bewunderte Teresa. Sie fand es »großartig«, dass Figueredo sich persönlich um ihre Post kümmern wollte und wahre Wunder versprach, um ihre Briefe schnell und sicher zu befördern.[7]

Teresa war dem Postmeister umso dankbarer, als sie fürchtete, dass ihre Gegner versuchten, den ein oder anderen ihrer Briefe abzufangen. Das galt besonders für ihre Briefe an Jerónimo Gracián. Teresa hatte ihren Freund nicht mehr gesehen, seit sie Sevilla verlassen hatte. Trotz der Drohungen des Ordensgenerals nahm er weiter seine Aufgaben wahr und visitierte im Frühjahr und Sommer Teresas Klöster in Kastilien. Die ganze Verantwortung für die Reformbewegung lag nun auf den schmalen Schultern des jungen Paters. Und Teresa hatte ständig Angst um ihn. Nicht nur, weil ihm viele seiner Feinde den Tod wünschten, sondern auch, weil sich Gracián oft durch seine Ungeschicklichkeit selbst in Gefahr brachte. Denn Gracián war ein hochgebildeter Mann, aber nicht sehr sportlich. Er hatte sich schon den Ruf erworben, ein schlechter Reiter zu sein und auf Reisen oft von seinem Maulesel zu fallen. Teresa, die nach dem Zeugnis vieler Begleiter eine ausgezeichnete Reiterin war, hatte ihm schon mahnende Worte geschrieben: »Ich sage Ihnen, dass ich wegen dieser häufigen Stürze von Ihnen verärgert bin und es gut wäre, wenn man Sie festbände, damit Sie nicht mehr herabstürzen könnten. Ich weiß nicht, was das für ein Unglücksvieh von einem Esel ist, noch warum Eure Paternität an einem einzigen Tag über fünfzig Kilometer zurücklegen müssen, was auf einem Packsattel mörderisch ist. […] Schauen Sie (der Nutzen der Seelen liegt Ihnen ja am Herzen), was für ein Schaden für viele wegen schlechter Gesundheit Ihrerseits entstünde, und passen Sie um Gottes willen auf sich auf.«[8]

Gracián passte auf sich auf und hielt sich an Teresas Rat, sehr vorsichtig zu sein, wenn er in einem der visitierten Klöster eine Mahlzeit zu sich nahm. Die Furcht, dass man ihn vergiften wolle, war nicht unbegründet. Einmal fand er in seinem Wasserkrug einen Molch, der nicht alleine dort hineingekommen sein konnte. Graciáns Vorsicht führte allerdings dazu, dass ihm kein Essen mehr richtig schmeckte, weil dazu stets, wie er es formulierte, die »Soße der Angst« gereicht wurde, schließlich aß er nur noch gekochte Eier.[9]

Gracián hatte Teresa darum gebeten, einige Anweisungen aufzuschreiben, worauf man bei Visitationen besonders achten sollte. Teresas Tipps zeugen von einer reichen Erfahrung, von großer Menschenkenntnis und Realitätssinn. Jeder, der andere Menschen leiten will, muss nach ihrer Überzeugung die richtige Mischung zwischen Liebe und Autorität finden. Im Idealfall sollte ein Vorgesetzter ebenso geliebt wie respektiert werden. Teresa schreibt dazu: »Als erstes ist vorauszusetzen, dass es dem Oberen im höchsten Maße zukommt, sich zu den untergebenen Schwestern so zu verhalten, dass er zu ihnen zwar einerseits freundlich und liebevoll sein soll, dass er in wesentlichen Punkten streng sein muss und keineswegs nachgiebig sein darf. Ich glaube, dass es auf der Welt nichts gibt, das einem Oberen so sehr schadet, als nicht gefürchtet zu sein, und dass die Untergebenen denken, sie können mit ihm wie mit ihresgleichen umspringen, besonders im Fall von Frauen. Denn wenn sie einmal begriffen haben, dass es im Oberen so viel Nachgiebigkeit gibt, dass er über ihre Fehler hinweggeht und einlenkt, um keine Verzagtheit aufkommen zu lassen, dann wird es sehr schwierig, sie zu lenken.«[10]

Für Teresa war es vorbildlich, wie Gracián ihre Schwestern lenkte. Bei den Unbeschuhten Brüdern nutzte dagegen die sanfteste Strenge nichts. Sie wollten sich nicht lenken lassen. Gracián versammelte die führenden Männer der Reformbewegung Anfang September 1576 in Almodóvar del Campo, um darüber zu beraten, wie man die einzelnen Klöster der Unbeschuhten zu einer eigenen Provinz zusammenschließen kann, um so vom Stammorden unabhängiger zu werden. Das Ziel einer eigenen Provinz erschien umso dringlicher, als die Angriffe der Beschuhten immer heftiger wurden. Inzwischen beließen sie es nicht mehr bei Beschwerden und Verleumdungen, sondern waren handgreiflich geworden.

Im Januar 1576 war Johannes vom Kreuz aus seiner Klause in Ávila gewaltsam entführt und in Medina del Campo gefangen gehalten worden. Nur dem Einschreiten des päpstlichen Nuntius Ormaneto war es zu verdanken, dass Johannes freikam und er sein Amt als Beichtvater für das Menschwerdungskloster wieder aufnehmen konnte. Dort war er nur halbwegs sicher, weil Ormaneto seine schützende Hand über ihn hielt. Doch der Nuntius war ein alter und kranker Mann, den Teresa, die ein Jahr älter war, »Methusalem« nannte. Es war fraglich, wie lange man sich noch auf seinen Schutz verlassen konnte, zumal es in den Reihen der Beschuhten einen neuen, mächtigen Widersacher gab.

Der Mann hieß Jerónimo Tostado und war auf dem Generalkapitel in Piacenza zum Generalvikar und Visitator der Karmeliten Spaniens ernannt worden. Tostado war ein Freund des Ordensgenerals Rossi und ein erklärter Feind Teresas. In seinem Tatendrang wurde er von König Philipp II. vorerst gebremst, der es ihm untersagte, sich in die spanischen Ordensangelegenheiten einzumischen. Doch Tostado wartete nur auf eine günstige Gelegenheit, um die in Piacenza beschlossenen Maßnahmen gegen die Descalzos mit aller Härte durchzuführen. Teresa jedenfalls bezweifelte, dass sich dieser Mann vom Einspruch des Königs zurückhalten ließ. »Wir haben nach wie vor noch Angst vor diesem Tostado«, schrieb sie an ihren Bruder Lorenzo.[11]

Lorenzo war mittlerweile nicht nur ein Gutsbesitzer, sondern auch ein überaus frommer Bürger Ávilas geworden. Welche Hintergründe diese Frömmigkeit hatte, darüber kann man nur Vermutungen anstellen. Aber es war typisch für Männer mit Converso-Vergangenheit, dass sie ihre christliche Gesinnung durch einen religiösen Übereifer unter Beweis stellen wollten. Lorenzo bereute sogar, das Landgut La Serna erworben zu haben, weil er, wie er Teresa klagte, durch die Verwaltung des Gutes so in Anspruch genommen werde, dass er zu wenig Zeit zum Beten habe. Teresa hielt es für Unsinn und eine »ganz subtile Eigenliebe«[12] zu glauben, dass die Tiefe der eigenen Gottesbeziehung danach bemessen werden kann, wie viel Zeit wir mit Beten verbringen. Und vor allem war es für sie eine völlig falsche Vorstellung von Glauben, dass Kontemplation und Tätigkeit sich gegenseitig ausschlössen. Sie forderte ihren Bruder auf, sich um seinen Besitz und damit um die Zukunft seiner Kinder zu kümmern, denn auch das sei eine Form von Nächstenliebe und darum »eine gut eingesetzte Zeit«. Und sie gab Lorenzo die biblische Figur des Urvaters Jakob zum Vorbild, wenn sie schrieb: »Jakob hörte nicht auf, heilig zu sein, weil er sich um seine Herden gekümmert hat […], denn sobald wir vor der Arbeit fliehen wollten, wird uns alles lästig.«[13]

Teresa floh nicht vor der Arbeit. Eher war es so, dass sie der Arbeit nicht entkam. Zwar hatte sie gehofft, durch den auferlegten Hausarrest endlich weniger um die Ohren zu haben und zur Ruhe zu kommen. Doch abgesehen von den Gebetszeiten war sie fast rund um die Uhr mit Verhandlungen, amtlichen Schreiben und Korrespondenz beschäftigt. Als sie Anfang Februar 1577 einmal bis zwei Uhr morgens an ihrem Schreibtisch saß, war sie beim Morgengebet um sechs Uhr so erschöpft, dass der Arzt geholt werden musste. Der verbot ihr, nach Mitternacht noch zu schreiben, und riet ihr, Briefe zu diktieren. Teresa erholte sich langsam von ihrem Zusammenbruch, was ihr blieb, war ein dauerndes Geräusch im Kopf, was die Vermutung nahelegt, dass sie an einem Tinnitus litt.

Endlich, Ende Mai 1577, zum Pfingstfest, kam Jerónimo Gracián nach Toledo. Fast ein Jahr lag ihre letzte Begegnung zurück. Teresa hatte ihm geschrieben, wie sehr sie unter der Abwesenheit ihres »Pablo« leide und dass sie »bei keinem Erleichterung oder Glück für ihre Seele fand«[14]. Gracián war auf dem Weg nach Madrid, wohin der päpstliche Nuntius Ormaneto ihn und auch Jerónimo Tostado bestellt hatte. Der schwerkranke Ormaneto wollte offenbar vor seinem Tod die beiden Kontrahenten miteinander versöhnen.

In der kurzen Zeit, die Gracián in Toledo weilte, kamen zwischen ihm und Teresa sofort wieder jene intensiven Gespräche in Gang, die für Teresa waren, als würde sie mit ihrem »anderen Selbst« sprechen. Sie brauchte dieses andere Selbst, um gegen die eigenen Schwächen und Selbstzweifel anzugehen. Sie brauchte einen Gleichgesinnten und Vertrauten wie Gracián, um die Kraft zu finden, Wünsche zu realisieren, die sie sich oft nicht einmal auszusprechen traute. Gracián wusste das. Und als Teresa davon sprach, wie gut es ihr in ihrer *Vida* gelungen sei, ihre inneren Erfahrungen zu schildern, und wie sehr sie es bedauere, dass diese Schrift noch immer von der Inquisition unter Verschluss gehalten werde, wusste Gracián, was Teresa von ihm erwartete und was er nun zu tun hatte: Er befahl ihr, ein weiteres Buch zu schreiben. Mit Teresas Protest hatte Gracián sicher gerechnet. Es waren Argumente, die

Teresa seit je gegen sich selbst richtete: »Warum wollt Ihr, dass gerade ich schreibe? Sollen es doch die Gelehrten tun, die studiert haben und etwas davon verstehen. Ich bin dumm und weiß nicht, was ich sage. Ich richte durch die falsche Wortwahl nur Schaden an.«[15] Gracián hielt Teresa entgegen, dass sie den unschätzbaren Vorteil eigener Erfahrung besäße. Und wenn man einen gefährlichen Weg vor sich habe, würde man sich doch lieber von jemandem leiten lassen, der diesen Weg selbst schon gegangen sei, als von jemandem, der nur die Landkarte studiert habe.

Wenige Tage nach diesem Gespräch, am 2. Juni 1577, begann Teresa mit ihrem Werk, dem sie den Titel *Las Moradas*, die Wohnungen, gab. Es war eine Gratwanderung, die sie bewältigen musste. Wie viele mystisch begabte Frauen und Männer vor und nach ihr wusste sie, dass ihre Erfahrungen eigentlich nicht mitteilbar und alle Worte und Bilder unzulänglich sind. Manche Mystiker haben die Konsequenz aus dieser Unmöglichkeit gezogen und sind im Schweigen versunken. Andererseits ist die Versuchung groß, diese inneren Erfahrungen möglichst genau und systematisch zu beschreiben, was wiederum die Gefahr birgt, aus einer inneren, individuellen Entwicklung eine lehrbare Methode zu machen. Teresa wollte weder das eine noch das andere.

Ihre zentrale Idee war, die menschliche Seele mit einer kristallenen oder diamantenen Burg zu vergleichen, die sieben Wohnungen hat. Gleichzeitig weist sie immer wieder darauf hin, dass dies nur eine behelfsmäßige Vorstellung ist und es eigentlich so viele Wege zu Gott gibt, wie es Menschen gibt, ja man sogar von »einer Million« sprechen müsste. In den *Wohnungen der Inneren Burg* wendet sie sich direkt an den Leser: »Ihr dürft euch diese Wohnungen nicht wie aufgereiht, eine hinter der anderen, vorstellen, sondern richtet eure Augen auf die Mitte, die der Raum oder der Palast ist, wo der König weilt

[...]. So gibt es auch hier um diesen Raum herum viele weitere und genauso über ihm, denn die Dinge der Seele muss man sich immer in Fülle und Weite und Größe vorstellen.«[16]

Die Wohnungen sind Momentaufnahmen auf einem Weg, der zu dieser Mitte führt. Und auf diesem Weg legt ein Mensch immer mehr von dem ab, was ihn hindert, in diese Mitte zu gelangen, zu einer vollkommenen Vereinigung mit diesem König, als da sind: Prestigedenken, Abhängigkeit von falschen Autoritäten, Kritiksucht, Unaufmerksamkeit, Vernunftgläubigkeit, unfrei machende Ängste, melancholische Verengung der Seele etc.

Entscheidend ist es für Teresa, die Augen immer auf diese Mitte gerichtet zu halten. Oder, wie sie an anderer Stelle sagt, immer hellhörig zu bleiben für das »zarte Pfeifen«, mit dem Gott uns an sich ziehen will. Auch das sind nur Bilder, hinter denen aber eine Überzeugung steht, die man nicht hoch genug veranschlagen kann und die den Kern von Teresas Glauben ausmacht: dass nämlich Gott Person ist und dass der Glaube an diesen Gott auf das engste verbunden ist mit dem Glauben an die Personalität und Würde des Menschen. In der mystischen Erfahrung geschieht letztlich nichts anderes, als dass sich Gleiches oder Ähnliches begegnen: die geistige Seele erkennt sich wieder im Geist Gottes[17], ein Ich spricht zu einem Du, das menschliche Bewusstsein verbindet sich mit dem Göttlichen. Dieses Göttliche ist für Teresa ein weltjenseitiger Wille und eine unendliche Liebe. Und Sünde ist es demnach, wenn ein Mensch sich weigert, diese Liebe anzunehmen.

Die innerste Wohnung ist bei Teresa die siebente Wohnung. Was darin geschieht, auch darüber berichtet Teresa aus eigener Erfahrung. Im Geist dieser Erfahrung hat sie ihre Gedanken niedergeschrieben. Und man kann, wenn man verstehen will, was die siebente Wohnung bedeutet, auch erzählen, unter welchen Umständen dieses Buch entstanden ist. Teresa schloss es am 30. November 1577 ab. In rund fünf Monaten entstand dieses Buch. Das ist eine kurze Zeit, unglaublich kurz, wenn man bedenkt, dass sie beileibe nicht ununterbrochen daran geschrieben hat. Vieles hatte sich in diesen Wochen ereignet. Ormaneto war am 18. Juni gestorben. Sein Nachfolger Filipe Sega, der Teresa für ein »unruhiges und vagabundierendes, ungehorsames und dickköpfiges Weib« hielt, betrieb nun die Verfolgung der Reformer mit unnachsichtiger Härte. Im Juli war Teresa nach Ávila umgesiedelt, um ihr Kloster San José, das bisher unter dem Schutz des Bischofs von Ávila gestanden hatte, der Jurisdiktion des Ordens zu unterstellen. Im Oktober war es dann im Menschwerdungskloster zu einem Skandal gekommen. Die Wahl einer neuen Priorin hatte angestanden, und auf Anweisung Tostados hatte der Provinzial der Beschuhten allen, die Teresa ihre Stimme geben sollten, Strafen angedroht. Davon unbeeindruckt hatten sich die Schwestern mehrheitlich für Teresa ausgesprochen, woraufhin der Wahlleiter jeden Zettel, auf dem der Name Teresas stand, zerknüllt und verbrannt hatte. Zusätzlich waren die Schwestern geschlagen und exkommuniziert worden.

Gracián war es nicht besser ergangen. Sega hatte ihn in seiner Funktion als Visitator für abgesetzt erklärt, ohne die nötigen Befugnisse dafür vorzulegen. Der neue Nuntius war so wütend auf Gracián, weil dieser nicht seinen Anordnungen folgen wollte, dass er ihm mit dem Scheiterhaufen drohte. Der verängstigte Gracián floh daraufhin nach Pastrana und hielt sich in einer Eremitenhöhle verborgen. Teresa versuchte von Ávila aus, den Untergang ihrer Klöster zu verhindern. Sie schrieb einen Brief an König Philipp II. und beschwor ihn, den verleumderischen Anklagen gegen die Unbeschuhten keinen Glauben zu schenken und ein Machtwort zu sprechen. Die Bitte blieb vorerst ungehört. Der Konflikt zwischen Rom und Madrid ging weiter. Die Reformbewegung drohte im Kompetenzgerangel zwischen dem Papst, dem Ordensgeneral, dem neuen Nuntius und dem spanischen König zerrieben zu werden.

In diesen stürmischen Wochen fand Teresa nur hin und wieder Zeit für ihr Buch. Doch wenn sie daran schrieb, geschah das zügig und konzentriert. Selten strich sie etwas durch oder verbesserte das Geschriebene. Der erste Versuch war meist der endgültige. Und obwohl man ihren Aufzeichnungen anmerkt, dass Teresa mittlerweile mit vielen Gelehrten gesprochen und ihren Wortschatz durch einige Fachausdrücke erweitert hatte, gründen ihre Beschreibungen immer auf eigenen Erfahrungen. Ihr Stil ist einfach, ohne Schnörkel und große Rhetorik, voller überraschender Wendungen und spontaner Einfälle. Eine Mitschwester schilderte später, wie sehr Teresa gleichsam »hineingetaucht« war in das, was sie schrieb, so dass »nichts sie störte, auch wenn es um sie herum laut zuging«.[18]

Es ist diese innere Ruhe, die auch bei noch so großen Ablenkungen nicht verlorengeht, die den Zustand der Seele in der siebten Wohnung auszeichnet. Die Verbindung oder »Vermählung« der Seele mit Gott ist in diesem letzten Stadium nicht so total, dass ein Mensch auf nichts anderes mehr achten könnte. Wäre er so vollkommen versunken, könnte er, so Teresa, nicht mehr »unter den Leuten leben«.[19] Die Verbundenheit ist nicht mehr so heftig und sporadisch wie in früheren Ekstasen. Sie ist eher wie ein sanfter, gleichmäßiger und dauerhafter Strom, der den Alltag durchzieht und getragen ist von dem Gefühl, dass Gott einen »nicht im Stich lassen wird«[20]. In einem Brief an Gracián schrieb Teresa über sich selbst in der dritten Person: »Ach, du lieber Gott, und was für eine große innere Freiheit erlebt diese Frau in allem, was passiert! Sie meint, es könne gar nichts auf sie zukommen, was ihr schaden könnte und genauso wenig ihrem Pablo.«[21]

Diese beruhigte Seele ist aber keinesfalls selbstzufrieden. Es drängt sie zu Taten, und sie bleibt Prüfungen und Zweifeln ausgesetzt. Selbst wenn diese Zweifel und Prüfungen groß sind, können sie diese innerste Zuversicht nicht zerstören. Es gebe, so meint Teresa, »immer wieder Zeiten des Streits, der Prüfungen und Mühen, die allerdings von der Art sind, dass ihr [der Seele, A. P.] im Normalfall ihr Frieden und ihr Platz nicht mehr weggenommen wird«[22]. Teresa vergleicht die Seele mit einem König, der auch dann wenn draußen Krieg und Leid herrschen, in seinem Palast ausharrt. Und sie fügt hinzu: »Ich komme ins Lachen über diese Vergleiche, die mich nicht befriedigen, aber ich weiß keine anderen. Haltet davon, was ihr wollt; was ich gesagt habe, ist die Wahrheit.«[23]

Die Sorgen und Mühen brachen über Teresa, wie sie einmal sagte, »knüppeldick« herein. Die Beschuhten hatten es wieder auf Johannes vom Kreuz abgesehen, weil er mit seiner Botschaft und seinem bescheidenen Leben eine große Faszination gerade auf junge Menschen ausübte. In der bitterkalten Nacht des 2. Dezember 1577 drang eine Gruppe von Mönchen mit bewaffneten Begleitern in den Schuppen ein, den Johannes und sein Gefährte Germán de San Matías in Ávila bewohnten. Die beiden wurden gefesselt, man zog ihnen Säcke über den Kopf und führte sie ab wie Verbrecher. Auf Befehl von Jerónimo Tostado, der diese Aktion angeordnet hatte, wurde Johannes nach Toledo gebracht. Im dortigen Karmelitenkloster stellte man ihn vor ein Tribunal der Beschuhten, und weil er seinen Reformbestrebungen nicht abschwören wollte, wurde er als »hartnäckiger Rebell« verurteilt und in einen Kerker geworfen, der so eng und niedrig war, dass selbst der kleinwüchsige Johannes darin nicht aufrecht stehen konnte. In diesem kalten und stinkenden Loch kauerte Johannes bei Wasser und Brot, ohne auf Hilfe hoffen zu können. Denn niemand seiner Freunde wusste, wohin er verschleppt worden war. Seine Einsamkeit wurde nur unterbrochen, wenn seine Peiniger ihn ab und zu aus der Zelle holten, ihn schlugen und verhöhnten oder ihn zwangen zuzusehen, wie sie ein üppiges Mahl verzehrten.[24]

Auch Teresa wusste nicht, wo Johannes sich befand. Aber sie war empört darüber, was man ihm angetan hatte. Schon am Tag nach der Entführung schrieb sie an den König, schilderte ihm die Ereignisse und bat ihn einzuschreiten, da sich Tostado und die Beschuhten weder vor Gott noch vor dem König zu fürchten schienen. »Um der Liebe unseres Herrn willen flehe ich Eure Majestät an, den Auftrag zu geben, sie bald freizulassen, und anzuordnen, dass all diese armen Unbeschuhten Brüder nicht so viel zu leiden hätten, da sie nichts anderes tun, als zu schweigen und zu leiden und dabei viel Verdienste sammeln, doch für die Leute ist es ein Skandal.«[25]

Der Bittbrief blieb ohne Antwort, aber er mag dazu beigetragen haben, dass der König verfügte, die den Schwestern des Menschwerdungsklosters auferlegten Strafen wieder zurückzunehmen. Johannes vom Kreuz wurde weiter seinem Schicksal überlassen. Teresa war überzeugt, dass er sofort freikommen würde, wenn eine einflussreiche Person sich für ihn einsetzte. Aber niemandem schien der kleine Mönch wichtig genug zu sein. Auch seine Mitbrüder machten keine Anstalten herauszufinden, wo er war. Teresa bedrückte es sehr, dass sie als Frau so wenig tun konnte und nur ihre Briefe hatte, um andere zum Handeln zu bewegen. Gesundheitlich angeschlagen, fiel ihr auch das Schreiben schwer. An Heiligabend 1577 stürzte sie im Kloster eine Treppe hinunter und brach sich den linken Arm. Mehr als ihn dick einzubandagieren konnte man nicht tun. Teresa konnte nun den Arm und auch die Hand nicht mehr richtig bewegen und brauchte selbst zum Anziehen Hilfe. Erst im Frühjahr kam eine Heilerin aus Medina del Campo und richtete ihr den Arm wieder, was eine höchst schmerzhafte Prozedur war. Wenn der Leib matt sei, so schrieb sie Gracián, dann werde auch »die Seele ein bisschen verzagt«.[26]

Teresas Arm blieb verkrüppelt. Was sie aber mehr belastete, war, dass sie im Sommer immer noch kein Lebenszeichen von Johannes vom Kreuz hatte. Der schmachtete weiter in seinem Kerker und schrieb heimlich Gedichte. Der Nuntius Sega und sein Helfer Tostado wollten nun auch Gracián endgültig ausschalten. Im Juli 1778 präsentierte Sega ein Breve, einen päpstlichen Erlass, mit dem Gracián all seiner Ämter enthoben wurde. Er wurde angeklagt, gegen den ausdrücklichen Befehl des Nuntius auf arrogante, anmaßende und unverschämte Weise weiter Visitationen durchgeführt zu haben, was nachweislich falsch war.[27]

Weil dieses amtliche Schreiben erst wirksam wurde, wenn es dem Betroffenen persönlich zugestellt wurde, schickte man einen Notar in das Elternhaus Graciáns nach Valladolid. Gracián hatte rechtzeitig Wind davon bekommen und sich nach Madrid abgesetzt, und im Haus seiner Eltern wurde dem Notar ein falscher Gracián vorgestellt. Es ist bezeichnend für Gracián, dass er wegen dieser kleinen Verwechslungskomödie ein schlechtes Gewissen hatte und schlimmste Konsequenzen fürchtete. Teresa war da weniger zimperlich und viel zuversichtlicher. Ihr Pablo sei »schön dumm mit so vielen Skrupeln«, schrieb sie ihm. Außerdem solle er sich nicht dauernd diesen »Unheilsprohezeiungen« hingeben, sondern bedenken, dass er doch ein gutes Leben habe.[28] »Ich sage Ihnen«, ermahnte sie ihn, »wenn unsere Natur nur nicht so zart besaitet wäre, würde die Vernunft uns genau erkennen lassen, wie viel Grund wir haben, um glücklich zu sein.«[29]

In Madrid wurde die Verwirrung für Gracián vollständig. Juristen am königlichen Hof versicherten ihm, dass die ihm von Ornamento verliehenen Vollmachten mit dessen Tod nicht aufgehoben wären. Ja, er wurde sogar aufgefordert, seine Ämter weiter auszuüben und Visitationen durchzuführen. Gracián fühlte sich nun wie »eingeklemmt zwischen König und Papst«[30] und wusste nicht, wie er sich verhalten sollte. Teresa riet ihm, nicht auf seinen Rechten zu bestehen, lieber stillzuhalten und Sega keinen Vorwand zu liefern, weiter gegen ihn vorzugehen. So, glaubte sie, würde man dem Ziel einer eigenen Provinz eher näher kommen als durch Widerstand.

In diesen hektischen Tagen geriet Johannes vom Kreuz schon fast in Vergessenheit. Er musste sich wohl oder übel selber helfen. In der schwülen Nacht vom 17. auf den 18. August knotete er einige Lumpen notdürftig zu einem Seil zusammen, zwängte sich durch das schmale Fenster seiner Zelle und ließ sich an der Außenmauer des Klosters hinunter. Mit einem Sprung auf die Stadtmauer gelangte er erst in den Innenhof des Klosters der Franziskanerinnen und dann, nach Mitternacht, endlich auf die offene Straße. Beim ersten Tageslicht schlich er sich zu den Unbeschuhten Karmelitinnen, die den kranken und völlig abgemagerten Mönch versteckten, bis ein Wohltäter ihn heimlich abholte und ins Hospital brachte.

Anfang Oktober war Johannes wieder so weit hergestellt, dass er die lange Reise nach Almodóvar del Campo antreten konnte. Dort wollten sich die Unbeschuhten Brüder im Geheimen versammeln und beraten, was in dieser verzweifelten Situation zu tun sei. Gracián war nicht dabei: Er saß im Klostergefängnis in Alcalá de Henares. Nuntius Sega hatte das verfügt, weil er Gracián wegen seines angeblichen Ungehorsams anklagen wollte. In Almodóvar fehlte Graciáns moderate Stimme. Und so setzten sich jene durch, die in die Offensive gehen wollten. Es wurde beschlossen, zwei Brüder nach Madrid zu schicken, um dort für die Errichtung einer eigenen Provinz der Unbeschuhten Unterstützung zu finden. Teresa hielt diesen Schritt für unklug und warnte. Die ausgewählten Gesandten erschienen ihr zu unerfahren, und der Plan war ihr zu gefährlich. Was, wenn die beiden Brüder gefasst wurden und das ganze Unternehmen aufflog? Außerdem zweifelte sie daran, ob die beiden Gesandten über die richtigen Kontakte verfügten. Der Ordensgeneral Rossi, an den Teresa einen eindringlichen Brief gesandt hatte, war vor kurzem gestorben. An wen wollte man sich wenden? Für den Gefangenen Johannes vom Kreuz hatte in Madrid niemand einen Finger gerührt. Warum sollten die wichtigen Leute dort sich nun für die Unbeschuhten einsetzen?[31]

Teresa sollte mit ihren Bedenken recht behalten. Die beiden Abgesandten scheiterten auf der ganzen Linie. Ihre Mission wurde aufgedeckt, und alle Dokumente, die sie mit sich führten, sichergestellt. Nun hatte Sega alle Beweise in der Hand, um die Reformer als Abtrünnige und Verschwörer anzuklagen und zum entscheidenden Schlag gegen sie auszuholen. Mitte Oktober 1578 unterstellte er mit einem Dekret die Unbeschuhten dem Stammorden. Damit war die Reformbewegung so gut wie ausgelöscht. Als dieses Dekret bekannt wurde, versammelten sich die verängstigten Oberen der Unbeschuhten in ihrem Kloster in Pastrana um Jerónimo Gracián, der inzwischen wieder aus dem Gefängnis entlassen worden war. Während sie noch berieten, hämmerten Beschuhte Brüder an der Klostertür. Sie wollten den Erlass des Nuntius verlesen und Gehorsam einfordern. Gracián reagierte so besonnen, wie Teresa es ihm immer geraten hatte. Er öffnete die Türen, empfing die Randalierer höflich, ließ ihnen Essen servieren und versicherte ihnen, dass die Unbeschuhten nichts anderes im Sinn hätten, als den Anordnungen des Nuntius Folge zu leisten. Damit war den Beschuhten Brüdern der Wind aus den Segeln genommen und sie zogen friedlich und zufrieden ab.[32]

Sega gab sich nicht zufrieden. Er stellte eine Anklageschrift zusammen, in der alle Verleumdungen gegen Gracián, Teresa und ihre Schwestern enthalten waren. Darin fehlte auch nicht der Vorwurf, Gracián habe seine Visitationen ausgenutzt, um sich unerlaubterweise Frauen zu nähern. Auch das üble Gerücht, demzufolge Teresas Planwagen, mit dem sie zu ihren Gründungen gereist war, nichts anderes gewesen sei als ein fahrendes Bordell, wurde wie eine bewiesene Tatsache dargestellt. Es wurde sogar behauptet, die Klöster seien voll von »sakrilegischen Kindern«, die auf den Reisen der Schwestern in den Wirtshäusern durch Unzucht entstanden seien.[33]

Ein Bote brachte Segas Dekret auch nach Ávila in das Kloster San José. Als Lorenzo davon erfuhr, holte er sofort den Bürgermeister, um dagegen zu protestieren. Teresa hätte das gern verhindert. Sie wollte den Konflikt nicht noch mehr anheizen und hielt grundsätzlich nichts davon, sich unbedacht über erlittenes Unrecht zu empören und mit aller Gewalt sein Recht zu suchen. Wie oft hatte sie zu ihren Schwestern darüber gesprochen, sich nicht von den Meinungen der Leute abhängig zu machen. Sie hatte schon oft erfahren, dass Menschen dazu neigen, Erfindungen und Gerüchten eher zu trauen als der Wahrheit. Und wer heute als Heiliger verehrt wird, der kann morgen schon als Verbrecher und Gotteslästerer am Pranger stehen. War Jesus von Nazareth nicht das beste Beispiel? »Niemals erhöht die Welt, außer um herunterzumachen«, versicherte Teresa ihren Schwestern und empfahl ihnen, über zu großes Lob ebenso zu lachen wie über böswillige Schmähungen.[34]

Erlittenes Unrecht klaglos hinnehmen zu können, das gehörte für Teresa zu den wichtigsten Tugenden. Gleichwohl war es für sie keine Tugend, sich dem Schicksal einfach zu ergeben. Gott wolle, so schreibt sie einmal, »dass wir uns auch selbst helfen«.[35] Besser schweigen und abwarten, bis der richtige Zeitpunkt gekommen ist, als durch unbedachte Worte und vorschnelle Aktionen eine Sache nur verschlimmern. Der Augenblick zum Handeln war für sie jetzt da. Gracián und seine wichtigsten Mitstreiter standen in Madrid unter Hausarrest. Gracián war von jedem Kontakt zur Außenwelt abgeschnitten und durfte keine Briefe mehr schreiben oder empfangen. Jetzt kam es auf Teresa an. Ihre Gegner hatten den Bogen überspannt. Der Nuntius Sega und sein Helfer Testado hatten sich durch ihre Vorurteile und ihr maßloses Handeln in eine Situation hineinmanövriert, in der sie nur sich selber schaden konnten. Teresa erkannte das, und sie wusste, dass es nur einen gab, der durch seine Macht eine Wende herbeiführen konnte – das war der König.

Teresa kannte viele Leute im Umfeld Philipps II. An die wandte sie sich nun, um dem König ein realistisches Bild davon zu vermitteln, wie es in ihren Konventen wirklich zuging, und um die ganze Kampagne gegen sie, Gracián und die Unbeschuhten als »Lügen und Rufmord«[36] zu entlarven. Was genau an das Ohr des Königs gelangte, lässt sich nicht sagen. Jedenfalls reagierte er. Um die Angelegenheit sachlich zu beurteilen, berief er vier Berater. Als Teresa erfuhr, dass Pater Pedro Fernández diesem Gremium angehörte, war die Sache für sie schon halb gewonnen. Fernández war früher Visitator der Karmeliten in Kastilien gewesen und kannte die Verhältnisse dort genau.

Am 1. April 1579 legte die Beratergruppe ihre Ergebnisse vor, die dann auch umgesetzt wurden. Nuntius Sega musste sein Dekret zurückziehen. Die Unbeschuhten waren forthin nicht mehr den Beschuhten unterstellt. Die Unbeschuhten Schwestern und Brüder Kastiliens und Andalusiens erhielten mit Pater Ángel de Salazar einen eigenen Oberen. Alle festgehaltenen Padres der Descalzos mussten freigelassen werden. Und auch Teresa konnte sich wieder frei bewegen und weitere Klöster gründen. Nuntius war somit in die Schranken gewiesen und Jerónimo Tostado entmachtet. Was jetzt noch fehlte, war die päpstliche Erlaubnis für eine eigene Ordensprovinz. Teresa war zuversichtlich, »dass alles gut ausgeht«.

Von Prüfungen und Schwierigkeiten hatte sie jedenfalls erst einmal genug. Und von der Vorstellung, dass ein frommer Mensch das Leiden geradezu suchen sollte, hielt sie nicht mehr viel. An Gracián, der wieder ihre Briefe empfangen durfte, schrieb sie: »Gönnen wir uns doch ein paar Tage Erholung. Ich verstehe wohl, dass dies [Prüfungen, A.P] eine Speise ist, von der einer, der sie tatsächlich einmal gekostet hat, erkennen wird, dass es für eine Seele keine bessere Nahrung geben kann. Da ich aber nicht weiß, ob davon außer mir nicht auch noch andere betroffen sind, kann ich es mir nicht wünschen. Ich will sagen, dass zwischen selbst leiden und seinen Nächsten leiden sehen wohl ein ziemlich großer Unterschied sein muss.«[37]

XV. SOLANGE DIE LIEBE NICHT SCHLÄFT
ODER ALLER REISEN ENDE

Mehr als drei Jahre waren vergangen seit Teresas Klostergründung in Sevilla. Damals, als die Verfolgung durch die Beschuhten begann und sie unter Hausarrest gestellt wurde, hatte sie
geglaubt, dass dies ihre letzte Gründung gewesen sei. Nun,
nach dem Einschreiten des Königs, sah alles wieder anders
aus. Teresa war von allen Restriktionen befreit, und ihr neuer
Oberer, Ángel del Salazar, befahl ihr sogar, wieder auf Reisen
zu gehen. Er wollte, dass sie in ihren Klöstern, besonders in
Malagón, nach dem Rechten sieht. Außerdem sollte sie in Valladolid die Familie des früheren Bischofs von Ávila, Don Àlvaro de Mendoza, aufsuchen und in einem Trauerfall begleiten.
Die Reiseroute, die Salazar der mittlerweile 64-jährigen Teresa
vorschrieb, ging kreuz und quer durch halb Spanien. Teresa ver-
mutete wohl nicht zu Unrecht, dass der Generalvikar sie so
lange wie möglich von Ávila fernhalten wollte. Im Frühjahr
1580 sollte im Menschwerdungskloster eine neue Priorin gewählt werden, und einen Aufstand wie bei der letzten Wahl,
als die Schwestern Teresa gegen den Willen der Oberen die
meisten Stimmen gegeben hatten, wollte Salazar nicht mehr
riskieren. Teresa nahm es mit Humor. An María Bautista, die
Priorin in Valladolid, der sie ihren Besuch ankündigte, schrieb
sie: »Und stellen Sie sich jetzt dieses arme Weiblein vor! Und
dann gleich nach Malagón! Ich sage Ihnen, es hat mich zum
Lachen gebracht, doch hab ich den Mut zu noch mehr.«[1]

An Mut fehlte es Teresa nicht. Aber ihr Mut war abhängig von ihrer Gesundheit, und mit der stand es nicht zum Besten. Keinen Tag war sie ohne Schmerzen und Beschwerden. Seit ihrem Sturz war sie auf die Hilfe ihrer Mitschwester Ana de San Bartholomé angewiesen. Ana, eine dreißigjährige Bauerntochter, war nicht nur Teresas Pflegerin, sondern auch ihre Sekretärin. Teresa hatte der Analphabetin Lesen und Schreiben beigebracht und diktierte ihr nun ihre Briefe. Mit dieser unentbehrlichen Begleiterin verließ Teresa am 13. Juni 1579 Ávila Richtung Norden.

Die Reise wurde zu einem Triumphzug. Überall wurde Teresa begeistert empfangen. In Valladolid, wo sie am 3. Juli ankam, feierten die Menschen sie als Heilige. Für Teresa war das »dummes Geschwätz«, und es empörte sie und machte sie traurig, dass die Leute so leichtfertig mit solchen Bezeichnungen umgingen. An Gracián schrieb sie: »Sie lachen nur darüber, wenn ich sage, sie sollen dort doch eine andere dazu machen, denn es kostet sie ja nicht mehr als Worte.«[2]

Bei Gracián konnte Teresa sicher sein, dass er nicht über sie lachte. Er befand sich immer noch in der Verbannung in Alcalá de Henares und musste eine der schwersten Entscheidungen seines Lebens treffen. Sega, der versuchte, sein Gesicht zu wahren, wollte einer eigenen Provinz für die Unbeschuhten nur zustimmen, wenn Gracián die Schuld für den ganzen Konflikt mit den Beschuhten auf sich nahm. Für Gracián bedeutete das, dass er sich unschuldig verurteilen lassen sollte und sein Ansehen einen erheblichen Schaden nehmen würde. Wie schwer das für Gracián als Adligen und Sohn einer angesehenen Familie war, wusste Teresa. Ziemlich spitz hatte sie ihn einmal darauf hingewiesen, dass er ja nicht gerade bekannt sei »für das Verlangen, nicht besonders geachtet zu werden«.[3] Jetzt bewies Gracián das Gegenteil. Er entschied, dass der Orden letztlich wichtiger sei als seine Ehre, und ließ sich verurteilen. Damit war der Weg frei für eine eigene Provinz.

Teresa wartete täglich auf erlösende Nachrichten aus Rom. Auch in Salamanca, das sie Mitte August 1579 besuchte, erreichten sie keine Neuigkeiten. In der Universitätsstadt musste sie für ihre Schwestern ein neues Haus finden. Der Besitzer der bisherigen Unterkunft hatte überraschend den Vertrag gekündigt, obwohl er auf dessen Einhaltung sein Wort gegeben hatte und in der Stadt als ehrenhafter Edelmann auftrat. Teresa ließ dieses schäbige Verhalten an der Zuverlässigkeit aller Männer zweifeln. »Man kann den Söhnen Adams nicht trauen«, schrieb sie an Gracián, der das auch als Wink mit dem Zaunpfahl verstehen sollte, weil er ihr zu selten schrieb und sie sich vernachlässigt fühlte: »Eure Paternität mögen diesem Edelmann doch bitte ausrichten, dass er sie nicht vergessen möge, auch wenn er von Natur aus vergesslich ist; denn wenn Liebe da ist, kann sie nicht so verschlafen sein.«[4]

Liebe, menschliche und göttliche Liebe, war Teresas Lebenselixier. Aus ihr schöpfte sie Energien, selbst wenn sie mit ihren eigenen Kräften am Ende war. Gern wäre sie länger an einem Ort geblieben, um sich auszuruhen. Doch in Malagón wurde sie schon dringend erwartet. Die allseits beliebte Priorin des dortigen Klosters, Brianda de San José, war schwer erkrankt, und seither fehlte es in der Kommunität an einer geeigneten Leitung. Teresa musste wieder für Ruhe sorgen. Also brach sie Anfang November in Salamanca auf zu der langen Reise Richtung Süden.

Über dreihundert Kilometer fuhr der ungefederte Planwagen auf den holprigen Straßen der kastilischen Hochebene. Als Teresa am 25. November in Malagón ankam, ließ man ihr keine Zeit, sich von der anstrengenden Reise zu erholen. Sie wurde gebraucht auf der Baustelle des neuen Klosters, das mit der Unterstützung ihrer langjährigen Freundin Doña Luisa de la Cerda errichtet wurde. Die Schwestern konnten es kaum erwarten, aus dem maroden alten Haus auszuziehen. Es störte sie auch nicht, dass der Neubau bei der Einweihung noch nicht fertig war. Beim feierlichen Umzug erinnerten die Schwestern Teresa an »Eidechslein, die im Sommer in die Sonne kriechen«[5].

Teresa genoss die Zeit in Malagón. Nach wenigen Tagen fühlte sie sich so gesund wie seit Jahren nicht mehr. Außerdem war der Ort so abgelegen, dass sie kaum Briefe erreichten. Das hielt sie nicht davon ab, selbst ihre Korrespondenz fortzuführen. Besonders am Herzen lag es ihr, den Kontakt zum Kloster in Sevilla aufrechtzuerhalten. Die Schwestern dort hatten in der Zeit der Verfolgung durch die Beschuhten bittere Tage durchlebt. Nach einer üblen Verleumdungskampagne war die Priorin María de San José in einem Schauprozess verurteilt und ihres Amtes enthoben worden. Schlimm war, dass zwei Mitschwestern sie durch Falschaussagen schwer belastet hatten.[6] Inzwischen hatte sich die Lage in Sevilla wieder beruhigt. Nun aber war die Frage, wie man mit den zwei verräterischen Nonnen umgehen sollte. Teresa war strikt dagegen, sie hart zu bestrafen. Die Gemeinschaft in Sevilla sollte sich nicht zu »Lieblosigkeiten« hinreißen lassen oder gar die zwei Frauen aus dem Kloster verbannen. Im Gegenteil forderte Teresa die Schwestern in Sevilla dazu auf, jetzt besonders »liebevoll und geschwisterlich« mit den beiden umzugehen. »Versucht, das Vorgefallene zu vergessen, und bedenkt, was sich jede von Euch wünschen würde, dass man ihr täte, wenn es ihr passiert wäre.«[7]

Diese Mahnung galt auch María de San José, die eigentliche Leidtragende der ganzen Verschwörung, die allen Grund hatte, mit den beiden Denunziantinnen hart ins Gericht zu gehen. Auf María, die inzwischen wieder rehabilitiert und als Priorin eingesetzt war, konnte sich Teresa verlassen. Wie sehr

220

sie María mochte, hat sie in vielen Briefen offen bekannt. Zu dieser Liebe gehörte es für Teresa, María manchmal harsch zu kritisieren und mit ihr in Streit zu geraten. Aus Malagón schrieb sie ihr: »Ich hätte es als großes Glück empfunden, wenn ich einen Umweg zu Ihnen dort hätte machen können, um Sie wiederzusehen und mich einmal nach Herzenslust mit Ihnen zu streiten oder, besser gesagt, mich mit Ihnen zu unterhalten, denn durch die Prüfungen müssen Sie zu einer Persönlichkeit geworden sein.« [8]

Im Dezember 1579 kam der Prior des Konvents von La Roda nach Malagón. Er wollte Teresa überreden, in dem östlich gelegenen Ort Villanueva de la Jara ein Kloster zu gründen. Dieser Plan war nicht neu. Seit Jahren erhielt Teresa Bittbriefe vom Gemeinderat der kleinen Stadt. Es gab dort neun fromme Frauen, die in Klausur lebten und sich nichts sehnlicher wünschten, als Unbeschuhte Nonnen zu werden. Teresa hatte immer gute Gründe gefunden, die Bitten abzuwehren. Es war für sie »der größte Unsinn der Welt« [9], dort ein Kloster zu gründen. Die Bereitwilligkeit, mit der die Bürger von Villanueva auf ihre Bedenken und Vorschläge eingingen, hatte sie jedoch mit der Zeit nachgiebiger gemacht. Sie fragte ihren Oberen Ángel de Salazar um Rat, und der gab ihr nicht nur die Erlaubnis zu einer Gründung in Villanueva, sondern befahl ihr, die Sache persönlich in die Hand zu nehmen. [10]

Teresa bestimmte vier Schwestern, die sie begleiten sollten, und machte sich am 13. Februar 1580 von Malagón aus auf den Weg ins fast zweihundert Kilometer entfernte Villanueva. Der Empfang in dem kleinen Ort war so herzlich und die befürchteten Schwierigkeiten erwiesen sich als so leicht überwindbar, dass Teresa wegen ihres jahrelangen Zögerns ein schlechtes Gewissen hatte. Nur ungern gestand sie sich zu, dass es nicht nur sachliche Gründe waren, die sie von einer Reise nach Villanueva abgehalten hatten. Teresa fühlte sich alt und verbraucht, und die Mühen einer neuen Klostergründung schreckten sie. Andererseits waren die Klöster ihr Lebenswerk. Diese gottgewollte Aufgabe nicht mehr weiterführen zu können bedeutete für sie »den Tod«[11]. Bereitwillig nahm sie daher alle Widrigkeiten und Beschwernisse in Kauf und erwartete das auch von ihren Schwestern: »[...] denn wir sollen uns nicht danach sehnen, unsere Ruhe zu haben«.[12]

Dass Teresa nicht zur Ruhe kam, dafür sorgten ihre Oberen. Es ist erstaunlich, wie bedenkenlos selbst freundschaftlich gesinnte Kirchenmänner die Vierundsechzigjährige durchs Land schickten. Kaum war die Gründung in Villanueva abgeschlossen, sandte Ángel de Salazar sie erneut nach Valladolid, wo Don Álvaro de Mendoza sie erwartete. Der frühere Bischof von Ávila wünschte, dass Teresa an seiner jetzigen Wirkungsstätte, in Palencia, ein Kloster gründete. Don Àlvaro musste auf seine Freundin bis zum Sommer warten. Ende März 1580 lag Teresa krank in Toledo. Das Herz machte ihr zu schaffen, dazu kamen Lähmungen und hohes Fieber.

Dass sie eine Pause einlegen musste, war Teresa gerade recht. Vielleicht kam in der Zwischenzeit die Mitteilung aus Rom. Mit der Erlaubnis zu einer eigenen Provinz würde auch eine Gründung in Palencia leichter durchzuführen sein. Die freudige Nachricht aus Rom ließ jedoch weiter auf sich warten. Dafür kamen schlechte Nachrichten aus Ávila. Lorenzo schrieb, dass er es nicht mehr mit seinem Bruder Pedro aushalte. Lorenzo hatte den mittellosen und psychisch labilen Pedro nach der gemeinsamen Rückkehr aus Westindien bei sich aufgenommen. Seitdem ging es mit Pedro weiter bergab. Er konnte in seiner alten Heimat nicht mehr Fuß fassen und benahm sich unberechenbar und intrigant. Eines Tages war er mit einem Mauleseltreiber nach Sevilla aufgebrochen, um sich dort wieder nach Westindien einzuschiffen. Weiter als bis nach Toledo war er nicht gekommen. Dort hatte er Teresa aufgesucht, die ihn überredete, wieder nach Ávila zurückzukehren. Dieser »arme Mann« scheine herausfinden zu wollen, »wie weit unsere Liebe reicht«, schrieb Teresa an Lorenzo.[13] Sie schwankte ihrem bedauernswerten Bruder gegenüber zwischen Strenge und Mitleid. Einerseits war sie nahe daran, Lorenzo zu empfehlen, Pedro aus dem Haus zu werfen. Anderereits bat sie ihn, Pedro eine kleine Rente zu gewähren und ihn bei Verwandten unterzubringen.

Als es Teresa Anfang Juni 1780 wieder besser ging, setzte sie ihre Reise nach Valladolid fort. Sie machte sich Sorgen um Lorenzo. Seine Briefe waren voll von düsteren Ahnungen, und in einem sprach er sogar von seinem baldigen Tod. Teresa forderte ihn auf, solche »unsinnigen Gedanken« zu unterlassen und an seine Kinder zu denken.[14] Der Tod war in diesem Jahr allgegenwärtig. In Spanien war eine Grippeepidemie ausgebrochen. In Segovia erhielt Teresa die Nachricht, dass ihr Bruder überraschend verstorben sei. Lorenzo hatte einen Blutsturz erlitten und war erstickt. Das war ein harter Schlag für Teresa. Lorenzo war ihr von den Geschwistern der liebste gewesen, und er hatte ihren Orden unermüdlich unterstützt.

Lorenzo hatte sie zur Testamentsvollstreckerin bestimmt. Nun musste sie sich auch um ihre Nichte und ihre Neffen kümmern. Teresita konnte weiter im Kloster San José in Ávila bleiben. Lorenzo, der zweitälteste Sohn, war im Frühjahr nach Peru zurückgekehrt. Ihm musste Teresa den Tod des Vaters mitteilen. Francisco sollte vorteilhaft verheiratet werden, spielte aber mit dem Gedanken, in ein Kloster zu gehen. Teresa machte einen kurzen Abstecher nach Ávila, um die Kinder zu sehen. Francisco nahm sie mit, als sie wieder aufbrach. Er war der Haupterbe, und es gab viel zu besprechen. Das war umso nötiger, als sein Onkel Pedro wieder neue Schwierigkeiten machte: Er wollte Lorenzos Testament anfechten, obwohl er darin großzügig bedacht worden war.

Beinahe hätte Teresa ihren Bruder Lorenzo nur um wenige Wochen überlebt. In Valladolid erwischte die Grippe auch sie. Es ging ihr so schlecht, dass sie zu sterben glaubte. Nur sehr langsam erholte sie sich wieder. Und es war schmerzlich für sie zu erfahren, dass viele ihrer Freunde von der Grippe dahingerafft worden waren. Unter ihnen war ihr alter Freund Francisco de Salcedo, einer ihrer ersten Berater und Helfer in Ávila. Salcedo hatte in den letzten Jahren sein gesamtes Vermögen verloren und war darüber völlig verzweifelt gewesen. Teresa hatte sich gewundert, dass ein Mann wie er, der doch die Armut rühmte, so unter einem Geldverlust leiden konnte. Ihr würde das nichts ausmachen, hatte sie damals gedacht, sich aber dann daran erinnert, wie sehr es sie geschmerzt hatte, als sie in Sevilla durch einen Rechtsstreit beinahe viel Geld verloren hätte. Ihr Fazit: »Es ist wohl so, dass wir uns selbst nicht kennen.«[15]

Freud und Leid lagen in diesen Tagen eng beieinander. Von Gracián wusste Teresa, dass der Papst das Breve zur Errichtung einer unabhängigen Provinz der Unbeschuhten bereits im Juni unterschrieben hatte und das Dokument bald dem spanischen König vorgelegt werden würde. Diese Nachricht hätte für sie eigentlich ein Ansporn sein müssen, die Gründung in Palencia in Angriff zu nehmen. Doch die Krankheit hatte auch ihre Energien erlahmen lassen. »Ich war ganz lustlos und so daneben, dass ich meinte, ich könne überhaupt nichts mehr tun«, schrieb sie in ihrem Bericht über die Gründungen. »Eine der großen Mühen und Armseligkeiten des Lebens ist es, glaube ich, wenn der Geist nicht so stark ist, dass er den Leib bezwingt. Krank zu sein und große Schmerzen auszuhalten bedeutet mir nämlich nichts, auch wenn es mühsam ist, sofern nur die Seele wach ist [...] Doch einerseits zu leiden, andererseits nichts zu tun, ist schrecklich, besonders wenn es sich um eine Seele handelt, die sich mit gewaltigen Wünschen danach gesehnt hat, nicht auszuruhen, weder innerlich noch äußerlich, sondern sich ganz und gar dem Dienst für ihren großen Gott hinzugeben.«[16]

Teresa klagte ihr Leid dem Jesuitenpater Jerónimo de Ripalda, der eine Zeitlang in Salamanca ihr Beichtvater gewesen war und jetzt zufällig in Valladolid vorbeikam. Magister Ripalda meinte, Teresas Antriebslosigkeit käme vom Alter. Teresa wollte das nicht glauben. Wie zum Trotz wuchsen ihr im inneren Beten wieder Kräfte zu, so dass sie Ende Dezember mit fünf Schwestern nach Palencia aufbrechen konnte. Bis dorthin war es nur eine Tagesreise, aber die Kälte war schneidend und der Nebel so dicht, dass man kaum die Hand vor Augen sehen konnte. In Palencia war Teresa willkommen. Das war auch dem Bischof Álvaro de Mendoza zu verdanken, der bei den Einwohnern sehr beliebt war und Teresa in jeder Hinsicht unterstützte. »Hier geht es uns sehr gut«, schrieb sie an eine Freundin, »und jeden Tag wird deutlich, dass es genial war, hier ein Kloster zu gründen. Es sind liebenswerte und angenehme Menschen, ohne Hintergedanken, was mir sehr gefällt.«[17]

Mit ihren Gedanken war Teresa noch bei ihrem verstorbenen Bruder Lorenzo und dessen Erbschaftsangelegenheiten, die sie regeln sollte. Ihr Neffe Francisco war im Herbst tatsächlich in ein Kloster eingetreten, hatte es dort aber nicht lange ausgehalten, weswegen er sich sehr schämte. Nach seinem gescheiterten Versuch, als Mönch zu leben, hatte er dann für alle überraschend im Dezember geheiratet. Seine Braut kam aus einer angesehenen Adelsfamilie Ávilas. Sie hatte viele Titel, brachte aber wenig Geld mit in die Ehe. Ihre Mutter schrieb nun an Teresa, um herauszufinden, wie es mit der finanziellen Situation ihres Schwiegersohnes bestellt sei. Teresa musste ihre Erwartungen enttäuschen. Francisco war nicht reich. Das Landgut La Serna, das er geerbt hatte, war verschuldet. Die

Briefe, die Teresa in der Folge von seiner Schwiegermutter bekam, waren unerfreulich. Sie wollte sogar das Testament Lorenzo de Cepedas infrage stellen. Sie habe, schrieb Teresa an María de San José, ihre Verwandten »so satt, dass ich mich auf keinen Streit mit ihnen einlassen möchte«.[18]

Nicht genug Briefe konnte Teresa dagegen von Gracián erhalten. Philipp II. hatte das Breve des Papstes bekommen, und Gracián holte sich vom König die Erlaubnis, vom 3. März 1581 an ein Kapitel der Unbeschuhten in Alcalá de Henares durchzuführen. Auf dieser Versammlung der Ordensbrüder sollte die endgültige Trennung der Unbeschuhten vom Stammorden beschlossen, die Konstitutionen für die Klöster festgelegt und ein Provinzial gewählt werden. Teresa, die so viele Frauenklöster gegründet und den Anstoß für die Männerklöster gegeben hatte, wurde erwartungsgemäß nicht zu der Versammlung eingeladen. Alles, was sie tun konnte, war, Gracián Vorschläge zu unterbreiten, worauf bei den Konstitutionen zu achten sei. Von den Strümpfen der Nonnen bis hin zum Bettzeug der Mönche hatte sie genaue Vorstellungen. Vor allem aber sollten solche Personen von den Klöstern ferngehalten werden, die den Geist des Rigorismus predigten. »Unsere ganze Existenz hängt daran, die Gelegenheit auszuräumen, damit diese finsteren Frömmler, diese Verderber der Bräute Christi, keine Chance haben.«[19]

Teresas größter Wunsch wurde erfüllt. Gracián wurde auf dem Kapitel zum Provinzial gewählt. Mitte Mai kam Gracián nach Palencia. Teresa war überglücklich, ihn wiederzusehen, und sie rechnete fest damit, dass ihr Pater sie auf der bevorstehenden Reise begleiten würde. Es war beschlossene Sache, dass das nächste Kloster in Soria entstehen wird. Maßlos enttäuscht war sie daher, dass Gracián nur wenig Zeit hatte. Nicht einmal die bevorstehende feierliche Einweihung des Klosters wollte er abwarten. Gracián wäre gerne geblieben, aber als Provinzial war er mit Pflichten überhäuft und musste wegen dringender Geschäfte nach Alba de Tormes. Als Gracián abgereist war, schickte ihm Teresa einen Brief hinterher, in dem sie aus ihrer Enttäuschung keinen Hehl machte: »Sehen Sie jetzt, von wie kurzer Dauer meine Freude war? Wo ich mich doch schon so auf diese Reise gefreut habe […] Ich sage Ihnen, Herr Pater, schließlich ist der Leib krank, und so hat er sich mehr der Traurigkeit hingegeben, als mir lieb war, denn es war wirklich arg […] O, Herr Pater, preisen Sie Gott dafür, dass er Sie für die, die mit Ihnen zu tun haben, so liebenswürdig macht, dass offensichtlich niemand diese Lücke ausfüllen kann, so dass der armen Lorencia alles zuwider ist.«[20]

Gracián beauftragte einen Mitbruder, Teresa nach Soria zu begleiten: Pater Nicolás, der neue Hoffnungsträger im Orden, stammte aus Genua und war erst mit achtunddreißig Jahren in den Orden eingetreten. In seinem früheren Leben war der Pater, der mit bürgerlichem Namen Nicolás Doria hieß, ein Bankier gewesen. Innerhalb kurzer Zeit hatte er sich unentbehrlich gemacht und wichtige Posten eingenommen. Teresa kannte ihn bereits und hielt große Stücke auf ihn. Gracián konnte er allerdings nicht ersetzen, dazu fehlte ihm dessen Charme und Sanftmut. Während ihres Aufenthaltes in Soria von Anfang Juni bis Mitte August war Doria eine große Stütze für Teresa. Er trat sehr überzeugend auf und in Finanzgeschäften konnte ihm niemand etwas vormachen.

Die Möglichkeit, von Soria gleich ins nahe gelegene Burgos zu reisen, nahm Teresa nicht wahr. Sie hatte zwar die mündliche Zustimmung des dortigen Bischofs, ein Kloster zu gründen. In der Bevölkerung gab es jedoch noch Widerstände. Burgos verschob Teresa auf später. Vielleicht würde Gracián dann Zeit haben, sie zu begleiten. Gern wäre Teresa nach Madrid gereist. Ein Frauenkloster der Unbeschuhten in der Hauptstadt war ein langgehegter Traum von ihr. Doch der zuständige Kardinal stellte sich beharrlich dagegen. Teresa gab die Hoffnung nicht auf, in den nächsten Monaten dennoch seine Erlaubnis zu bekommen. Bis dahin wollte sie in Ávila bleiben.

Es war eine traurige Rückkehr in ihre Heimatstadt Anfang September 1581. Freunde wie ihr Bruder Lorenzo und Francisco de Salcedo lebten nicht mehr. Und diejenigen, die noch da waren, machten Teresa das Leben schwer. Neben dem Ärger um Lorenzos Erbe wurde Teresa nun zudem in einen Skandal um die Familie ihrer Schwester Juana verwickelt. In ihrem Wohnort Alba de Tormes behauptete eine Frau, Juanas Tochter Beatriz habe eine Affäre mit ihrem Ehemann gehabt. Für Teresa waren diese Verleumdungen nur das »Geschwätz eines eifersüchtigen Weibes«[21]. Sie forderte Juana und deren Mann Juan de Ovalle auf, Beatriz zu ihr nach Ávila zu bringen, um das einundzwanzigjährige Mädchen vor den böswilligen Verdächtigungen zu schützen, die dem Ruf der Familie schon sehr geschadet hatten. Am liebsten hätte Teresa ihre Nichte gleich in das Menschwerdungskloster gesteckt, aber das war kostspielig, und das nötige Geld hatten ihre Eltern nicht.

Mit dem Tod von Lorenzo de Cepeda und Francisco de Salcedo hatte das Kloster San José, in dem Teresa wieder Priorin war, ihre größten Unterstützer verloren. Das Geld reichte nicht einmal für das Essen. Die Schwestern mussten zeitweise hungern. Die Notlage war gemildert worden, als das Erbteil der jungen Teresita an das Kloster fiel. Nun drohte neues Unheil von Seiten Franciscos Schwiegermutter. Sie wollte das Mädchen dazu bringen, das Kloster zu verlassen und auf ihr Erbteil zugunsten ihres Bruders zu verzichten. Sie scheute nicht davor zurück, Teresita unter Druck zu setzen. Teresa wollte diesen Plan verhindern und ihre Nichte nicht allein in Ávila zurücklassen, wenn sie wieder auf Reisen gehen würde. Die Hoffnungen, ein Kloster in Madrid zu gründen, hatten sich zerschlagen. Aber in Burgos war die Lage günstig. Teresa beschloss, nicht bis zum Sommer zu warten, sondern nach Weihnachten aufzubrechen, auch wenn sie bei einer Reise in den hohen Norden Spaniens zu dieser Jahreszeit mit Kälte und Schnee rechnen musste.

Ende November 1581 kam Johannes vom Kreuz nach Ávila. Vier Jahre lang hatten er und Teresa sich nicht mehr gesehen. Johannes war nach seiner Kerkerhaft nach Andalusien geflohen, um weiteren Verfolgungen durch die Beschuhten zu entgehen. Er hatte den langen Weg nach Ávila auf sich genommen, um Teresa zu bitten, ihn nach Granada zu begleiten, wo eine Stiftung der Unbeschuhten Karmelitinnen entstehen sollte. Teresa musste ihm eine Absage erteilen. Ihr Entschluss, zusammen mit Gracián nach Burgos zu gehen, stand fest. Johannes trat allein die Rückreise nach Andalusien an. Teresa und er sollten sich nicht wiedersehen. Ob er enttäuscht war, dass Teresa lieber mit Gracián in den kalten Norden reiste als mit ihm in den milderen Süden? Teresa jedenfalls wollte Gracián dieses Mal keine Entschuldigung durchgehen lassen. Anfang Dezember 1581 schrieb sie ihm: »Wissen Sie, ich habe niemanden, mit dem ich reisen sollte; denken Sie also nicht daran, mich im Regen stehen zu lassen.«[22] Gracián dachte nicht daran. In Palencia wartete er auf sie.

Teresa war immer noch gezeichnet von ihrer schweren Erkrankung, als sie am 2. Januar 1582 Ávila verließ. Mit ihr im Planwagen saßen ihre Nichte Teresita und die unentbehrliche Ana de San Bartholomé. Die Reisegesellschaft musste immer wieder längere Ruhepausen einlegen, weil Teresa von Fieber und Schüttelfrost geplagt wurde. Es war, als sollten auf dieser Reise alle Widrigkeiten und Probleme der vergangenen Gründungen in geballter Form auftreten. Es regnete unaufhörlich, zwischendurch schneite es, die Wagen blieben auf den aufgeweichten Wegen im Schlamm stecken, bei einer Flussüberquerung wäre Teresa beinahe in die Fluten gestürzt. Als die Gruppe endlich, am 26. Januar, vierundzwanzig Tag nach dem Aufbruch aus Ávila, in Burgos ankam, waren alle bis auf die Haut durchnässt und völlig erschöpft. Teresa hatte starke Halsschmerzen und konnte kaum sprechen und nichts essen.

Die Schwierigkeiten nahmen kein Ende. Der Erzbischof von Burgos hielt sich nicht an seine mündliche Zusage und erfand stets neue Einwände, um Teresa von einer Gründung abzuhalten. Die Schwestern mussten mit Notunterkünften vorliebnehmen, ehe sie endlich im März ein geeignetes Haus beziehen konnten. Und als ob das noch nicht genug an Unglück gewesen wäre, wurde dieses Haus im Mai bei einem Hochwasser überschwemmt.

Gracián war bei dieser letzten Katastrophe nicht mehr in Burgos. Anfang Mai war er abgereist, um seinen Vater in Soria zu treffen. Teresa verließ Burgos erst Ende Juli. Sie wollte so schnell wie möglich zurück nach Ávila, weil Teresita in San José ihr Ordensgelübde ablegen sollte. Beide waren traurig, dass Gracián nicht an dieser Feier teilnehmen konnte, weil seine Pflichten ihn nach Sevilla riefen. Teresa versuchte, ihn von dieser Reise abzuhalten, weil in Andalusien die Pest ausgebrochen war. Es berühre sie alles, »was auch nur ein bisschen meinen Pablo berührt«, hatte sie ihm einmal gestanden.[23] Der Gedanke, dass ihm in Andalusien etwas zustoßen könnte, so schrieb sie ihm jetzt, würde sie selber »ins Verderben stürzen; denn selbst wenn Gott sie gesund erhielte, würde schon die Gefährdung Ihrer Gesundheit ausreichen, um meine zu ruinieren«.[24]

Gracián blieb gesund. Aber Teresa war todkrank. Weder Gracián noch Teresa selbst konnten wissen, dass sie hoffnungslos von Krebs befallen war.[25] Ihre Pläne reichten noch weit in die Zukunft. Von Ávila aus wollte sie wieder nach Salamanca, um einen erneuten Anlauf zu unternehmen, die Gründung in Madrid doch noch zu verwirklichen. Und als ferneres Ziel hatte sie sich vorgenommen, noch einmal nach Sevilla zu reisen, um mit María de San José zu streiten. Und natürlich wollte sie Gracián wiedersehen. Er hielt sich trotz aller Warnungen in Sevilla auf. Teresa schrieb ihm aus Valladolid, wie sehr sie ihn vermisse: »Ich weiß nicht warum, aber diesmal habe ich Ihre Abwesenheit so sehr gespürt, dass mir der Wunsch verging, Eurer Paternität zu schreiben, und so habe ich es nicht mehr getan, bis ich es jetzt nicht noch weiter aufschieben konnte; es ist heute Vollmond, so dass ich die Nacht ganz miserabel herumgebracht habe, und entsprechend geht es nun meinem Kopf. […] Niemals gefällt es mir, Euer Hochwürden lange dort [in Andalusien, A. P.] zu sehen, denn da Sie mir dieser Tage von denen geschrieben haben, die dort Nöte durchgemacht haben, soll mir Gott das Leid nicht antun, Sie in Nöten zu sehen […]. Glauben Sie mir doch wenigstens, dass ich die ganze Zeit, die Sie dort verweilen, ganz aufgelöst bin.«[26]

In Medina del Campo wurden Teresas Kopf- und Halsschmerzen wieder schlimmer. Fieber und Erbrechen kamen hinzu. Obwohl ihr der »Kopf brummte«, schrieb sie einen langen Brief mit Anweisungen an die Schwestern in Soria. Am 18. September kam Pater Antonio des Jesús, der stellvertretende Provinzial, nach Malagón und brachte Teresas Pläne durcheinander. Er befahl ihr, nach Alba de Tormes zu gehen. Die Tochter der Herzogin von Alba erwartete ein Kind, und Teresa sollte bei der Geburt anwesend sein. So schwer es Teresa fiel, dieser Bitte nachzukommen, bestieg sie doch die von der Herzogin geschickte Karosse und begab sich nach Alba de Tormes.

Als sie dort ankam, war das erwartete Kind schon zur Welt gekommen. Teresa war von der Reise so geschwächt, dass sie sich gleich hinlegen musste. Ihr Zustand verschlimmerte sich zusehends. Ana de San Bartholomé pflegte sie. Ihren späteren Aussagen zufolge hatte Teresa starke Blutungen, die wahrscheinlich von einem uterinem Karzinom herrührten.[27] Obwohl sie viel Blut verlor, ließen die Ärzte sie zur Ader und setzten ihr zusätzlich Schröpfköpfe auf. Anfangs ließ Teresa das noch mit sich geschehen, doch dann schickte sie die Ärzte fort und meinte, dass bei ihr nichts mehr zu machen sei. Sie redete mit allen, die sie besuchten, und bedankte sich bei jenen, die ihr nahestanden und sie viele Jahre hindurch begleitet hatten. Am Morgen des 3. Oktober empfing Teresa das Sterbesakrament. Viele »letzte Worte« sind von ihr überliefert. Als sicher gilt, dass sie bis zuletzt jene lateinischen Psalmverse betete, die Gracián ihr beigebracht hatte. Einer lautet: »Cor contritum et humiliatum, Deus, non despicies« – Ein zerbrochenes und zerschlagenes Herz wirst du, Gott, nicht verschmähen.

Am Donnerstag, den 4. Oktober 1582 abends starb Teresa in den Armen ihrer Pflegerin und Mitschwester Ana de San Bartholomé. In dieser Nacht wurde der gregorianische Kalender eingeführt. Der nächste Tag war der 15. Oktober 1582.

Jerónimo Gracián erfuhr von Teresas Tod in Beas, wo sich die beiden das erste Mal begegnet waren. Was die Nachricht in ihm auslöste, hat er später in einem autobiographischen Text beschrieben, in dem er sich »Elisio« und Teresa »Angela« nennt: »Am Nachmittag um Vier erhielt Eliseo die Nachricht, dass Angela in Gottes Ewigkeit eingegangen war. Die Plötzlichkeit und Schwere dieses Schlages, des schlimmsten seines ganzen Lebens, vor dem er sich immer gefürchtet hatte, versetzte ihn in eine Art Schockzustand. Er war wie betäubt, spürte Kälte in allen Gliedern und zitterte am ganzen Leibe. Zunächst wollte er sich auf sein Bett werfen. Aber dann fehlte ihm der Mut zum Alleinsein, da ihn die Trauer überwältigt hätte.«

Noch in der Erinnerung an diesen Tag war Gracián so bewegt, dass er die distanzierte Erzählhaltung der dritten Person nicht durchzuhalten vermochte, sondern in die Ich-Form zurückfiel: »Am Nachmittag dieses Tages dachte ich an ich weiß nicht welche unserer fröhlichen Kindereien. Da stieg eine Zärtlichkeit in mir auf, dass ich den Tränen freien Lauf lassen konnte, und die Erinnerung war von einer Süße, die auf immer bleibt, auch wenn die Tränen versiegten. [...] Nachts dachte ich daran, wie wir uns in Beas begegnet waren und Angela sich dann entschloss, mir Gehorsam zu geloben. Aus diesem Gedanken erwuchs mir die Kühnheit, sie zu rufen und ihr zu befehlen, uns wirksam beizustehen, auch wenn sie im Himmel sei. Und ich konnte ganz offen und natürlich alles sagen, was ich auf dem Herzen hatte, genau wie früher. Dann legte ich mich nieder und besprach weiter mit ihr alle Angelegenheiten und gab ihr Rechenschaft, gerade so, als sei ich zu ihr nach Ávila gereist und dort so wie sonst mit ihr zusammen. [...]«

Lebhaft erinnerte sich Gracián daran, wie sehr sich Teresa gefreut hatte, wenn er ihr geholfen habe, ihre Gebete auf Latein zu sprechen. Sie hätten die Verse gerne zusammen gesprochen, und es sei für ihn beglückend gewesen, wie gut Teresa sie verstanden hätte. Als Teresa ihm so gegenwärtig war, dass er sich mit ihr unterhalten konnte, nannte ihm Teresa auch die Gründe, warum sie fortgegangen sei: »Ich war in der Welt nichts mehr nütze, weil ich alt und müde geworden war und nicht in allen den Häusern wohnen konnte. Darum holte mich der himmlische Bräutigam zu sich in die Ewigkeit. Hier bin ich nun glücklich und froh mit ihm vereint und spüre, wie ich in jedem meiner Klöster als Mutter zahlreicher Kinder gegenwärtig bin, und meine Töchter viel Gutes wirken, meiner gedenkend.«[28]

Bald nach dem Tod Teresas begannen im Orden die Richtungskämpfe. Zum größten Gegner Graciáns wurde Nicolas Doria, der bekehrte Bankier, von dem Teresa noch gehofft hatte, dass er zum kongenialen Partner Graciáns würde. Durch seine guten Verbindungen zu Papst und König erhielt Doria immer mehr Macht, die er benutzte, um seine Vorstellungen von einer Reform durchzusetzen. Er bildete einen zentralen Rat, der das Leben in den Klöstern kontrollierte. Eine teilweise Selbstbestimmung in den Konventen, wie Teresa sie sich gewünscht und teilweise eingeführt hatte, wurde abgeschafft. Der Rigorismus hielt wieder Einzug. Der kontemplative Kern von Teresas Reform drohte verlorenzugehen. Wer trotzdem daran festhalten wollte, wurde von Doria gnadenlos ins Abseits gedrängt. Johannes vom Kreuz musste sich auf Druck Dorias nach Andalusien zurückziehen und starb dort am 14. Dezember 1591. Jerónimo Gracián wurde wenige Monate später aus dem Orden ausgeschlossen. Bei dem Versuch, sich Recht zu verschaffen, reiste er nach Rom, doch sein Schiff wurde von Türken überfallen. Sie nahmen Gracián gefangen und verkauften ihn an der tunesischen Küste als Sklaven. Nach anderthalb Jahren in Gefangenschaft kaufte ihn ein Jude frei, und Gracián konnte nach Rom zurückkehren. Er wirkte noch viele Jahre als theologischer Berater, Missionar und Schriftsteller, ehe er am 21. September 1614 in Brüssel starb, wenige Monate nachdem Papst Paul V. Teresa seliggesprochen hatte. In seiner Autobiographie *Pilgerreise des Anastasio* schrieb er: »Es genügt zu sagen, dass die Mutter Teresa mich beriet, ermutigte und tröstete – dann mag der Rest ruhig Schweigen sein.«[29]

EPILOG
Eine Karte zu viel

1577, als Teresa sich in der Verbannung in Toledo aufhielt, erreichte sie eine ungewöhnliche Bitte des Bischofs von Ávila, Álvaro de Mendoza. Sie sollte die Schiedsrichterin sein bei einem geistigen Wettstreit. Der Anlass war ein Aufruf, den Teresa im Gebet vernommen hatte und aus dem ein Gedicht entstanden war: Búscate in mí – Suche dich in mir.[1] Ihr Bruder Lorenzo hatte offenbar diese Worte in Ávila bekannt gemacht und damit große Verwirrung hervorgerufen. Niemand verstand diese dunklen Worte oder wollte sie verstehen. Kann denn ein Mensch sich in Gott suchen? Wurden hier nicht die Grenzen zwischen Mensch und Gott verwischt? Versteckte sich in diesen Worten nicht eine gefährliche Lehre? Schließlich war man übereingekommen, im Kloster San José eine feierliche Sitzung abzuhalten, bei der die Schwestern und theologisch geschulte Männer ihre Meinung darlegen sollten. Auch vier Freunde Teresas hatten daran teilgenommen: Ihr Bruder Lorenzo, Johannes vom Kreuz, Julián von Ávila und Francisco de Salcedo. Die Antworten waren auf Anweisung des Bischofs zu Teresa nach Toledo geschickt worden. Sie sollte darüber urteilen.

Teresa hätte sich dem Auftrag des Bischofs gerne entzogen, weil ihr von der täglich anfallenden Korrespondenz schon »der Kopf brummte«. Doch dann reizte es sie doch, sich mit den Stellungnahmen ein wenig zu »amüsieren«. Ihre Antworten waren kein trockenes Gutachten, sondern humorvolle »Neckereien«[2], liebevoll übertriebene Verrisse, in denen jedoch mehr als ein Körnchen Wahrheit steckte.

Francisco de Salcedo hatte sich mit seiner Antwort offenbar in philosophische Spekulationen geflüchtet. Er redete von »Erkenntnisvermögen«, von »Gotteinung« und davon, dass Gott in allen Dingen sei. Er beging also jenen Fehler, den Teresa an anderer Stelle den allzu klugen Theologen vorwarf, wenn sie zu große »Holzscheite« auf ein zartes Feuer legen und es damit ersticken.[3] Außerdem berief sich Salcedo auf Größen wie Paulus und den Heiligen Geist, die er nach Teresas Meinung somit für eigene Dummheiten verantwortlich machte.

Julian von Ávila landete für Teresa mit seiner Antwort in einer ähnlichen Sackgasse wie Salcedo. Er machte sich gescheite Gedanken über den Unterschied zwischen Schöpfer und Geschöpf und was die Seele verspüre, wenn sie mit Gott vereint sei. Wenn diese Verbindung tatsächlich bestehe, so Teresas Kritik, dann sei für »solche Dispute« kein Platz mehr, oder mit anderen Worten: Pater Julian redete sehr klug an der Sache vorbei. Außerdem behauptete er, dass eine Seele, ehe sie Gott begegnen könne, erst »gereinigt« werde müsse. Damit aber wies er einem Menschen Möglichkeiten zu, die er für Teresa nicht hat. Denn alles, was man auf der Suche nach Gott tun könne, sei, sich bereitzuhalten in liebevoller Erwartung, denn »Gott schenkt es, wem er will«.

Am härtesten ins Gericht ging Teresa mit Johannes vom Kreuz. Der hatte offenbar, wie aus Teresas Antwort hervorgeht, behauptet, dass eine Suche nach Gott nur möglich ist, wenn wir der Welt ganz abgestorben sind. Das käme uns, so Teresas Urteil, »teuer zu stehen«, und sie verwies auf Frauen in der Bibel wie Maria Magdalena oder die Samariterin, die mit Jesus ein Gespräch am Brunnen führte und plötzlich verstand, was er mit dem lebendigen Wasser meinte. Träfe Johannes' Behauptung zu, wären solche Erfahrungen nicht möglich. »Gott verschone mich vor Leuten, die so geistlich sind, dass sie aus allem eine vollkommene Kontemplation machen«, schrieb Teresa an Johannes' Adresse, dem sie eine komplette Themaverfehlung bescheinigte: »Dennoch danken wir ihm, dass er uns so gut erläutert hat, was wir gar nicht gefragt hatten.«

Sanfter ging Teresa mit ihrem Bruder Lorenzo um. Dieser hatte sich in seiner Stellungnahme entschuldigt, dass er sich in so »erhabene Dinge« einmische. Teresa verzieh ihm, dass er Behauptungen aufstellte, die er offenbar nicht verstand, und sie dankte ihm für die »Belustigung«, die er ihr verschafft habe: »Gebe Gott, dass von dem Honig, dem er so nahe war, etwas an ihm hängen bleibe […].«

Am Schluss ihrer Antwort stellte Teresa allen vier Beteiligten ein schlechtes Zeugnis aus. Sie hätten das Spiel verloren, »weil sie eine Karte zu viel hatten«.

Eine Karte zu viel – das bedeutet, dass die Dinge oft viel einfacher liegen, als wir sie uns denken. Dass wir oft Begriffe verwenden und in Kategorien denken, die der »Sache« nicht angemessen sind und so uns und andere in die Irre führen. Über Gott und die Seele sollten wir nur mit Worten reden, die aus eigener Erfahrung kommen. Dann würden wir verstehen, dass die entscheidende Karte unseres Lebens bereits im Spiel ist. Gott wohnt in jeder Seele. Ihn zu suchen und damit auch uns zu suchen, das geht nicht auf die zielgerichtete und eigenmächtige Art, wie wir nach Erfolg und Anerkennung suchen. Diese andere Suche besteht darin, auf seinen Ruf zu antworten. Und das kann nur in Liebe geschehen: »Ich möchte nur, dass ihr euch bewusst seid, dass es nicht darauf ankommt, viel zu denken, sondern viel zu lieben […].«[4] Teresas Gedicht mit dem Titel *Suche dich in mir* endet mit den Zeilen:

»[…]

Falls du nicht wissen solltest,
wo du mich finden könntest,
so lauf nicht hier, noch dort hin.
Wenn du mich finden wolltest,
mich suchen sollst in dir.«

Die Klostergründungen der Teresa von Ávila

Atlantischer Ozean

Golf von Biscaya

KGR.
FRANKREICH

Santiago de
Compostela

Oviedo

Santander

León

Kgr.
Navarra

Burgos
(1582)

Palencia
(1580)

Valladolid
(1568)

Duero

Soria *(1581)*

Zaragoza

Medina del Campo
(1567)

Burgo de Osma

Ebro

Salamanca
(1570)

KGR. PORTUGAL

Ciudad
Rodrigo

Alba de Tormes
(1571)

Ávila
(1562)

Segovia
(1574)

Guadalajara

Kgr.
Aragonien

Madrid

Alcalá de
Henares

Pastrana
(1569)

Tajo

Toledo
(1569)

Kgr. Kastilien

KGR. SPANIEN

Malagón
(1568)

Valencia

Guadiana

Villanueva
de la Jara *(1580)*

Córdoba

Baeza

Beas de Segura
(1575)

Alicante

Espeluy

Écija

Caravaca
(1576)

Guadalquivir

Sevilla
(1575)

Cartagena

Granada *(1582)*

Cádiz

Málaga

Kgr. Granada

Almería

Gibraltar

Tánger

Ceuta

Mittelmeer

Oran

Fes

Melilla

Tlemcen

0   50   100   150 km

Zeittafel

1485	Teresas Großvater, Juan Sánchez de Toledo, konvertiert vom jüdischen zum katholischen Glauben. Die Familie siedelt nach Ávila über.
1492	Eroberung Granadas und Ausweisung der Juden aus Spanien.
1515	Teresa de Ahumada wird am 28. März als Tochter des Alonso Sánchez und der Beatriz de Ahumada geboren.
1516	Tod Ferdinands des Katholischen. Sein Nachfolger und deutscher Kaiser wird Karl V.
1517	31. Oktober: Thesenanschlag Luthers in Wittenberg.
1519-21	Eroberung Mexikos durch Hernán Cortez.
1521	Reichstag zu Worms. Luther vor Karl V.
1528	Tod der Mutter.
1531	Teresa im Internat der Augustinerinnen Santa María de Gracia in Ávila. Sie wird krank und kehrt zum Vater zurück.
1532-34	Pizarro erobert Peru.
1535	Teresa tritt in das Karmelitinnenkloster Encarnación ein (Menschwerdungskloster).
1537	Sie legt ihr Gelübde ab (Profess).
1538	Schwere Erkrankung. Der Vater bringt sie zur Heilerin nach Becedas.
1539	Rückkehr nach Ávila. Scheintod. Als Gelähmte Rückkehr in das Menschwerdungskloster.
1543	Tod des Vaters (26. Dezember).
1554	Erste mystische Erfahrungen.
1556	Philipp II. wird König der spanischen Reiche.
1555-1560	Teresa sucht Rat bei geistlichen Beratern, die ihre Visionen für Teufelswerk halten.
1560	Teresa und ihre Gefährtinnen beschließen die Gründung eines eigenen Klosters. Sie lernt Pedro de Alcántara kennen.
1562	Im Palast der Doña Luisa de la Cerda. Gründung des Klosters San José in Ávila. Sie erhält Geld von ihrem Bruder Lorenzo aus Peru.

1565	Abschluss der endgültigen, erhaltenen Fassung der *Vida*. Sie beginnt ihr Werk *Weg der Vollkommenheit*.
1567	Der Ordensgeneral Rossi kommt nach Ávila und erteilt Teresa die Erlaubnis zur Gründung weiterer Nonnenklöster. Gründung des Klosters in Medina del Campo. Zusammentreffen mit Johannes vom Kreuz, der gemeinsam mit Antonio de Jesús das erste Männerkloster in Duruelo gründet. Johannes begleitet sie zur Gründung nach Valladolid.
1569	Klostergründungen in Toledo und Pastrana. Teresa lernt den Wasseringenieur Ambrosio Maríano kennen, der Mönch im Männerkloster in Pastrana wird. Auseinandersetzungen mit der Prinzessin von Eboli.
1570	Klostergründung im Herbst in Salamanca.
1571	Klostergründung in Alba de Tormes. Der Apostolische Visitator Pedro Fernández bestimmt sie zur Priorin des Menschwerdungsklosters in Ávila.
1572	Jerónimo Gracián tritt in Pastrana in den Orden ein. Johannes vom Kreuz wird Beichtvater im Menschwerdungskloster.
1573	Teresa beginnt das *Buch der Gründungen* zu schreiben.
1574	Klostergründung in Segovia. Die Schwestern in Pastrana verlassen nach unüberwindbaren Problemen mit der Prinzessin Eboli heimlich Pastrana und siedeln nach Segovia über. Gracián wird Provinzvikar und Visitator der Karmeliten in Andalusien. Spannungen zwischen den Unbeschuhten und den Beschuhten Karmeliten.
1575	Klostergründung in Beas. Teresa und Gracián lernen sich kennen. Anstrengende Reise Teresas nach Sevilla, wo sie ein weiteres Kloster gründet. Teresas Bruder Lorenzo kehrt mit seinen Kindern aus Westindien nach Spanien zurück. Teresa und ihre Schwestern werden in Sevilla denunziert und von der Inquisition überprüft.
1576	Teresa lässt in Caravanca ein Kloster gründen. Beginn der Verfolgung durch den nicht reformierten Zweig der Karmeliten (sog. Beschuhte). Verbot weiterer Gründungen. Teresas Rückzug nach Toledo.
1577	Teresa schreibt die *Wohnungen der inneren Burg*. Tod des Ordensgenerals Ormaneto. Sein Nachfolger Filipe Sega und

der Visitator Jerónimo Tostado gehen gegen die Reformbewegung vor.

Johannes vom Kreuz wird im Dezember entführt und in Toledo gefangen gehalten.

1578 Johannes flieht aus dem Gefängnis in Toledo. Die Unbeschuhten werden dem Stammorden unterstellt. Gracián unter Hausarrest.

1579 König Philipp II. schaltet sich in den Konflikt ein. Sega muss seine Maßnahmen gegen die Unbeschuhten zurücknehmen. Gründungsverbot gegen Teresa wird aufgehoben.

1580 Klostergründung in Villanueva. Durch ein Breve des Papstes werden die Unbeschuhten zu einer selbstständigen Provinz. Teresas Bruder Lorenzo stirbt. Erbstreitigkeiten. Klostergründung in Palencia.

1581 Gracián wird auf dem Provinzkapitel in Alcalá zum Provinzial gewählt.

Teresa gründet ein Kloster in Soria.

1582 Teresa reist mit Gracián nach Burgos, wo sie nach großen Schwierigkeiten ein Kloster gründet. Auf Anordnung Antonio de Jesús begibt sie sich nach Alba de Tormes. Dort stirbt sie am 4. Oktober um 9 Uhr abends.

1583 Erste Ausgabe der Schriften Teresas.

1614 Seligsprechung durch Paul V.

1622 Heiligsprechung durch Gregor XV.

1979 Teresa wird als erste Frau in der Geschichte durch Paul VI. der Titel einer Lehrerin der Kirche zuerkannt.

Quellenverzeichnis

Die Texte Teresas von Ávila werden zitiert nach der im Herder-Verlag erschienenen, vollständigen Neuübertragung ihrer gesammelten Werke, herausgegeben, übersetzt und eingeleitet von Ulrich Dobhan OCD und Elisabeth Peeters OCD. In Klammern sind die Abkürzungen der einzelnen Bände in den Endnoten angegeben:

Band 1: Das Buch meines Lebens, [7]2013 (= BmL)

Band 2: Weg der Vollkommenheit, [4]2010 (= WdV)

Band 3: Gedanken zum Hohenlied, Gedichte und kleinere Schriften; 2004 (= GzH)

Band 4: Wohnungen der inneren Burg, [4]2012 (= WiB)

Band 5: Das Buch der Gründungen, 2007 (= BdG)

Band 6: Schicken Sie mir doch ein paar Täubchen, Briefe I (1546-1576), 2010 (= B 1)

Band 7: Noch nie habe ich Euch so geliebt wie jetzt, Briefe II (1576-1579), 2011 (= B 2)

Band 8: Diesen großen Gott können wir überall loben, Briefe III (1579-1582), 2013 (= B 3)

Anmerkungen

Einleitung

1 Teresa von Ávila (= TvA), BdG, Kap. 31
2 ebenda, S. 433
3 zitiert nach: Ulrich Dobhan, Teresa von Ávila und die Emanzipation der Frau, in: Waltraud Herbstrith (Hrsg.), Gott allein. Teresa von Ávila heute, S. 216
4 TvA, BdG, S. 257
5 María de San José, Book for the Hour of Recreation, sowie: Brief an Mutter Tomasina Bautista vom 3. August 1582, B3, Nr. 458, S. 524
6 Britta Souvignier, Die Würde des Leibes. Heil und Heilung bei Teresa von Ávila, S. 45 ff.
7 TvA, GzH, S. 74 f.
8 ebenda, S. 307
9 TvA, BdG S. 273

I. Die Mauern von Ávila

1 Ulrich Dobhan, Zur jüdischen Abstammung Teresas von Ávila, S. 90
2 Robert Lemm, Die Spanische Inquisition, S. 75
3 siehe dazu: Erika Lorenz/Helmuth N. Loose, Teresa von Ávila, Eine Biographie mit Bildern, S. 34; sowie, Jodi Bilinkoff, The Ávila of Saint Teresa. Religious Reform in a Sixteenth-Century City, S. 109
4 TvA, BmL, Einführung, S. 16
5 Jodi Bilinkoff, The Ávila of Saint Teresa. S. 4
6 siehe dazu: Ludwig Pfandl, Spanische Kultur und Sitte des 16. und 17. Jahrhunderts, S. 62 f.
7 TvA, BmL, S. 86 f.
8 Ulrich Dobhan, Zur jüdischen Abstammung Teresas von Ávila, S. 96 f.

II. Ehre und Sünde

1 TvA, BmL, S. 90 f.
2 TvA, WdV, S. 189
3 TvA, WiB, S. 160
4 TvA, BmL, S. 87
5 ebenda, S. 83

6 ebenda, S. 90 f.

7 ebenda, S. 95

8 Ludwig Pfandl, Spanische Kultur und Sitte des 16. und 17. Jahrhunderts, a.a.O., S. 69 ff.

9 Ulrich Dobhan, Gott – Mensch – Welt in der Sicht Teresas von Ávila, S. 31

10 TvA, WdV, S. 289

11 TvA, BmL, S. 89

12 P. W. Bomli, La femme dans L'Espagne du siècle d'or

13 TvA, BmL, S. 97

14 ebenda, S. 97

15 ebenda, S. 99

16 ebenda, S. 100

III. Der Mut gegen sich

1 Jürgen Moltmann, Die Wendung zur Christusmystik bei Teresa von Ávila oder: Teresa von Ávila und Martin Luther, in: Waltraud Herbstrith (Hrsg.), Gott allein. Teresa von Ávila heute, S. 158-183

2 TvA, BmL, S. 103

3 ebenda, S. 102 f.

4 ebenda, S. 103

5 ebenda, S. 113

6 ebenda, S. 105

7 siehe: Britta Souvignier, Die Würde des Leibes, S. 33 f.

8 Francisco des Osuna, Versenkung. Weg und Weisung des kontemplativen Gebetes, S. 28

9 ebenda, S. 52

10 TvA, BmL, S. 116

11 dazu auch: María de San José Salazar, Book for the Hour of Recreation, S. 109

12 ebenda, S. 118 f.

13 Britta Souvignier, Die Würde des Leibes, S. 37 ff.

14 TvA, WiB, S. 161

15 ebenda, S. 322 f.

IV. *Aufmerksamkeit*

1 TvA, WiB, S. 161

2 Veronika Elisabeth Schmitt, Contemplatio. Die Mystik des Karmel aus Quellen frühchristlicher Kontemplation, S. 83 ff.

3 Otger Steggink, Erfahrung und Realismus bei Teresa von Ávila und Johannes vom Kreuz, S. 23 ff.; siehe dazu auch die Abbildungen in: Erika Lorenz/Helmuth N. Loose, Teresa von Ávila. Eine Biographie mit Bildern, S. 49

4 Ulrich Dobhan, Gott – Mensch – Welt in der Sicht Teresas von Ávila, S. 137 f.; sowie TvA, BmL, S. 478, Fußnote 26

5 Ulrich Dobhan, Gott – Mensch – Welt in der Sicht Teresas von Ávila, S. 138

6 Brief an Doña Luisa de la Cerda vom 7. November 1571, B I, Nr. 38, S. 196

7 TvA, WdV, S. 207

8 ebenda, S. 171

9 Simone Weil, Betrachtungen über den rechten Gebrauch des Schulunterrichts und des Studiums im Hinblick auf die Gottesliebe, in: dies., Zeugnis für das Gute, S. 50-60

10 ebenda, S. 56

11 TvA, BmL, S. 134

12 ebenda

13 Martin Neumann, Las Casas: Die unglaubliche Geschichte von der Entdeckung der Neuen Welt

14 Blaise Pascal, Gedanken, S. 73

15 Byung-Chun Han, Müdigkeitsgesellschaft, S. 27 f.

16 TvA, BmL, S. 156 f.

17 vgl. dazu: Martin Buber, Ich und Du, S. 158

18 TvA, BmL, S. 152

19 ebenda, S. 154

20 ebenda, S. 162

V. *Wie wird man ein Einzelner?*

1 TvA, BmL, S. 267

2 ebenda, S. 285

3 Sören Kierkegaard, Der Einzelne, in: ders., Der Einzelne und sein Gott, S. 30-42

4 Sören Kierkegaard, Die Leidenschaft des Religiösen, S. 20

5 TvA, BmL, S. 154

6 ebenda, S. 134

7 ebenda, S. 259

8 nach: Erika Lorenz, Pfad im Weglosen. Teresa von Ávila – Erfahrungsbericht und innere Biographie, S. 21

9 TvA, WiB, S. 113

10 TvA, Die geistlichen Erfahrungsberichte, in: TvA, GzH, 53. Bericht, S. 273

11 TvA, BmL, S. 339

12 TvA, WiB, S. 168 und S. 210

13 TvA, BmL, S. 150

14 ebenda, S. 223

15 ebenda, S. 465

16 ebenda, S. 204

17 ebenda, S. 232

18 ebenda, S. 237

19 ebenda, S. 275, sowie, TvA, WiB, S. 95 f.

20 nach: Johannes Thiele, Perlen der Mystik, S. 110

21 Blaise Pascal, Gedanken, S. 105 f.

22 TvA, BmL, S. 327

23 ebenda, S. 164

24 Dorothee Sölle, Mystik und Widerstand. »Du stilles Geschrei«, S. 33

25 TvA, WdV, S. 199

26 Franz Kafka, Tagebücher 1912-1914, in: ders., Gesammelte Werke in zwölf Bänden, Band 10, S. 34

27 TvA, BmL, S. 438 f.

28 ebenda, S. 192

29 TvA, WiB, S. 97

VI. *Schlechte Lehrer, gute Lehrer*

1 nach: Erika Lorenz, Pfad im Weglosen, S. 29

2 Siehe: Brief an Jerónimo Gracián vom 26. Oktober 1581, B 3, Nr. 410, S. 389

3 TvA, BmL, S. 213

4 ebenda, S. 344

5 TvA, WiB, S. 217

6 Ignatius von Loyola, Geistliche Übungen

7 TvA, BmL, S. 349

8 TvA, BmL, S. 554

9 dazu: Eberhard Horst, Die Spanische Trilogie. Isabelle – Johanna – Teresa, S. 159 ff. und S. 255 ff.

10 Siehe dazu: Ulrich Dobhan, Gott – Mensch – Welt in der Sicht Teresas von Ávila, S. 86 ff.

11 ebenda, S. 55

12 Ignatius von Loyola, Geistliche Übungen, S. 28

13 TvA, BmL, S. 214 f.

14 TvA, WdV, S. 195

15 TvA, BmL, S. 355

16 ebenda, S. 328

17 TvA, WdV, S. 81

18 TvA, BmL, S. 360

19 ebenda, S. 365

20 TvA, Geistliche Erfahrungsberichte, in GzH, 53. Bericht, S. 273

21 TvA, BmL, S. 384 f.

22 ebenda, S. 412

23 ebenda, S. 419

24 ebenda, S. 373

25 ebenda, S. 373

26 Gutachten von P. Pedro Ibáñez, nach: TvA, BmL, S. 375, Fußnote 47

27 Ulrich Dobhan, Gott – Mensch – Welt in der Sicht Teresas von Ávila, S. 55

VII. Von dicken Leibern, dünnen Seelen und dürren Zweiglein

1 TvA, BdG, S. 172

2 Peter Sloterdijk, Zorn und Zeit, S. 116

3 TvA, WdV, S. 294

4 Dorothee Sölle, Mystik und Widerstand, S. 36, 39, 28, 41

5 TvA, BmL, S. 476 ff.

6 siehe die drastischen Beispiele in: Stephen Greenblatt, Die Wende. Wie die Renaissance begann, S. 145 ff.

7 TvA, GzH, S. 76

8 TvA, BmL, S. 486

9 TvA, Die geistlichen Erfahrungsberichte, in: GzH, 3. Bericht, S. 215

10 TvA, BmL, S. 194

11 ebenda, S. 236

12 ebenda, S. 194

13 ebenda, S. 590

14 Brief an Lorenzo de Cepeda in Quito vom 23.12.1561, B 1, Nr. 2,
   S. 82 f.

15 TvA, WdV, S. 208

16 TvA, BmL, S. 560

17 Brief an Pater Jerónimo Gracián vom Februar 1581, B 3, Nr. 375, S. 291,
   und Brief an Don Teutonio de Braganza vom 16.1.1578, B 2, Nr. 226,
   S. 299

18 TvA, BmL, S. 504

19 ebenda, S. 555

20 TvA, WdV, S. 210

21 TvA, BmL, S. 397

22 vgl.: Brief an Pater Jerónimo Gracián vom 23. Oktober 1576, B 1,
   Nr. 136, S. 538

23 vgl. TvA, BdG, S. 363, Fußnote 46

24 nach: Lorenz Marti, Wie schnürt ein Mystiker seine Schuhe, S. 152 ff.

VIII. Aufruhr in Ávila

 1 TvA, BmL, S. 530

 2 ebenda, S. 532 f.

 3 ebenda, S. 468 f.

 4 ebenda, S. 470

 5 vgl. hierzu: Eugen Drewermann, Tiefenpsychologie und Exegese, Band
   II, S. 310 ff.

 6 TvA, WdV, S. 259

 7 TvA, BmL, S. 588

 8 TvA, BmL, S. 606

 9 TvA, Geistliche Erfahrungsberichte, in: TvA, GzH, 53. Bericht, S. 281

10 Brief an Alonso Ramírez in Toledo vom 19. Februar 1569, B 1, Nr. 18,
   S. 141

11 TvA, BmL, S. 542

12 siehe: Jodi Bilinkoff, The Ávila of Saint Teresa. Religious Reform in a
   Sixteenth-Century City, S. 139 f.

13 Brief an Don Lorenzo de Cepeda vom 17. Januar 1570, B 1, Nr. 24,
   S. 163

14 TvA, WdV, S. 80

15 nach: Erika Lorenz, Pfad im Weglosen, S. 90 f.

16 ebenda, S. 92

17 TvA, BmL, S. 539

18 Brief an Pater Juan Ordóñez vom 27. Juli 1573, B 1, Nr. 53, S. 230

19 TvA, WdV, S. 88 und BmL, S. 524

20 ebenda, S. 549

21 TvA, BdG, S. 359

22 TvA, WdV, S. 106

23 Meister Eckhart, Deutsche Predigten und Traktate, S. 180

24 TvA, WiB, S. 315

25 TvA, Gedichte, in: GzH, Gedicht Nr. 28, S. 376 f.

IX. *Der Drang der Seele nach dem Paradies*

1 Erika Lorenz/Helmuth N. Loose, Teresa von Avila. Eine Biographie mit Bildern, S. 76

2 TvA, WdV, S. 169

3 ebenda, S. 151

4 TvA, WiB, S. 149

5 ebenda, S. 97

6 TvA, GdH, S. 71

7 TvA, WdV, S. 99

8 ebenda

9 ebenda, S. 98

10 ebenda, S. 118 f.

11 Brief an Mutter María de San José vom Dezember 1579, B 3, Nr. 319, S. 93

12 TvA, WdV, S. 122

13 Brief an die Herren des Stadtrats von Ávila vom 5. oder 6. Dezember 1562, B 1, Nr. 3, S. 94 f.

14 Brief an Don Lorenzo de Cepeda vom 24. Juli 1576, B 1, Nr. 115, S. 442

15 Brief an Don Lorenzo de Cepeda vom 17. Januar 1570, B 1, Nr. 24, S. 165

16 TvA, BdG, S. 98

17 Ulrich Dobhan, Gott – Mensch – Welt in der Sicht Teresas von Ávila, S. 163 f.

18 TvA, WiB, S, 270

19 TvA, WdV, S. 209

20 ebenda, S. 90

21 TvA, WiB, S. 137

22 ebenda, S, 157

23 siehe, TvA, BmL, S. 288

24 TvA, BmL, S. 290 und TvA, Die geistlichen Erfahrungsberichte,
1. Bericht, in: TvA, GzH, S. 196

25 TvA, BmL, S. 426 f.

26 TvA, WiB, S. 231

27 Johann Wolfgang Goethe, Wilhelm Meisters Lehrjahre, in: ders.,
Sämtliche Werke, Band 9, 1992. S. 240

28 TvA, Die geistlichen Erfahrungsberichte, 54. Bericht, in: GzH, S. 292

29 WiB, 351

30 TvA, WiB, S. 202, und WdV, S. 173

31 WdV, S. 190

32 Peter Sloterdijk, Weltfremdheit, S. 110

33 Josef Kardinal Ratzinger, Wendezeit für Europa. Diagnosen und Prognosen zur Lage von Kirche und Welt, S. 14 f.

34 TvA, BdG, S. 105

35 ebenda, S. 107

36 TvA, WiB, S. 120

X. *Geh dorthin, wo du nichts bist*

1 Claire Bretécher, Die eilige Heilige

2 Hans Conrad Zander, Die emanzipierte Nonne, in: ders., Gottes
unbequeme Heilige, S. 323

3 TvA, BdG, S. 117

4 ebenda, S. 106 f.

5 Brief an Don Francisco de Salcedo vom September 1568, B 1, Nr. 13,
S. 126

6 TvA, WdV, 301

7 Brief an Doña Luisa de la Cerda vom 27. Mai 1568, B 1, Nr. 8, S. 106

8 ebenda, S. 112

9 TvA, BdG, S. 214

10 ebenda, S. 215

11 Johannes Boldt, Johannes vom Kreuz, S. 13 ff.

12 TvA, BdG, 216

13 Vgl. TvA, WdV, S. 137

14 Dorothee Sölle, Mystik und Widerstand, S. 276

15 TvA, BdG, S. 243

16 ebenda, S. 242

17 ebenda, S. 269

18 TvA, BdG, S. 219

19 ebenda, S. 222

20 Reinhold Schneider, Pfeiler im Strom, S. 242

21 siehe: Simone Weil, Fabriktagebuch und andere Schriften zum Industriesystem; vgl. auch Dorothee Sölle, Mystik und Widerstand, S. 273

22 TvA, BdG, S. 138

XI. *Die Gründerin oder Marta und Maria*

 1 Ludwig Pfandl, Spanische Kultur und Sitte des 16. und 17. Jahrhunderts, S. 138 ff.

 2 TvA, BdG, S. 231, Fußnote 18

 3 Hieronymus Welsch, Wahrhaftige Reiß-Beschreibung aus eigener Erfahrung ..., S. 262

 4 ebenda, S. 255

 5 TvA, BdG, S. 237 f.

 6 ebenda

 7 ebenda, S. 237

 8 ebenda, S. 237 f.

 9 Ulrich Dobhan, Gott – Mensch – Welt in der Sicht Teresas von Ávila, S. 260

10 TvA, BdG, S. 232

11 Brief an Pater Pablo Hernández vom 4. Oktober 1578, B 2, Nr. 269, S. 437, Fußnote 12

12 Brief an Jerónimo Gracián vom 3. Juni 1580, B 3, Nr. 344, S. 187, Fußnote 13

13 TvA, WdV, S. 86

14 ebenda

15 BdG, S. 250

16 WiB, S. 314

17 ebenda, S. 370

18 Erika Lorenz/Helmuth N. Loose, Teresa von Avila. Eine Biographie mit Bildern, S. 92

19 siehe dazu: Ramón José Sender, Die Heilige und die Sünder. Roman in drei Bildern, 85 ff.

20 BdG, S. 239

21 BmL, S. 503

22 ebenda, S. 309 f.

23 TvA, WdV, S. 179, hier zitiert nach: Ulrich Dobhan, Teresa von Avila

und die Emanzipation der Frau, in: Waltraud Herbstrith (Hrsg.), Gott allein, S. 227 f.

24 Lukas 10, 38-42
25 WiB, S. 367
26 WdV, S. 179
27 zitiert nach: Dorothee Sölle, Mystik und Widerstand, S. 254
28 TvA, GzH, 122

XII. Lachen und Leiden

1 Brief an Lorenzo de Cepeda vom 17. Januar 1570, B 1, Nr. 24, S. 160
2 Brief an Doña Juana de Ahumada vom Dezember 1569, B 1, Nr. 23, S. 153
3 TvA, Visitationen der Unbeschuhten Schwestern, in: TvA, GzH, S. 441-481, S. 453 und 457
4 Brief an Doña Juana de Ahumada vom Dezember 1569, B 1, Nr. 23, S. 154
5 Brief an Lorenzo de Cepeda vom 17. Januar 1570, B 1, Nr. 24, S. 160
6 Brief an Doña María de Mendoza vom Mitte Juni 1571, B 1, Nr. 34, S. 186, Fußnote 4
7 Brief an Pater Domingo Báñez von Anfang Januar 1574, B 1, Nr. 58, S. 243, Fußnote 17, sowie: Otger Steggink, Erfahrung und Realismus bei Teresa von Avila und Johannes vom Kreuz, S. 143
8 TvA, BdG, S. 260
9 ebenda, S. 273
10 Brief an Doña Luisa de la Cerda vom 7. November 1571, B 1, Nr. 38, S. 196, sowie: Brief an Doña Inés und Doña Isabel Osorio von Mitte September 1578, B 2, Nr. 265, S. 430
11 María de San José Salazar, Book for the Hour of Recreation, S. 131
12 ebenda
13 Brief an Doña Luisa de la Cerda vom 7. November 1571, B 1, Nr. 38, S. 195/6
14 Brief an Doña María de Mendoza vom 7. März 1572, B 1, Nr. 41, S. 203
15 TvA, GzH, S. 85
16 TvA, WdV, S. 135
17 dazu: Britta Souvignier, Die Würde des Leibes. Heil und Heilung bei Teresa von Avila, S. 143 ff.
18 Friedrich Nietzsche, Götzendämmerung, darin: Wie die »wahre Welt«

endlich zur Fabel wurde, in: ders., Werke in drei Bänden. Herausgegeben von Karl Schlechta. Band 2, S. 163

19 siehe dazu: Romano Guardini, Vom Sinn der Schwermut

20 TvA, BdG, S. 163

21 TvA, WiB, S. 306

22 TvA, BdG, S. 164

23 ebenda, S. 165

24 ebenda, S. 146

25 Dorothee Sölle, Mystik und Widerstand, S. 41

26 Brief an María de San José vom 4. Juni 1578, B 2, Nr. 248, S. 381

27 TvA, WiB, S, 274

28 siehe: TvA, BdG, Einführung, S. 39, Fußnote 91

29 Erika Lorenz, »Nicht alle Nonnen dürfen das«. Teresa von Avila und Pater Gracián – die Geschichte einer großen Begegnung, S. 34 f.

30 ebenda, S. 48

31 Brief an Pater Domingo Báñez von Anfang Januar 1574, B 1, Nr. 58, S. 241

32 Brief an Teutonio de Braganza von Mitte Juni 1574, B 1, Nr. 67, S. 264

33 Brief an Mutter María Bautista vom 16. Juli 1574, B 1, Nr. 70, S. 274

34 Brief an Mutter María Bautista vom 14. Mai 1574, B 1, Nr. 63, S. 255

35 TvA, BdG, S. 291

36 Brief an Pater Domingo Báñez vom 28. Februar 1574, B 1, Nr. 61, S. 251

37 Brief an Teutonio de Braganza von Mitte Juni 1574, B 1, Nr. 67, S. 264

38 2 Kor, 4,16

39 TvA, BdG, S. 261

40 Erika Lorenz, »Nicht alle Nonnen dürfen das«, S. 56

41 TvA, BdG, S. 322

42 Brief an Isabel de Santo Domingo vom 12. Mai 1575, B 1, Nr. 81, S. 307 f.

XIII. Von himmlischer und irdischer Liebe

1 TvA, BmL, S. 427

2 Giorgio Manganelli, Die Ekstase der Heiligen Theresia von Gian Lorenzo Bernini, in: Rom. Eine literarische Einladung, S. 64-71

3 TvA, Die geistlichen Erfahrungsberichte, in: TvA, GzH, 29. Bericht, S. 247

4 ebenda, S. 247, Fußnote 193

5 Ich beziehe mich im Folgenden auf: María de San José Salazar, Book for the Hour of Recreation, S. 136ff.

6 TvA, BdG, S. 326f.

7 TvA, Geistliche Erfahrungsberichte, in: TvA, GzH, 30. und 31. Bericht, S. 249-255

8 Erika Lorenz, »Nicht alle Nonnen dürfen das«, S. 79

9 Ludwig Pfandl, Spanische Kultur und Sitte des 16. und 17. Jahrhunderts, S. 136

10 ebenda, S. 147

11 Brief an Pater Juan Bautista Rubeo (= Giovanni Battista Rossi) vom 18. Juni 1575, B 1, Nr. 83, S. 319

12 María de San José Salazar, Book for the Hour of Recreation, S. 144

13 Brief an Pater Juan Bautista Rubeo vom 18. Juni 1575, B 1, Nr. 83, S. 315

14 Brief an Pater Jerónimo Gracián in Ávila vom 27. September 1575, B 1, Nr. 89, S. 344f.

15 María de San José Salazar, Book for the Hour of Recreation, S. 151

16 An Mutter María Bautista vom 28. August 1575, B 1, Nr. 88, S. 339

17 Gutachten von P. Domingo Báñez, in: TvA, BmL, S. 624-629, hier S. 628

18 Brief an Mutter Ana de Jesús in Beas von Mitte Juni 1576, B 1, Nr. 107, S. 410f,

19 María de San José Salazar, Book for the Hour of Recreation, S. 155; sowie: Brief an Mutter María de San José vom 28. Februar 1577, B 2, Nr. 186, S. 178, Fußnote 14

20 Brief an Doña María de Mendoza vom 26. März 1578, B 2, Nr. 236, S. 333

21 Eugen Drewermann, Kleriker, Psychogramm eines Ideals, S. 696

22 Dorothee Sölle, Mystik und Widerstand, S. 71

23 Peter Sloterdijk, Kritik der zynischen Vernunft, S. 513

24 siehe dazu Irene Leicht: Marguerite Porete – eine fromme Intellektuelle und die Inquisition, S. 257ff., sowie: Dorothee Sölle, Mystik und Widerstand, S. 158ff.

25 Brief an Mutter María Bautista vom 30. Dezember 1575, B 1, Nr. 98, S. 365

26 Brief an Mutter María Bautista vom 28. August 1575, B 1, Nr. 88, S. 338

27 Brief an Pater Jerónimo Gracián vom November 1576, B 1, Nr. 141, S. 550f.

XIV. Die siebte Wohnung

1 Brief an Lorenzo Cepeda vom 24. Juli 1578, B 1, Nr. 115, S. 440

2 ebenda, S. 441

3 Ulrich Dobhan, Gott – Mensch – Welt in der Sicht Teresas von Ávila, S. 32

4 Brief an Don Lorenzo de Cepeda vom 9. Juli 1576, B 1, Nr. 113, S. 434

5 siehe dazu die Einführung von Ulrich Dobhan, B 1, S. 16 f.

6 Brief an Jerónimo Gracián vom 31. Oktober 1576, B 1, Nr. 138, S. 544

7 Brief an Mutter María de San José vom 7. September 1576, B 1, Nr. 120, S. 460

8 Brief an Pater Jerónimo Gracián von Mitte Oktober 1575, B 1, Nr. 92, S. 352; zur Übersetzung dieser Stelle siehe auch: Erika Lorenz, »Nicht alle Nonnen dürfen das«, S. 90

9 Erika Lorenz, »Nicht alle Nonnen dürfen das«, S. 87

10 TvA, Visitationen der Unbeschuhten Schwestern, in: TvA, GzH, S. 453-481, hier S. 453 f.

11 Brief an Don Lorenzo de Cepeda vom 10. Februar 1577, B 2, Nr. 182, S. 159

12 TvA, BdG, S. 134

13 Brief an Don Lorenzo de Cepeda vom 2. Januar 1577, B 2, Nr. 172, S. 98

14 Brief an Pater Jerónimo Gracián vom 5. September 1576, B 1, Nr. 118, S. 452

15 nach: Erika Lorenz, »Nicht alle Nonnen dürfen das«, S. 103; sowie, TvA, WiB, Einführung von Ulrich Dobhan, S. 22

16 TvA, WiB, S. 94

17 Vgl. TvA, WiB, S. 341

18 nach: TvA, WiB, Einführung, S. 23

19 ebenda, S. 336

20 ebenda, S. 335

21 Brief an Pater Jerónimo Gracián vom 4. November 1576, B 1, Nr. 145, S. 565

22 TvA, WiB, S. 347

23 ebenda, S. 348

24 Johannes Boldt, Johannes vom Kreuz, S. 63 f.

25 Brief an König Philipp II. vom 4. Dezember 1577, B 2, Nr. 218, S. 269

26 Brief an Pater Jerónimo Gracián vom 7. Mai 1578, B 2, Nr. 244, S. 363

27 vgl. Brief an Pater Jerónimo Gracián vom 9. August 1578, B 2, Nr. 254, S. 402, Fußnote 44

28 Brief an Pater Jerónimo Gracián von Ende August 1578, B 2, Nr. 261, S. 420

29 Brief an Pater Jerónimo Gracián vom August 1578, B 2, Nr. 252, S. 394

30 nach: Erika Lorenz, »Nicht alle Nonnen dürfen das«, S. 109

31 Brief an Pater Jerónimo Gracián vom 15. Oktober 1578, B 2, Nr. 272, S. 455

32 nach: Erika Lorenz, »Nicht alle Nonnen dürfen das«, S. 112f.

33 María de San José, Book for the Hour of Recreation, S. 155

34 TvA, GzHl, S. 75

35 Brief an Pater Jerónimo Gracián vom 17. April 1578, B 2, Nr. 239, S. 348

36 Brief an die Unbeschuhten Karmelitinnen von Sevilla vom 31. Januar 1579, B 2, Nr. 284, S. 490

37 Brief an Pater Jerónimo Gracián vom 21. April 1579, B 2, Nr. 3. 292, S. 508f.

XV. Solange die Liebe nicht schläft oder Aller Reisen Ende

1 Brief an María Bautista vom 9. Juni 1579, B 2, Nr. 296, S. 534

2 Brief an Jerónimo Gracián von Ende Dezember 1579, B 3, Nr. 320, S. 101

3 Brief an Jerónimo Gracián vom 23. Oktober 1576, B 1, Nr. 136, S. 536

4 Brief an Jerónimo Gracián vom 4. Oktober 1579, B 3, Nr. 311, S. 61f.

5 Brief an Jerónimo Gracián vom 12. Dezember 1579, B 3, Nr. 316, S. 74

6 María de San José Salazar, Book for the Hour of Recreation, S. 153ff.

7 Brief an Isabel de Jerónimo und María de San José vom 3. Mai 1579, B 2, Nr. 294, S. 519

8 Brief an María de San José vom 1. Februar 1580, B 3, Nr. 330, S. 130f.; siehe auch: Brief an die Unbeschuhten Karmelitinnen von Sevilla vom 13. Januar 1580, B 3, Nr. 326

9 Brief an Jerónimo Gracián vom 12. Dezember 1579, B 3, Nr. 316, S. 78

10 TvA, BdG, S. 379

11 ebenda, S. 370

12 ebenda, S. 396

13 Brief an Lorenzo de Cepeda vom 10. April 1580, B 3, Nr. 337, S. 161

14 Brief an Lorenzo de Cepeda vom 19. Juni 1580, B 3, Nr. 346, S. 191

15 Brief an Lorenzo de Cepeda von Anfang November 1576, B 1, Nr. 142, S. 554

16 TvA, BdG, S. 398f.

17 Brief an Doña Ana Enríquez vom 4. März 1581, B 3, Nr. 378, S. 304

18 Brief an María de San José vom 6. Januar 1581, B 3, Nr. 366, S. 266

19 Brief an Jerónimo Gracián vom Februar 1581, B 3, Nr. 374, S. 286

20 Brief an Jerónimo Gracián vom 23. Mai 1581, B 3, Nr. 390, S. 330 und 333

21 Brief an Don Sancho Dávila vom 9. Oktober 1581, B 3, Nr. 409, S. 385

22 Brief an Jerónimo Gracián vom 4. Dezember 1581, B 3, Nr. 424, S. 436

23 Brief an Jerónimo Gracián vom 14. Mai 1578, B 2, Nr. 246, S. 372

24 Brief an Jerónimo Gracián vom 25. Juni 1582, B 3, Nr. 454, S. 511

25 Britta Souvignier, Die Würde des Leibes, S. 45

26 Brief an Jerónimo Gracián vom 1. September 1582, B 3, Nr. 465, S. 545 und 548

27 ebenda, S. 47f.

28 zitiert nach Erika Lorenz, »Nicht alle Nonnen dürfen das«, S. 139ff.

29 Jerónimo Gracián de la Madre Dios, Peregrinación de Anastasio, edicíon preparanda per Juan Luis Astigarrada, (Reihe: Monumenta historica carmeli teresiani), zitiert nach: Erika Lorenz, »Nicht alle Nonnen dürfen das«, S. 155

Epilog

1 vgl. Gedicht Nr. 4, in: TvA, GzH, S. 339

2 TvA, Neckereien, in: GzH, S. 487-492

3 siehe, TvA, BmL, S. 236

4 TvA, WiB, S. 144

Literaturverzeichnis

Albrecht, Carl, Psychologie des mystischen Bewusstseins. Mainz: Grünwald 1990

Auclair, Marcelle, Das Leben der heiligen Teresa von Avila. Zürich: Arche 1953

Bader, Wolfgang, »Ich bin die Schwierigkeit in Person«. Der Mensch hinter der Mystikerin. München, Zürich, Wien: Neue Stadt 2011

Behn, Irene, Spanische Mystik. Darstellung und Deutung. Düsseldorf: Patmos 1957

Bertrand, Louis, Die heilige Theresia. Paderborn: Schöningh 1928

Bilinkoff, Jodi, The Avila of Saint Teresa. Religious reform in a sixteenth-century city. Ithaca, NY u. a.: Cornell Univ. Press, 1989

Boldt, Johannes, Johannes vom Kreuz. Mainz: Matthias-Grünewald-Verlag 1990

Bomli, P. W., La femme dans l'Espagne du siècle d'or. La Haye: Nijhoff 1950

Bretécher, Claire, Die eilige Heilige. Reinbek bei Hamburg: Rowohlt 1982

Buber, Martin (Hrsg.), Mystische Zeugnisse aller Zeiten. München: Diederichs 1993

Byung-Chun Han, Müdigkeitsgesellschaft. Berlin: Matthes & Seitz 2010

Castro, Americo, Spanien. Vision und Wirklichkeit. Köln: Kiepenheuer & Witsch 1957

Dionysius Areopagita, »Ich schaue Gott im Schweigen«. Freiburg i. Br.: Herder 1985

Dobhan, Ulrich, Gott – Mensch – Welt in der Sicht Teresas von Avila. Frankfurt am Main, Bern, Las Vegas: Peter Lang 1978

Dobhan, Ulrich, Teresa von Avila. Gotteserfahrung und Weg in die Welt. Olten und Freiburg i. Br.: Walter-Verlag 1979

Dobhan, Ulrich (Hrsg.), Teresa von Avila. Olten, Freiburg: Walter 1982

Dobhan, Ulrich, Zur jüdischen Abstammung Teresas von Avilas, in: José Sanchez von Murrilo (Hrsg.), Edith-Stein-Jahrbuch, Band 3, Das Judentum. Würzburg: Echter 1997, S. 86-98

Dobhan, Ulrich, Edith Stein als Interpretin Teresas von Avila, in: Scientia et religio. Religionsphilosophische Orientierung. Dresden 2005, S. 217-245

Drewermann, Eugen, Kleriker. Psychogramm eines Ideals. München: dtv 1991

Drewermann, Eugen, Tiefenpsychologie und Exegese, Band I und II. Olten: Walter Verlag 1991

Feldmann, Christian, Gottes sanfte Rebellen. Große Heilige. Freiburg i. Br.: Herder 1994

Feldmann, Christian, Ein Gott zum Küssen. Freiburg, Basel, Wien: Herder 2012

Fritsch, Marlene, Ich möchte keine Heilige sein. Münsterschwarzach: Vier Türme 2011

Goethe, Johann Wolfgang, Sämtliche Werke. Briefe, Tagebücher und Gespräche. 40 in 45 Bänden in 2 Abteilungen. Frankfurt am Main: Deutscher Klassiker Verlag 1985-2013

Greenblatt, Stephen, Die Wende. Wie die Renaissance begann. München: Siedler 2011

Guardini, Romano, Vom Sinn der Schwermut. Mainz: Matthias-Grünewald-Verlag 1987

Herbstrith, Waltraud, Nichts soll dich ängstigen. Kevelaer: Butzon und Bercker 1972

Herbstrith, Waltraud, Teresa von Avila. Die erste Kirchenlehrerin. Meditation – Mystik – Mitmenschlichkeit. München: Verlag Gerhard Kaffke 1981

Herbstrith, Waltraud, Vor Gottes Angesicht. München: Kaffke 1981

Herbstrith, Waltraud (Hrsg.), Gott allein. Teresa von Ávila heute, Freiburg, Basel, Wien: Herder 1982

Herbstrith, Waltraud, Aufbruch nach innen. Auf den Spuren Teresas von Avila. München, Zürich, Wien: Verlag Neue Stadt 1998

Herbstrith, Waltraud, Teresa von Avila. Lebensweg und Botschaft. München, Zürich, Wien: Neue Stadt 2012

Herbstrith, Waltraud, Verweilen vor Gott. Ostfildern: Matthias-Grünewald 2008

Hoffmann-Herreros, Johann, Teresa von Avila. Ihr Leben zwischen Mystik und Ordensreform. Mainz: Matthias Grünewald 1986

Horst, Eberhard, Die spanische Trilogie, Isabelle – Johanna – Teresa. Düsseldorf: Claasen 1989

http://www.ocd-karmel.net

Johannes vom Kreuz, Lebendige Flamme der Liebe. München: Kösel 1995

Kafka, Franz, Gesammelte Werke in zwölf Bänden. Frankfurt am Main:
S. Fischer Verlag 2003

Kamen, Henry, Die spanische Inquisition. München: Rütten + Loening
1967

Karahasan, Dževad, Der entrückte Engel. Wien, Salzburg, Klagenfurt:
ARBOS 2005

Kierkegaard, Sören, Die Leidenschaft des Religiösen. Stuttgart: Reclam
1958

Kierkegaard, Sören, Der Einzelne und sein Gott. Freiburg. i. Br.: Herder
1961

Knollmeyer, Cornelia M./Ketteler, Evaldine M., Gott zum Freund haben.
Exerzitien mit Teresa von Avila. Würzburg: Echter 2011

Kotschner, Joseph (Hrsg.), Der Weg zum Quell. Teresa von Avila 1582-1982.
Düsseldorf: Patmos 1982

Lautenschläger, Gabriele, Theresa von Jesu, in:
Biographisch-bibliographisches Kirchenlexikon (BBKL), Bd. 11, Bank,
Herzberg 1996, Sp. 1087-1090

Leicht, Irene, Marguerite Porete – eine fromme Intellektuelle und die
Inquisition. Freiburg, Basel, Wien: Herder 1999

Lemm, Robert, Die spanische Inquisition. München: dtv 1996

Llull, Ramon, Das Buch vom Freunde und Geliebten. Freiburg i. Br.:
Herder 1992

Lorenz, Erika, Ein Karmelit als Türkensklave, P. Gracián, der Freund Teresas
von Avila berichtet, in: Geist und Leben 55,6; Dezember 1982, S. 404-418

Lorenz, Erika, Teresa von Avila. Licht und Schatten. Freiburg i. Br.: Herder
1982

Lorenz, Erika, Pfad im Weglosen. Teresa von Avila – Erfahrungsberichte
und innere Biographie. Freiburg, Basel, Wien: Herder 1986

Lorenz, Erika, »Nicht alle Nonnen dürfen das«. Teresa von Avila und Pater
Gracián. Freiburg: Herder 1988

Lorenz, Erika, Praxis der Kontemplation. Die Weisung der klassischen
Mystik. München: Kösel 1994

Lorenz, Erika, Weg in die Weite. Die drei Leben der Teresa von Ávila.
Freiburg i. Br.: Herder 2003

Lorenz, Erika, »Ich bin ein Weib – und obendrein kein gutes«. Eine große
Frau, eine faszinierende Mystikerin. Freiburg i. Br.: Herder 2012

Lorenz, Erika/Loose, Helmuth N., Teresa von Avila. Eine Biographie mit
Bildern. Freiburg i. Br.: Herder 1994

Loyola, Ignatius von, Geistliche Übungen. Würzburg: Echter 1998

Lucka, Emile, Inbrunst und Düsternis. Ein Bild des alten Spaniens.
Stuttgart, Berlin, Leipzig: Deutsche Verlags-Anstalt 1927

Manganelli, Giorgio, Die Ekstase der Heiligen Theresia von Gian Lorenzo
Bernini, in: Rom. Eine literarische Einladung, mit einem Vorwort von
Luigi Malerba. Berlin: Wagenbach 1996

María de San José Salazar, Book for the Hour of Recreation. Chicago,
London: Univ. of Chicago Press 2002

Marti, Lorenz, Wie schnürt ein Mystiker seine Schuhe. Freiburg i. Br.:
Herder 2011

Medwick, Cathleen, Teresa von Avila. The progress of a soul. New York:
Knopf 2000

Meister Eckhart, Deutsche Predigten und Traktate. Zürich: Diogenes
1979

Molina, Josefina, Teresa de Jesus (Film, 2-disc-set)

Münzebrock, Elisabeth, Teresa von Ávila. Meister der Spiritualität. Freiburg
i. Br.: Herder 2004

Neumann, Martin, Las Casas: Die unglaubliche Geschichte von der
Entdeckung der Neuen Welt. Freiburg i. Br.: Herder 1990

Niehüser, Günter, Teresa von Avila heute. Wege zum Verständnis ihrer
Freundschaft mit Gott. Vallendar: Patris 2011

Nietzsche, Friedrich, Werke in drei Bänden. Herausgegeben von Karl
Schlechta. München: Hanser 1960

Nigg, Walter, Große Heilige. Stuttgart, Zürich: Artemis 1946

Nigg, Walter, Teresa von Avila. Zürich: Diogenes 1996

Osuna, de, Franceso, Versenkung. Texte zum Nachdenken. Freiburg i. Br.:
Herder 1982

Ott, Rudi, Einheit von Selbst und Gotteserkenntnis bei Teresa von Avila, in:
Geist und Leben 81 (2008), S. 336-352

Pascal, Blaise, Gedanken. Basel: Schibli-Doppler o. J.

Pfandl, Ludwig, Spanische Kultur und Sitte des 16. und 17. Jahrhunderts.
Kempten: Kösel und Pustet 1924

Raschen, Klaus, Krankheit und Ekstase, dargestellt am Leben der Teresa
von Avila: Beitrag einer Zeiterscheinung; eine pastoralmedizinische
Studie. Stuttgart: Urachhaus 1992

Ratzinger, Joseph Kardinal, Wendezeit für Europa. Diagnosen und
Prognosen zur Lage von Kirche und Welt. Freiburg: Verlag Einsiedeln
1991

Renault, Emmanuel, Die heilige Therese von Avila und die mystische
Erfahrung. Trier: Paulinus-Verlag 2012

De Ribera, P. Franz, Leben der heiligen Theresia. Ins Deutsche übertragen
von Jakob Hansen, Paderborn: Bonifacius 1903

Riedel, Ingrid, Mystik des Herzens. Meisterinnen innerer Freiheit. Freiburg
i. Br.: Kreuz-Verlag 2010

Rüegg, August, Philipp II, Antonio Perez und die Fürstin Eboli. Basel:
Helbing & Lichtenhahn 1965

Schmitt, Veronika Elisabeth OCD, Gebet als Lebensprozess. Teresa von
Ávila, Edith Stein. München: Kaffke 1982

Schmitt, Veronika Elisabeth OCD, Karmel. Weg in Innenräume. Würzburg:
Echter 1994

Schmitt, Veronika Elisabeth OCD, Contemplatio. Die Mystik des Karmel
aus Quellen frühchristlicher Kontemplation. Würzburg: Echter 2007

Schneider, Reinhold, Philipp der Zweite oder Religion und Macht. Köln:
Jakob Hegner 1957

Schneider, Reinhold, Pfeiler im Strom. Wiesbaden: Insel 1958

Schwarzer, Anneliese (Hrsg.), Gott zwischen den Kochtöpfen. Wuppertal:
Hammer 1992

Sender, Ramón José, Die Heilige und die Sünder. Roman in drei Bildern.
Stuttgart: Deutsche Verlagsanstalt 1971

Slade, Carole, St. Teresa of Avila. Author of a heroic life. Berkeley, LA,
Oxford: University of California Press 1995

Sloterdijk, Peter, Weltfremdheit. Frankfurt am Main: Suhrkamp 1997

Sloterdijk, Peter, Zorn und Zeit. Frankfurt am Main: Suhrkamp 2006

Smet, Joachim/Dobhan, Ulrich, Die Karmeliten. Eine Geschichte der
Brüder. Freiburg i. Br.: Herder 1980

Sölle, Dorothee, Mystik und Widerstand. »Du stilles Geschrei«. München,
Zürich: Piper 2004

Sommer, Hartmut, Mit Teresa von Avila und Johannes vom Kreuz in
Kastilien, in: ders., Die großen Mystiker: Orte ihres Wirkens.
Darmstadt: Wissenschaftliche Buchgesellschaft 2008

Souvignier, Britta, Die Würde des Leibes. Heil und Heilung bei Teresa von
Avila. Köln, Weimar, Wien: Böhlau 2001

Steggink, Otger, Erfahrung und Realismus bei Teresa von Avila und
Johannes vom Kreuz. Düsseldorf: Patmos 1976

Theeuwes, Josef, Abenteuerin Gottes. Teresa von Avila. Trier: Zimmer 1965

Thiele, Johannes, Perlen der Mystik. Freiburg i. Br.: Herder 1989

Tritsch, Walter (Hrsg.), Einführung in die Mystik. In Quellen und
Zeugnissen. Augsburg: Pattloch 1990
Virnich, Maria Raphaela, Teresa von Avila. Einsiedeln u. a.: Benzinger 1934
Wehr, Gerhard, Christliche Mystiker. Regensburg: Pustet 2008
Wehr, Gerhard, Teresa von Avila. Textauswahl und Kommentar.
Wiesbaden: Marix Verlag 2012
Weil, Simone, Fabriktagebuch und andere Schriften zum Industriesystem,
Frankfurt am Main: Suhrkamp Verlag 1978
Weil, Simone, Zeugnis für das Gute. Zürich, Düsseldorf: Benziger 1998
Welsch, Hieronymus, Wahrhaftige Reiß-Beschreibung aus eigener
Erfahrung … Stuttgart: Rößlin 1658
Wilber, Ken, Eros, Kosmos, Logos. Eine Vision an der Schwelle zum
nächsten Jahrtausend. Frankfurt am Main: Krüger 1996
Zander, Hans Conrad, Gottes unbequeme Freunde. Heilige für unsere Zeit.
Hamburg: Gruner + Jahr 1982
Zell, Rosemarie, Durch Liebe zur Identität bei Teresa von Avila. Binningen
u. a.: Karmel 1993

Danksagung

Frank Griesheimer war mein erster Leser und die Testperson auf die Frage, wie ein heutiger Mensch auf die mystischen Erfahrungen einer Nonne aus dem 16. Jahrhundert reagiert. In langen Gesprächen mit Dr. Werner Anetsberger habe ich viele Anregungen erhalten und konnte dadurch Teresa in einem größeren theologischen und geschichtlichen Rahmen sehen. Frau Gesine Dammel vom Insel Verlag hat das »Projekt Teresa« von Anfang an begleitet und dafür gesorgt, dass das Manuskript von vielen sprachlichen Unarten befreit und lesbarer wurde.